新注和歌文学叢書 27

三木麻子
奥野陽子
岸本理恵
惠阪友紀子 著

宇多院の歌合新注

青簡舎

編集委員

浅田　徹

久保木哲夫

竹下　豊

谷　知子

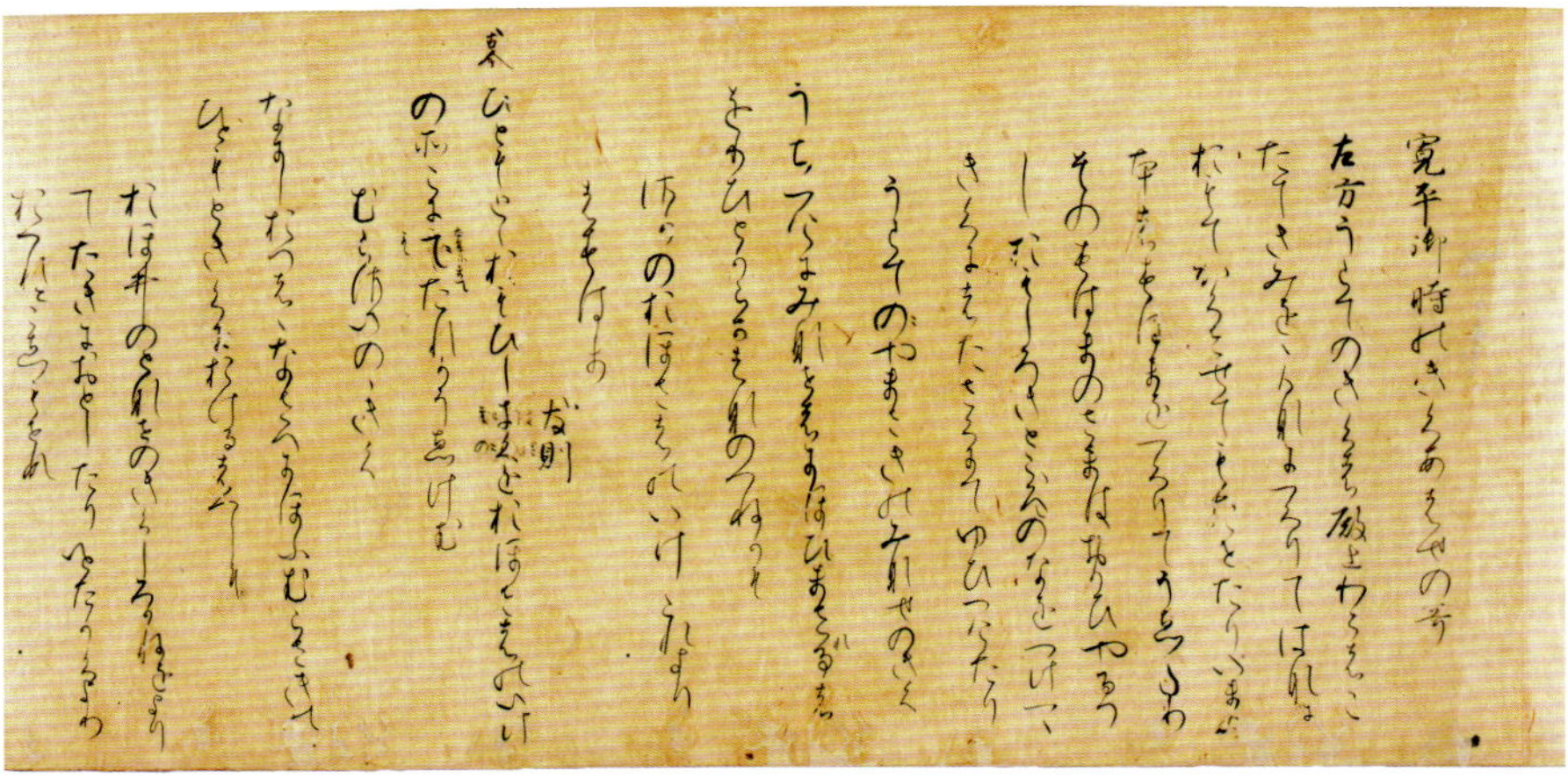

国宝十巻本歌合巻一　寛平御時菊合（冒頭）

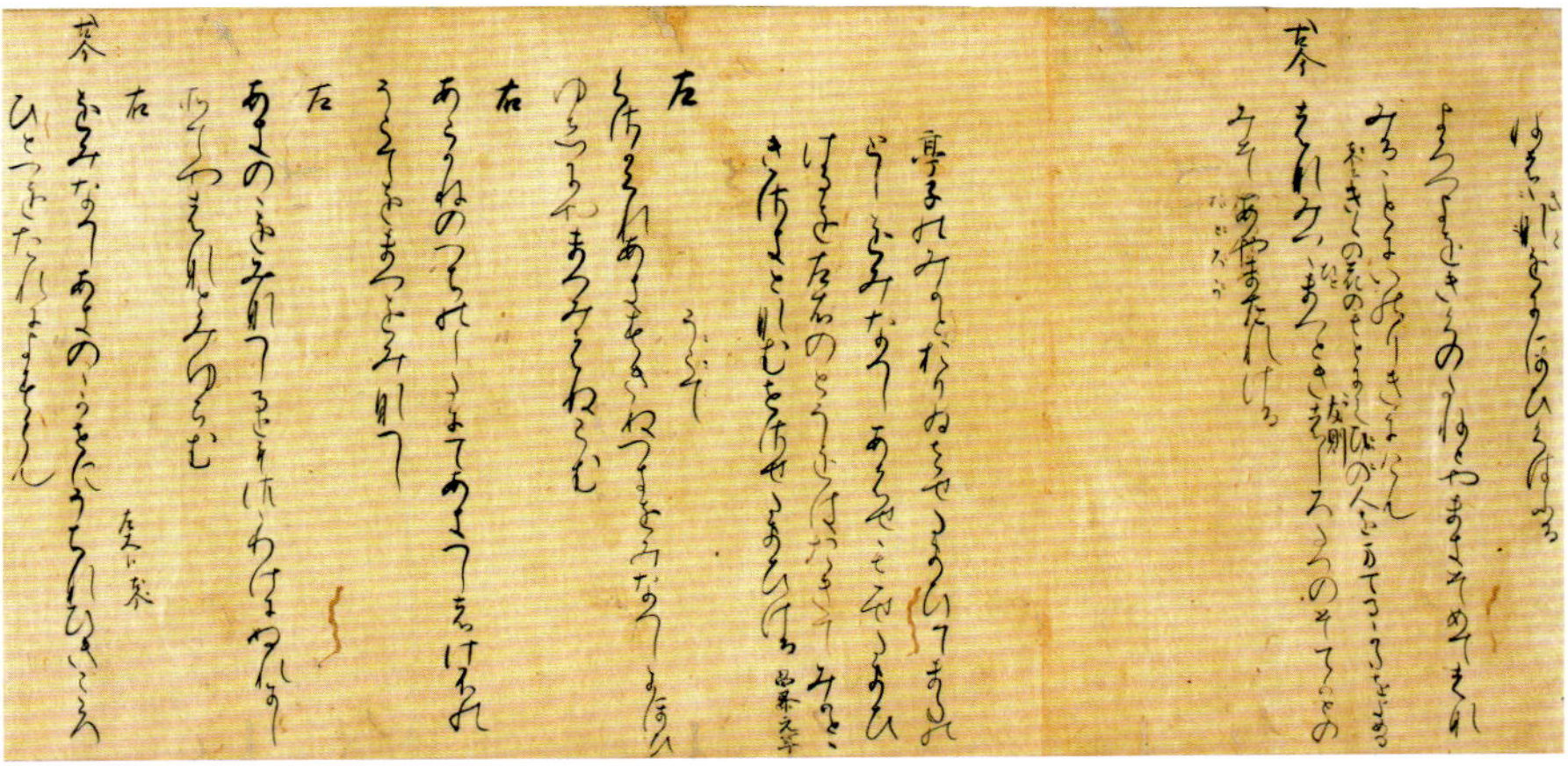

国宝十巻本歌合巻一　寛平御時菊合（末尾）　亭子院女郎花合（冒頭）

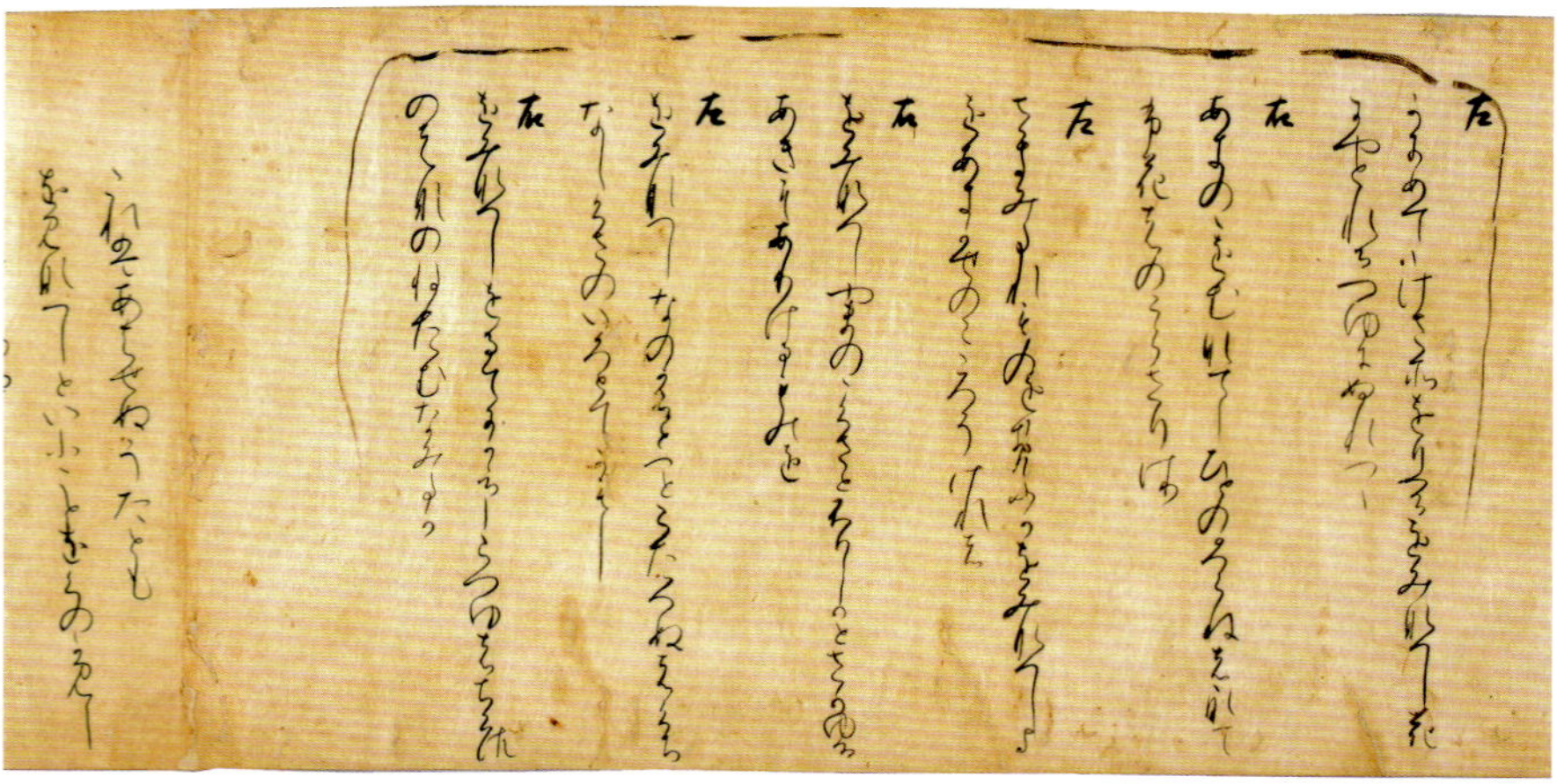

国宝十巻本歌合巻一　宇多院女郎花合（削除記号部分）

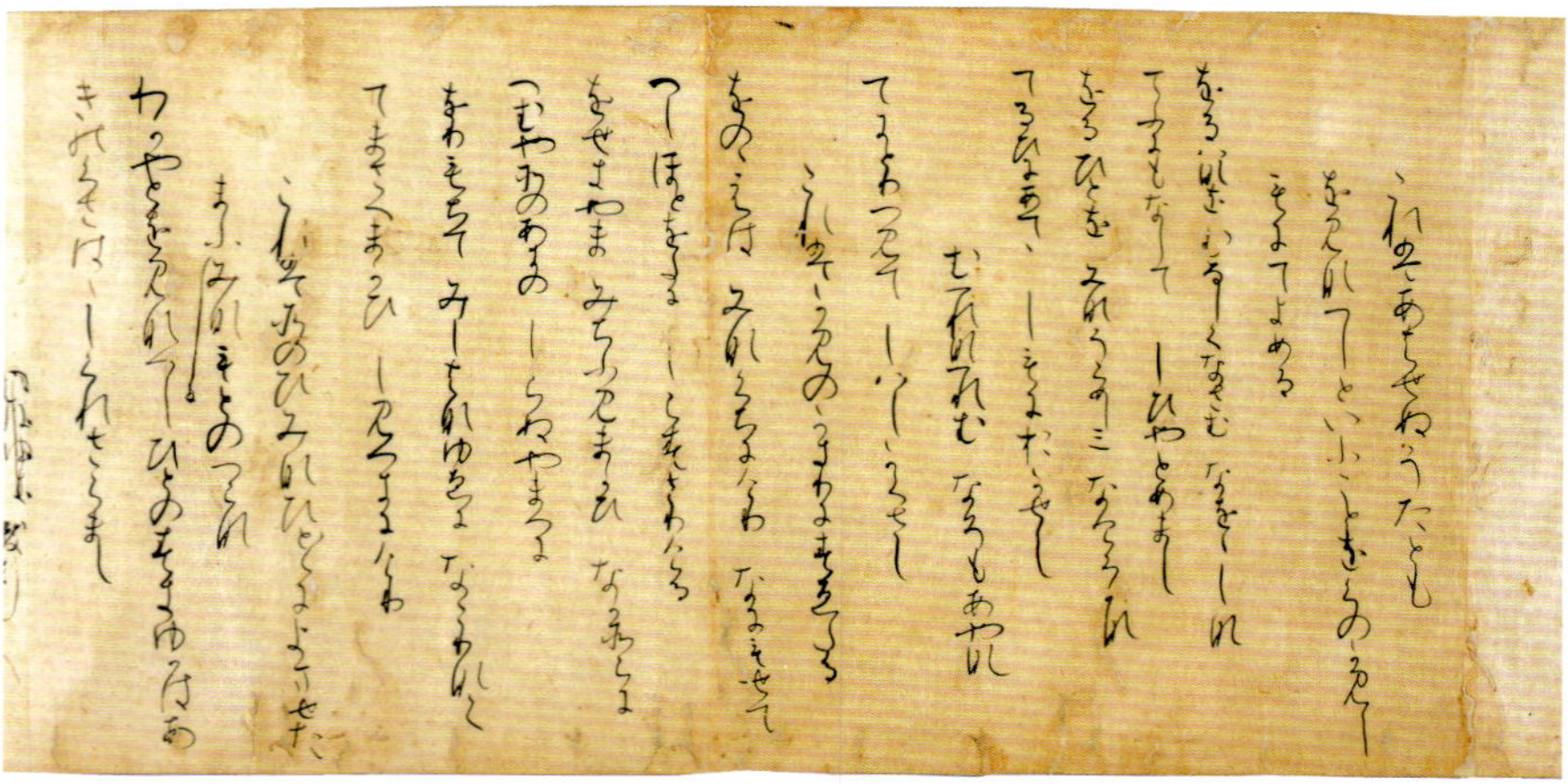

国宝十巻本歌合巻一　亭子院女郎花合（あはせぬうたども）

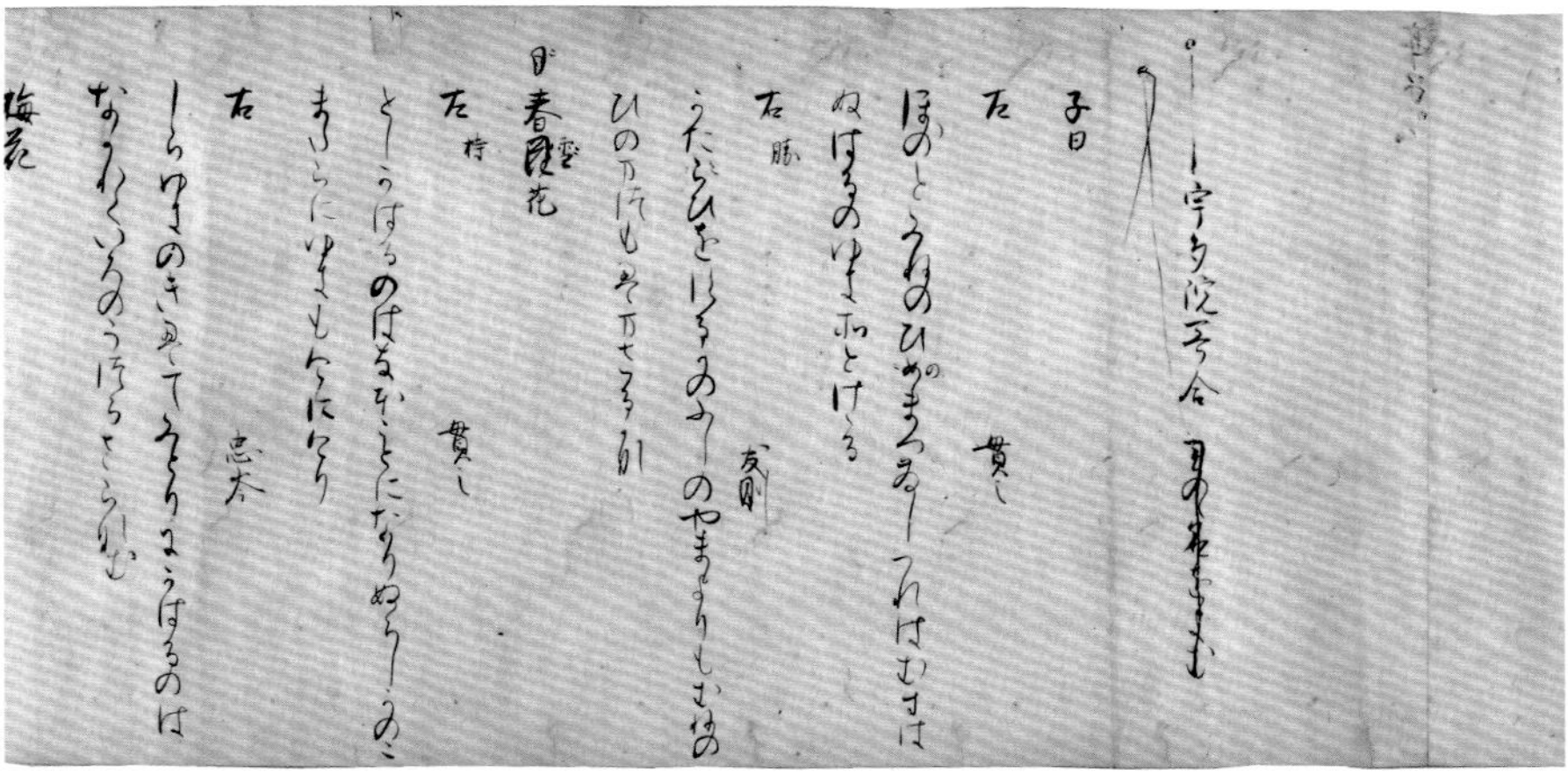

国宝十巻本歌合巻一　宇多院物名歌合（冒頭）

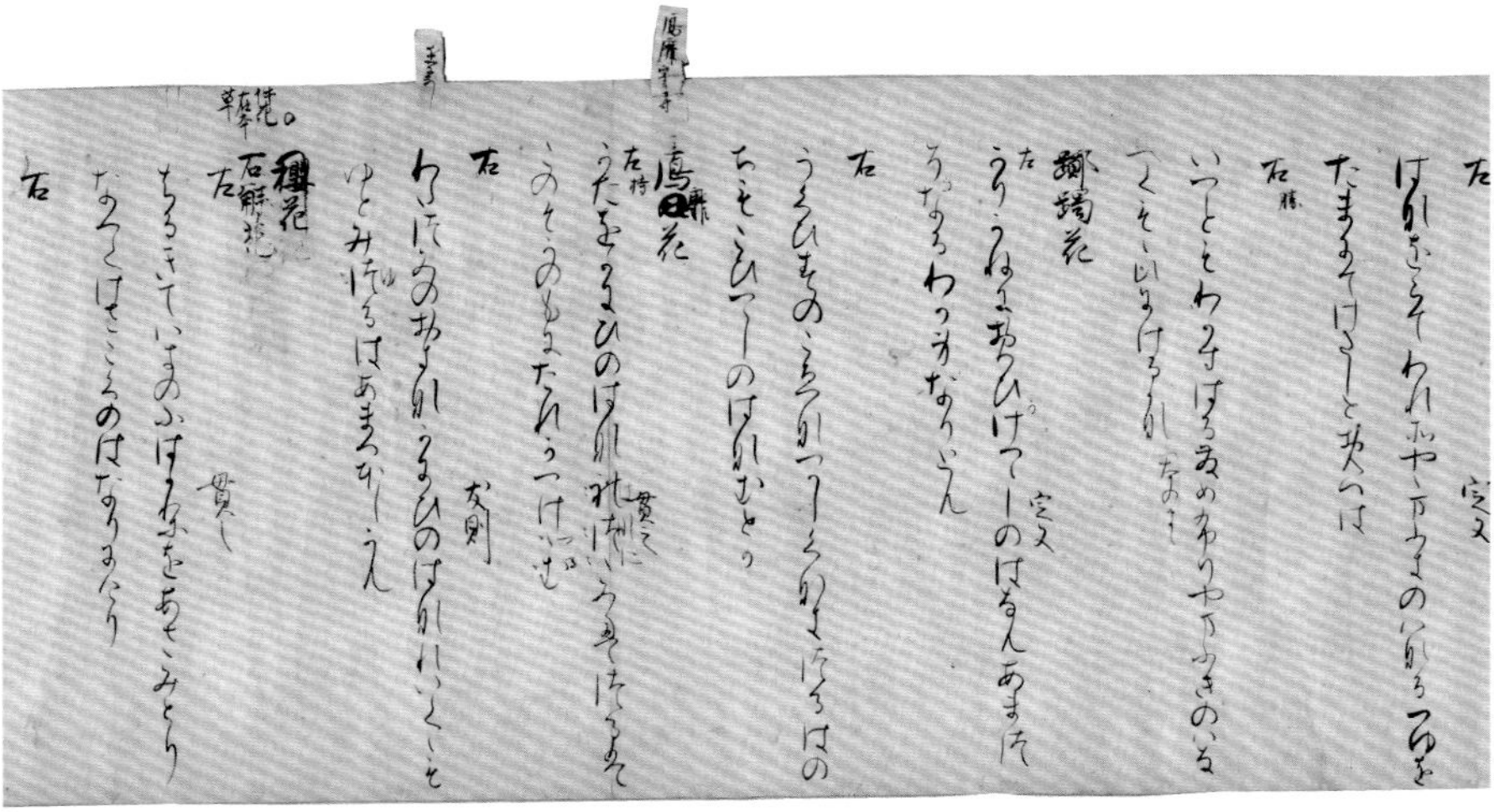

国宝十巻本歌合巻一　宇多院物名歌合（2）

以上、公益財団法人前田育徳会所蔵

女郎花　京都市西京区大原野

花の色は蒸せる粟《あは》のごとし、
俗呼びて女郎と為《な》す。
名を聞きて戯れに偕老を契らむとすれば、
恐らくは衰翁の首《かうべ》の霜に似たるを悪《にく》まむことを。
源順「詠女郎花」
（和漢朗詠集・秋）

目次

解　説……199

凡例

一、本書は『寛平御時菊合』『亭子院女郎花合』『宇多院女郎花合』『朱雀院女郎花合』『宇多院物名歌合』の注釈である。凡例の末に示した底本により本文を掲げ、各歌の〔校異〕〔整定本文〕〔現代語訳〕〔他出〕〔補説〕を示し、集全体の理解を助けるために「解説」などを加えた。

一、各歌の上に付した『寛平御時菊合』『亭子院女郎花合』『宇多院女郎花合』『朱雀院女郎花合』『宇多院物名歌合』の歌番号は、『新編国歌大観』・萩谷朴『平安朝歌合大成』のそれと一致している。

一、本文は書入や、集付、押紙、仮名遣い、漢字と仮名の使い分けなども底本に忠実に翻刻した。但し、見せ消ちは一重訂正線で示し、できる限り底本の再現に努めたが、複雑な場合は〔補説〕で言及した。

一、〔校異〕には、漢字・仮名の表記の相違、他本による異文書入は、原則として採り上げず、見せ消ちは訂正後の本文により示した。〔校異〕に用いた伝本と略称・略号については、凡例の末に示した。

一、〔整定本文〕には次のような処置を施した。

1、仮名遣いは、歴史的仮名遣いに統一し、踊り字・当て字・異体字は通行の表記に改めた。

2、仮名表記を漢字表記に改めた箇所がある。

3、濁点や句読点等の符号を施し、動詞の活用語尾を補った。

4、物名歌は、歌中の物名に傍点を施した。

一、〔補説〕では、二十巻本の本文や歌題、他資料との関係などを記した。

一、本文に頻用した先行書は文中で次のように略し、その他のものは文中に示した。

萩谷朴『平安朝歌合大成』→ 萩谷歌合大成

中島和歌子「『宇多院物名歌合』について―『本院左大臣家歌合』『近江御息所歌合』にふれつつ―」(『札幌国語研究』9・二〇〇四年七月)→ 中島論文

新編日本古典文学全集『古今和歌集』付載『亭子院女郎花合』(小学館)→ 新編全集

一、本書において引用した和歌は、原則として『新編国歌大観』により、それ以外はその底本の名前を明記した。ただし、『万葉集』は『新編日本古典文学全集』(小学館)により、旧国歌大観番号で示した。

一、散文の引用は適宜文中に示し、日本漢詩の資料は、『日本詩紀 本文と総索引』(高島要・勉誠出版)によった。

一、引用に際し、用字を整えた場合がある。

一、以下の資料を付した。

1、二十巻本全文翻刻(『寛平御時菊合』『亭子院女郎花合』『宇多院物名歌合』)

2、「菊合の漢籍典拠」(『寛平御時菊合』において特に右歌の典拠となった漢籍など)

注釈には、(「典拠」A参照)などと示した。

3、「日本漢詩における菊表現の受容例」

4、「女郎花の詠歌とその表記」

5、「本書所収歌合における女郎花歌の重出状況と他文献収載状況」

6、人物考証・人名索引

底本および使用伝本一覧　下部に各伝本の略称・略号を示した

○「寛平御時菊合」（『平安朝歌合大成』03内裏菊合）

底本　十巻本（尊経閣文庫蔵）写真版による

諸本

十巻本系統

1　宮内庁書陵部本　154.156　書陵部C本（書C）

二十巻本系統

1　二十巻本（東京国立博物館）e国宝　二十巻本（二）

2　水府明徳会彰考館本　巳／拾参　彰考館本（彰）

3　東京大学総合図書館本　E31-878　東大図本（東）

4　宮内庁書陵部本　266.4　書陵部A本（書A）

5　宮内庁書陵部本　154.7　書陵部B本（書B）

6　名古屋市鶴舞中央図書館本　河ク-59　鶴舞図本（鶴）

7　熊本大学附属図書館　細川家北岡文庫本　107・30・7　熊本大北岡本（熊）

8　国立歴史民俗博物館　高松宮家本　H-600-0308　高松宮A本（高A）

9　国立歴史民俗博物館　高松宮家本　H-600-0655　高松宮B本（高B）

10　北海学園大学附属図書館　北駕文庫本　文-206　北海学園本（北）

11　上賀茂神社　三手文庫今井似閑本　歌／酉／365-372　三手文庫本（三）

12　山口県立山口図書館本　133　　山口図本（山）

13　肥前島原松平文庫本　138-167-10　　松平文庫本（松）

○「亭子院女郎花合」（『平安朝歌合大成』09昌泰元年秋亭子院女郎花合）

底本　十巻本（尊経閣文庫蔵）写真版による

諸本

十巻本系統

1　宮内庁書陵部本　書陵部154.156　　書陵部A本（書A）

二十巻本系統

1　二十巻本（個人蔵）古筆学大成・徳川美術館図録「美しきかな」　　二十巻本（二）

2　ノートルダム清心女子大学附属図書館特殊文庫、黒川文庫本
特殊（黒川文庫）黒D88　　黒川本（黒）

3　宮内庁書陵部本　書陵部154.156　　書陵部B本（書B）

4　国立公文書館内閣文庫本　217　　内閣文庫本（内）

5　肥前島原松平文庫本　138-12　　松平文庫本（松）

6　宮城県図書館　伊達文庫本　伊911.28-1　　伊達本（伊）

7　福井市立図書館本　文385　6-7　2-5　　福井市図本（福）

8　水府明徳会彰考館本　巳／拾参　　彰考館A本（彰A）

9　水府明徳会彰考館本　巳／拾弐　　彰考館B本（彰B）

10　北海学園図書館北駕文庫本　文-206　　北海学園本（北）

○「宇多院女郎花合」（『平安朝歌合大成』10某年秋宇多院女郎花合）

底本　二十巻本断簡（断簡a　b　c　d）古筆学大成　　断簡a　b　c　d

　別筆二十巻本断簡（断簡e）　　断簡e

諸本

　十巻本系統

1　十巻本（尊経閣文庫蔵）（09亭子院女郎花合への混入本文）写真版による　　十巻本（十）

2　宮内庁書陵部本　書陵部154.156（09亭子院女郎花合への混入本文）　　書陵部本（書）

○「朱雀院女郎花合」（『平安朝歌合大成』11某年秋朱雀院女郎花合）

底本　二十巻本断簡　古筆学大成

○「宇多院物名歌合」（『平安朝歌合大成』15宇多院物名歌合）

底本　十巻本（尊経閣文庫蔵）写真版による

諸本

　二十巻本系統

1　二十巻本（昭和美術館蔵）古筆学大成・日本名跡叢刊　　二十巻本（二）
2　宮内庁書陵部本　154.156　　書陵部本（書）

貴重な資料の使用をお許し戴きました公益財団法人前田育徳会をはじめ諸機関に心よりお礼申し上げます。また、「亭子院女郎花合」（二十巻本）の翻刻については、徳川美術館、四辻秀紀氏のご高配を忝くしました。記して深謝申し上げます。

注釈

寛平御時菊合

十巻本

寛平御時のきくあはせの歌

左方　うらてのきくは殿上わらはこたてきみを丶むなにつくりてはなにおもてかくさせてもたせたり いま九本はすはまをつくりてうゑたり　そのすはまのさまはおもひやるへし　おもしろきところ〳〵のなをつけつ丶　きくにはたさくにてゆひつけたり

うらてのやまさきのみなせのきく

1

うちつけにみなせはにほひまさる《れ》はをりひとからかはなのつねかも

〔校異〕○うらてのきくは—右手の菊は（東・松）うらての二手は（書A・書B・鶴・熊・高A・高B）○殿上わらは—殿上童の（東・書A・書B・鶴・熊・高A・高B）○こたてきみ—小立君（二・東）に立君（彰・北・三・山・松）こたちきみ（書A・書B・鶴・熊・高A・高B）○おもてかくさせて—おもてをかくさせて（二・書A・書B・鶴・熊・高A・高B・三・山）おもてをかささせて（彰・東・北）おもてをかくせて（松）○九本は—九本をは（二・彰・東・書A・書B・鶴・熊・高A・高B・北・三・山・松）本は（書C）○すはまをつくりてうゑたり—すはまをつくりてそしたる（彰・三・山）すはまをつくりてそしたり（東）ナシ（書A・書B・鶴・熊・高A・高B）すはまをつくりて（北）すはまをつくりてそしり（松）○そのすはまのさまは—そのすはまのはまは（二・三・山）すはまのさま（書A・書B・鶴・熊・高A・高B）そのすはまは（北）そのすはまのはまは（松）○おもしろきところ〳〵の—おもしろきと

ころの〔二・彰・東・書A・書B・鶴・熊・高A・高B・北・三・山・松〕おもしろきところ〳〵〔書C〕○なをつけつゝ―名をつけて〔北〕○きくには―きてには〔高B〕きくに〔北〕○たさくにて―ナシ〔二・彰・北・三・山・松〕短冊を〔東・書A・書B・鶴・熊・高A・高B〕○ゆひつけたり―むすひつけけたり〔北〕

○占手―右手〔東〕○ナシ―一番〔書A・書B・高A・高B〕○やまさきのみなせのきく―山城の皆瀬菊〔彰・東・三・山〕山陰皆瀬菊〔北〕

○にほひまされるは―菊のまされるは〔書A・鶴・熊〕菊のまさるれは〔書A・高A・高B〕匂まさるれは〔北・三・山〕○をりひとからか―おる人からか〔彰・書B・鶴・熊・高A・高B・北・松〕折人からか〔東・書A・三・山〕

○はなのつねかも―花のかけかも〔彰・書A・書B・鶴・熊・高A・高B〕

〔整定本文〕　寛平御時の菊合の歌

左方、占手の菊は殿上童小立君を女につくりて花に面かくさせてもたせたり。今九本は洲浜をつくりてうゑたり。その洲浜のさまはおもひやるべし。おもしろきところどころの名をつけつつ、菊には短冊にて結ひつけたり。

占手　山崎の水無瀬の菊

1　うちつけにみなせはにほひまされるはをり人からか花のつねかも

〔現代語訳〕　寛平御時の菊合の歌

左方、占手（一番）の菊は殿上童小立君に童女の装いをさせ、花で顔を隠させて持たせた。残りの九本は洲浜を作ってそこに植えた。その洲浜の様子は想像してみてほしい。趣ある名所の名を一つ一つにつけて、菊に短冊で結びつけたのだった。

占手　山崎の水無瀬の菊

1　菊合に出されて早速に、水無瀬の菊が美しく香りたつのは、この時この場の人びとに逢ったためなのか、それとも菊にとってはこれが平常のことなのだろうか。

〔語釈〕 **○占手**　歌合の一番を指す。相撲の節会で最初に手合わせする小童を「占手」ということから派生したか。**○殿上童**　公卿の子で、元服以前に作法見習いのため殿上の間に昇ることを許されて出仕した少年。「三位の大弐は故小野宮大殿の御子なり、わらはより殿上などしたまへりけり」（重之集・一詞書）。ここでは、花を折る人を演出したか。**○洲浜**　海岸の入り組んだ地形を模して作られた洲浜台のこと。蓬萊山や木石、花鳥などの景物を乗せ饗宴・儀式などの飾り物としたが、物合や歌合などでも競べ物の素材を載せ飾った。『古今集』では当歌合について、「おなじ御時せられける菊合に、すはまをつくりて菊の花うゑたりけるにくはへたりける歌」（古今集・秋下・二七二詞書）とある。ここでは、九本の菊は洲浜に植えて、名所の名札をつけて名所の菊の体に装ったのである。**○短冊**　底本「たざく」は撥音「ん」の無表記。紙を細長く切って、人名や数量を記したり、縒ってくじとしたりした。〔補説〕②参照。**○山崎の水無瀬**　摂津国。大阪府三島郡島本町。天王山の西麓、水無瀬川と淀川の合流地。東大寺領水無瀬荘で山水の景勝地として知られた。「むかし、惟喬の親王と申すみこおはしましけり。山崎のあなたに、水無瀬といふ所に、宮ありけり」（伊勢物語・八十二段）とあり、天皇の狩猟地であった。また和歌には「恋にもぞ人は死にする水無瀬川下ゆあれ瘦す月に日に異に」（万葉集・巻四・五九八）と、『万葉集』以降、三代集でも普通名詞として、表面に水の無い、地下を流れる川として詠まれていた。名所歌枕としての水無瀬は、後鳥羽院が離宮を置いてから特に親しまれるようになる。「見わたせば山もとかすむ水無瀬河ゆふべは秋となに思ひけむ」（新古今集・春上・三六・後鳥羽院）。**○うちつけに**　突然に。「うちつけにさびしくもあるかもみぢばも主なきやどは色なかりけり」（古今集・哀傷・八四八・源能有）のように、すばやく起こる感情などをいうことが多いが、ここでは急に事が起こるさま。「『……ただ一つある鏡を奉る』とて、海にうちはめつれば、口惜し。されば、うちつけに、海は鏡の面のごとなりぬれば……」（土佐日記）。〔補説〕③参照。**○にほひまされるは**　菊合の場に供されて、水無瀬の菊が際やかに匂い立つことをいう。菊の場合は、視覚的な美しさに香りを添えた美を「にほひ」としたか。「白雲のうへにしうつる菊なればいたくをにほへ花とみるべく」（延喜十三年内裏菊合・二・季縄、古今六帖・三七六六・菊・あつなは）。**〇をり人からか**　「折・人のせいで（か）」と解した。宮廷の菊合でしかも一番に（提示された）という折（時）と、そこに集う人々の為に、それに応えて香りたつというのである。「人から（人のせいで）」は後代の例になるが、「秋の夜は人からならずむかしよりあかしかねぬるものとしらずや」（津守国基集・六五）が詠まれている。また、「折り人（折りとった人）のおかげで」の意を掛けるか。〔補説〕④参照。**〇花のつねかも**　菊の花の常のこととして薫るのかという。「秋の菊にほふかぎりはかざしてむ花よりさきと知らぬわが身を」（古今集・秋下・二七六・紀貫之）のように菊が薫り続けるということ。「川の瀬の激《たぎ》ちを見れば玉かも散り乱れたる川のつねかも」（万葉集・巻九・一六八五・間人宿禰、古今六帖・川・一五二八）のように、鑑賞者からみれば賞讃に値し、その見事さに息を呑む景であるのだが、それは川や菊からすれば当然の本性なのかと自然の造型の妙に感動しているのである。

〔他出〕

『夫木和歌抄』秋五・菊・五八六九

寛平御時菊合歌、山ざきのみなせのきく　　読人不知

うちつけにみなせはきくのまされるはをる人からの花のかげかも

〔補説〕①　底本では冒頭部分の歌合名「寛平御時のきくあはせの歌」とのみあって次の行から仮名日記「左方　うらてのきくは〜」へと続ける箇所、校異としては挙げなかったが諸本少しずつ異なり様々である。二十巻本等では「寛平御時歌合／題菊／歌人」としてから仮名日記へ続き、書陵部A本・書陵部B本等は「寛平御時菊合歌〈左右不読合／十番〉／題／菊」などとある。

②　短冊は、現在のような厚紙のものではなく、本来は細長い紙を指す。「菊には短冊にて結ひつけ」というのは、細長い紙に地名を書いて、その紙の端をこより状にして菊に結び付けたということ。二十巻本本文は「短冊をゆひつけ」とある。同じ状態を示すと思われるが、「きくにはたさくにてゆひつけたり」であった本文が「短冊を」と

なったのは、院政期以後「短冊」が「和歌を書くための料紙」を指すように変化したためか。

③「うちつけ（突然に）」に水無瀬（の菊）が匂いまさったというのであるが、「うちつけ」は事を急に行って、判断が誤ってしまうことを言う場合もある。「うちつけに濃しとや花の色を見む置く白露のそむるばかりを」（古今集・物名・四四四・矢田部名実）「むめがえにふりおける雪を春ちかみ目のうちつけに花かとぞ見る」（後撰集・冬・四九七・読人不知）のように「うちつけに見て」見誤る、思い込むのである。ここでは誤りではないのだが、「うちつけに＋水無瀬」に「うちつけに見」ての意を掛けて、急にそのように感じたのは、ここにいる人のためかと原因を問うかたちで詠んでいる。

④一番、占手の菊は童を女装させて持たせるという演出の下に現れる。それが菊花を折り取った人を具現させているのだとすれば、歌詞に「折り人」の意が込められることになる。そして、その「折り人」は、内裏の菊合のために水無瀬の菊を準備する人であるとともに、ひいては菊合を主催し、菊を内裏へ運ばせる宇多天皇のこととなり、天皇のために菊合の場に合わせて菊が香り立ったこととなるだろう。「折り人の心のままにふぢばかまむべも色こく咲きてみえけり」（古今六帖・蘭・三七二四・ならのみかど、新撰和歌・春秋・九二）。

⑤　2番歌以下も「名所の菊」を主題とし、名所名が詠みこまれ、和歌によっては物名歌ともなっている。

⑥『夫木抄』では秋の五巻に本菊合の和歌1番歌から10番歌までのうち、8番歌を除く九首が連続して載せられている。8番の道真歌は『古今集』に入集し、当菊合から『古今集』へは四首が、『古今六帖』第六の菊題には三首が入集している。

2

さかのおほさはのいけ　これよりはすはま　友則

古今 ひともと、おもひしきく《はな》《もの》をおほさはのいけのそこにて《本集にまて》《も》たれかうゑけむ

〔校異〕　○ナシ―二番（二・彰・東・書A・書B・鶴・熊・高A・高B・北・三・山・松）○さかのおほさはのいけ―嵯峨大沢池菊（二・彰・東・北・三・山・松）嵯峨のひろさはの菊（書A・書B・鶴・熊・高A・高B）○これよりはすはま―或本これよりはすはま（二・東・三・山・松）ナシ（書A・書B・鶴・熊・高A・高B・北）○友則―ナシ（二・彰・東・書A・書B・鶴・熊・高A・高B・北・三・山・松）○ひともと、―ひともと（書C）○おもひしものを―おもひしきくを（二・彰・東・書A・書B・書C・鶴・熊・高A・高B・北・三・山・松）○おほさはの―ひろさはの（書A・書B・鶴・熊・高A・高B）○いけのそこにも―いけのそこも（彰）

〔整定本文〕　二番　嵯峨の大沢の池　これよりは洲浜　紀友則

2　ひともとと思ひしものを大沢の池の底にも誰か植ゑけむ

〔現代語訳〕　二番　嵯峨の大沢の池（の菊）　これから後は洲浜に菊が植えられている　紀友則

2　（菊は）ただ一本だと思っていたのに、大沢の池の底にも（菊の花が咲いているのは）、いったい誰が植えたのだろうか。

〔語釈〕　**○二番**　底本には番《つがい》の番号を記さないが、二十巻本により補った。以下10番歌まで同じ。**○嵯峨の大沢の池**　現在、京都市右京区嵯峨大沢町の大覚寺の東にある池。大覚寺はもとは嵯峨天皇の嵯峨離宮で、大沢池はその苑池である。周囲は築山・滝水・奇岩などを配した大庭園になっていたが、九世紀中頃には早くも荒廃しはじめ、石組などの多くは貴族の邸宅に移されていった。貞観十八年（八七六）嵯峨院皇女、淳和天皇皇后正子が寺院とした。現在も菊ヶ島・庭湖石・名古曽滝跡など、往時の面影を伝えるものを残している。〔他出〕にもあるように、東にある広沢池との混同が見られる。当菊合においては、地名と歌は、なんらかの詞の上での必然的関係がもたせ

てあることが多いが、当該歌も、「大沢」の地名に「おほ（大／多）」「さは（沢／多）」の意を掛詞的に連想して、「一もと」と対照させており、歌の発想も地名と強く結び付いている。〔補説〕②参照。**〇ひともと**　「もと」は、草木を数えるのに用いる助数詞。「矢田の一本菅《ひともとすげ》」（古事記・下巻）、「一本《ひともと》のなでしこ」（万葉集・巻十八・四〇七〇）、当菊合3番歌「ひともと菊」など。一本、ひと株の菊。当時の菊は、後世のように大輪で一本一輪にして仕立てられたものではなく、小菊で、一本に多数の花を咲かせている。**〇と思ひしものを**　と思っていたのに。現実が案に相違していることを表す。「ものを」は、逆接の接続助詞。「人のうへと思ひしものを我が恋になしてや君がただにやみぬる」（亭子院歌合・五五・凡河内躬恒）など。**〇池の底にも誰か植ゑけむ**　菊を誰が池の底にも植えたのだろうか、の意。「も」は岸の菊に加えて水中の菊があるという添加の意。池の水面に映る菊を、洲浜の菊から想像し、誰かが池の底に植えた別の菊だと見立てて、怪しんでいる。水に映る花の影は、『万葉集』では「かはづなく神奈備川に影見えて今か咲くらむ山吹の花」（巻八・一四三五・厚見王）「池水に影さへ見えて咲きにほふあしびの花を袖に扱《こ》入《き》れな」（巻二十・四五一二・大伴家持）などがあるが、菊は『万葉集』では詠まれていない。菊が水に映ることを詠んだ例としては、「同じ年十月九日、更衣たち菊の宴し給ふ、その日、さけのだいの洲浜の銘の歌、女、水のほとりにありて菊の花をみる」の詞書をもつ「菊の花をしむ心は水底の影さへ色は深くぞありける」（躬恒集・一九一）がある。〔補説〕①参照。

〔他出〕

『古今和歌集』秋下・二七五

　大沢の池のかたにきくうゑたるをよめる　（紀友則）

ひともとと思ひしきくをおほさはの池のそこにもたれかうゑけむ

『新撰和歌』春秋・一〇八

一もととおもひしものを広沢の池のそこにもたれかうゑけん

『友則集』三〇

おほさはのいけのつつみにきくの花のさけるをみて

ひともととおもひしきくをおほさはのいけのそこにはたれかうゑけむ

『古今和歌六帖』第六・菊・三七五二

とものり

ひと本とおもひしきくをおほさはのいけの底にも誰かうゑけん

『夫木和歌抄』秋五・菊・五八七〇

（寛平御時菊合歌）嵯峨の広沢の菊　　同（読人不知）

ひともとと思ひし菊を広沢の池の底にも誰か植ゑけむ

〔補説〕① 古今集時代の、とりわけ貫之歌には、水底に映るものをモチーフにした歌が多い。「池に月の見えけるをよめる」の詞書をもつ「二つなき物と思ひしを水底に山の端ならで出づる月影」（古今集・雑上・八八一、貫之集・八〇〇、新撰和歌・二三二）や、「二つ来ぬ春と思へど影みれば水底にさへ花ぞ散りける」（貫之集・二九八）「空にのみ見れどもあかぬ月影の水底にさへまたも有るかな」（貫之集・三一一）など、水に映った影を実像と見立てて、二つあることの発見を詠む歌と2番歌は類想である。

② ①に加えて、当該歌では、「大沢の池」という地名からも発想されていると考えられる。地名との掛詞ではないが「おほし（多）」「さは（多）」の例は『万葉集』からある。平安朝になると、「さはにのみ年は経ぬれど葦鶴の心は雲の上にのみこそ」（拾遺集・恋一・六五〇・藤原師輔）のように「沢＝さは（多）」の掛詞も見られる。「大沢」の地名に「大」「多」の意を重ねている例として、「おおさはのおほくの人の嘆きにていけらじとのみ思ふなるらん」（朝光集・六〇）などがある。竹岡正夫『古今和歌集全評釈』がこの掛詞を支持する。片桐洋一『古今和歌集全評釈』も「大沢の」の語釈で、朝光歌を根拠として「「大量」の意の「大」と「沢山」の「沢《さわ》」を掛けて、「大」

「沢」という名を持つこの池に誰が植えたのだろうか、あのように池の水に映っている、と解くこともできる」としている。当該歌ではほかならぬ「大沢の池」の菊であるから、ひともとの菊が水に映ってふたもとになりたくさんの花を水に映していると詠んでいるのだと考えられる。

③　底本本文第二句「おもひしもの」について、書写過程の認定の仕方により、「おもひしきく」の本文を取り得る可能性があることを指摘しておきたい。萩谷歌合大成は、第二句の書写過程を「おもひしものノものヲ削リソノ上ニ重ネテきくヲ書キ、サラニきくミセケチはな、サラニマタはなミセケチもの」としている。この書写過程を肯って最終本文を「もの」として解釈したが、写真版で見るかぎり、最終本文「きく」の可能性もなしとしない。それは、削られた上に書かれた「きく」が鮮明に書かれてあり、その左側に書かれた「もの」との間にある見せ消ち記号が、「きく」ではなく「もの」の方を消しているようにも見えるからである。十巻本には「もの」「はな」「きく」のすべての異文が過程に含まれている。

④　第二句を「思ひしものを」とすると、歌の中に「菊」ないし「花」の語が入っていないことになる。「花」より「菊」のほうが歌の内部にさらに具体性を持ち、歌として自立しているといえる。当該歌は、洲浜の菊に結びつけられ、菊そのものと組み合わされて享受される歌であるから、歌中に「菊」の語がなくても自明なのであろう。『古今集』にはたとえば、「植ゑし植ゑば秋なき時や咲かざらん花こそ散らめ根さへ枯れめや」（秋下・二六八・在原業平）のように、歌中に「花」とはあるが「菊」と明示しない歌がある。その詞書は「人の前栽に、菊に結びつけて植ゑける歌」とあり、実際の菊と組み合わされて享受される歌である。「もの」の本文を採る場合、同様の例となろう。

3

むらさきのヽきく

なにしおへはヽなさへにほふむらさきのひともときくにおけるはつしも

〔校異〕　○ナシ―三番（二・彰・東・書A・書B・鶴・熊・高A・高B・北・三・山・松）　○なにしおへは―名におへは（書A・書B・鶴・熊・高A・高B）なにしおはヽ（書C）　○ヽ《（は）》なさへ―これさへ（北・三・山・松）

〔整定本文〕　三番　紫野の菊

3　名にし負へば花さへにほふ紫野ひともと菊における初霜

〔現代語訳〕　三番　紫野の菊

3　その名のために、そこに咲く菊の花までもが美しく輝く紫野、その一本《ひともと》の菊に置いている初霜よ。

〔語釈〕　**○紫野**　現在の京都市北区紫野の一帯。船岡山を中心とする平安京北部の地。洛北七野の一つ。「太上天皇の子日したまひしに、紫野にいでさせたまひしにつかまつりし」（元輔集・一九五詞書）「二月十三日、紫野にて朱雀院の御子日せさせたまふに、院の人々見させたまふ……」（大斎院前の御集・四四詞書）などのように、子日の行事などが行われた。また、賀茂斎王の紫野斎院があった。〔補説〕①参照。**○名にし負へば花さへにほふ紫野**　「名にし負へば」は、名として持つのだから。ここは、「紫野」の「紫」を名として持っているのだからということ。「名にし負へばなほなつかしみ女郎花折られにけりなわれが名たてに」（小町集・六）。当該歌では、「花さへにほふ」の原因が「名」によるものだという。〔補説〕②参照。「にほふ」の「に」は「丹」であり、赤色、明るい色が表面に出て目立つこと。「〈紫草《むらさき》〉のにほへる妹を憎くあらば人妻ゆゑにわれ恋ひめやも」（万葉集・巻一・二一・天武天皇）。ここでは、花が美しく輝くということ。「花さへにほふ紫野」は、紫野の名にあやかって、花さえも輝くということ。菊は、「色変はる秋の菊をばひととせにふたたびにほふ花とこそ見れ」（古今集・秋下・二七八・読人不知）「秋をおきて時こそありけれ菊の花うつろふからに色のまされば」（同・二七九・平貞文）などのように、白菊が霜や寒さによって赤味を帯びた色に変化する様子を賞賛する。このことの縁で「紫野」の地名が詠まれているのである。

○ひともと菊における初霜　「ひともと菊」は、一株の菊。洲浜に一株ずつ菊が植えられているので、歌でも「ひともと」と詠んだ。2番歌参照。

〔他出〕

『新拾遺和歌集』秋下・五二四

　　寛平の御時菊合に紫野の菊をよめる　　読人しらず

　名にしおへば花さへにほふむらさきのひともと菊における初霜

『夫木和歌抄』秋五・菊・五八七一

　（寛平御時菊合歌）むらさきののきく　　同（読人不知）

　なにおへば花さきにほふむらさきのひともときくにおける初霜

〔補説〕①　紫野は『日本後紀』に「冬十月甲子朔。遊二猟於紫野一」（巻四逸文・延喜十四年〈七九五〉十月一日条）「遊二猟于紫野一。賜二五位已上衣一」（巻五・延喜十五年十月六日条）などとあり、遊猟の地として親しまれた。また、『文徳実録』には「賀茂斎内親王禊二於河浜一。是日始入二紫野斎院一」（巻四・仁寿二年〈八五二〉四月十九日条）とある。なお、『万葉集』に見える額田王の「あかねさす紫野行き標野行き野守は見ずや君が袖振る」（巻一・二〇）の「紫野」は、題詞に「天皇遊二猟蒲生野一時額田王作歌」とあるように、京都の紫野ではなく滋賀の蒲生野であり、紫草の生えている野原のことをいう普通名詞である。当該歌の場合は名所としての京都の「紫野」を詠んでいる。

②　菊と霜を詠んだ歌としては、「心あてに折らばや折らむ初霜の置きまどはせる白菊の花」（古今集・秋下・二七七・凡河内躬恒）などがある。この歌のように、初霜が置いた段階ではまだ菊は白い。当該歌では、霜が置いたのだから、白菊が「紫」になることを期待し、紫野という名前に興じて詠んでいる。

4

おほゐのとなせのきく　しろかねをよりてたきにおとしたり　いとたかくよりおつれとこゑもせす

たきつせはた丶けふはかりおとなせそきくひとはなにおもひもそます

〔校異〕　○ナシ―四番（二・彰・東・書A・書B・鶴・熊・高A・高B・北・三・山・松）　○おほゐとなせのきく―大井川となせのきく（書A）　○たきに―事に（彰）　ことに（三・山・松）　ナシ（北）　○いとたかくより―ひと日よらさり（彰）　いと山ふかうかよう（東）　いと山より（書A・書B・熊・高A・高B）　いとより（鶴）　心とるようさり（北）　いとかようさり（三・山・松）　○おつれと―おつれとも（二・彰・東・北・三・山・松）　○こゑもせす―こゑもせぬ（書C）　○きくひとはなに―きく人もなき（彰・書A・書B・鶴・熊・高A・高B）　菊ひと本に（東）　はなに《きくひと》（書C）　きく人もなく（北）　○おもひもそます―おもひをそする（書A・書B・鶴・高A・高B）　おもひもそまぬ（書C）　おもひもそする（熊）

〔整定本文〕　四番　大堰の戸難瀬の菊　銀《しろがね》を縒りて滝に落としたり、いと高くより落つれど声もせず

4　滝つ瀬はただけふばかり音なせそ菊ひと花に思ひもぞます

〔現代語訳〕　四番　大堰の戸難瀬の菊　銀を縒って糸のようにして滝から流水として落としている。とても高い所から流れ落ちるようにしてあるが、（銀で作った飾り物なので）音もしない。

4　滝の流れよ、（音が無いという意味を持つ戸難瀬の滝なのだから）どうか今日だけは音をさせないでおくれ。（音が聞こえない方が、今日の菊合に出された）この一本の菊の花へ思い入れを増すことができるだろうから。

〔語釈〕　**○大堰の戸難瀬**　「大堰」は大堰川。京都府南丹市・亀岡市から京都市を流れて淀川に注ぐ桂川の上流部分で、嵐山辺りまでを指すことが多い。古くから歌枕としても有名で、周辺には保津峡や嵐山など現代でも名所が多い。特に当菊合の主催者である宇多天皇の行幸があり、そこで貫之や躬恒などを伴った歌会があったことは、

「大堰川行幸和歌」（九〇七年）により知られる。〔補説〕①参照。「戸難瀬」は嵐山付近とされるが詳細は不明。当該歌においては洲浜の様子を「銀を縒りて滝に落としたり」とあるので戸難瀬の滝をいうのであろう。**○滝つ瀬**　激しい川の流れのこと。ここでは戸難瀬の滝の流れを指す。**○音なせそ**　ここに「戸難瀬」を隠す。「な〜そ」は「夏山になく郭公心あらば物思ふ我に声なきかせそ」（古今集・夏・一四五・読人不知）のように、懇願の気持ちを含むやわらかな禁止を表すので、「音なせそ」は、（滝の）音をさせないでほしいということ。**○菊ひと花に**　本文「きくひとはなに」は複数の解釈が可能であるが、当菊合の他の歌が「菊」を詠み込むので、当該歌も「菊ひと花に」と解釈した。一本の菊の花にという意味であるが、「滝つ瀬」や「音」、音のない瀬という意味を持つ「戸難瀬」の縁語として「菊ひと（花）」に「聞く人」を掛ける。〔補説〕②参照。**○思ひもぞます**　「もぞ」は係助詞「も」に「ぞ」が付いたもので強意の意味。「思ひます」は、「葦まよりみちくるしほのいやましに思ひませどもあかぬ君かな」（新撰万葉集・下・四九二）のように、思いや愛着がいよいよ増してくること。

〔他出〕『夫木和歌抄』秋五・菊・五八七二

（寛平御時菊合歌）大井のとなせのきく　同（読人不知）

たきつせはただけふばかり音なせそきく人もなき思ひもぞする

〔補説〕①　戸難瀬は山城の歌枕とされるが、管見の限りにおいて当該歌の他には、「大井河かはべのもみぢ散らぬまはとなせの岸にながゐしぬべし」（恵慶集・一一二）や「うしろめたとくといそがで紅葉ばはとなせの滝の落ちもこそすれ」（赤染衛門集・五七〇）などが古い例で、時代的にも内容的にもやや隔たりがある。当該歌は戸難瀬を詠み込む初例とも言えるものである。〔語釈〕に示したように、宇多院の大堰川行幸は九〇七年のものが知られ、これは当菊合より二十年ほど後ではあるが、宇多院やその近辺において大堰川への関心が高かったり、当菊合の頃にも行幸が行われていたりということがあったとすれば、大堰だけでなく戸難瀬という狭い地名を題としたのも自然な流れであろう。

②「戸難瀬」は平安中期以降、大堰川と同じように紅葉の名所などとして詠まれることが多いが、当該歌は紅葉などを詠み込まず、「となせ」という名に関心を寄せた歌である。地名「となせ」の「と」を「音」と解し、「音難瀬」つまり「音が無い瀬」の意味をくみ取ったもの。似たような例に、「水の無い瀬」を「水無瀬」として「みなせ河有りて行く水なくはこそつひにわが身をたえぬと思はめ」（古今集・恋五・七九三・読人不知）などと詠むものは多い。だからこそ、あえて洲浜の注に「いと高くより落つれども声もせず」と明記するのである。「音」の意味で「と」と詠む例は「〈可是能等能《かぜのとの》〉遠き我妹が着せしきぬたもとのくだりまよひ来にけり」（万葉集・巻十四・三四五三）にある。音が聞こえないという意味を持つ滝の名称を利用して、菊合が行われている今日だけは皆が菊を充分に観賞して楽しめるように、戸難瀬というその名のとおり静かにしておくれという趣向の詠である。物の名称に対して積極的に意味を読み取ろうとするのは「名にし負はばいざこととはむ都鳥わが思ふ人はありやなしやと」（伊勢物語・第九段、古今集・羇旅・四一一・在原業平）など六歌仙時代や初期歌合の頃から様々見られる。

5

つのくにのたみの、しま

すはまにうゐたるきくのしたに　をむなそてをかさにきてかひ、ろふかたしたり

たみのともいまはもとめしたちかへりはなのしつくにぬれむとおもへは

〔校異〕　○ナシ—五番（二・彰・東・書A・書B・鶴・熊・高A・高B・北・三・山・松）　○つのくにのたみの、しま—摂津国田蓑嶋菊（二・彰・東・北・三・山・松）摂津たみの、しまのきく（書A・書B・鶴・熊・高A・高B）　○すはまにうゐたる—ナシ（二・彰・東・北・三・山・松）　○をむなそてを—女のひとのそてを（二）女の判読不能のちてを（彰）女のそてを（東・北）女のはのちてを（三・山・松）　○かさにきて—かさにて（二）かさりて（彰）かさにもきて（東）かかせて（三・山）かさせて（松）　○かひ、ろふかた—かひろふかた（彰）ひろふかた（書A）あひ、ろふかた（三・山）　○ぬれむとおもへは—ぬれぬと思へは（東）ぬるとおもへは（書A・書B・鶴・熊・高A・高B）

〔整定本文〕　五番　津の国の田蓑の島　　洲浜にうゑたる菊の下に、女袖を笠にきて貝拾ふ形したり

5　田蓑ともいまはもとめじたちかへり花のしづくに濡れむとおもへば

〔現代語訳〕　五番　津の国の田蓑の島（の菊）　洲浜に植えた菊の下に、女が袖を笠のようにして貝を拾う様子が作ってある。

5　田蓑の島であっても今は蓑を求めないでおこう、何度も花のところに戻って菊の雫に濡れようと思うので。

〔語釈〕　**○田蓑の島**　「難波潟しほみちくらしあま衣たみのの島にたづなき渡る」（古今集・雑上・九一三・読人不知）により広く知られた歌枕であるが、「難波へまかりける時、田蓑の島にて雨にあひてよめる」の詞書で、紀貫之の詠んだ「雨によりたみのの島をけふゆけど名にはかくれぬ物にぞ有りける」（同・九一八、拾遺集・別・三四三、第三句「わけゆけど」）により、「蓑」の島であれば、濡れないはずだけれど、という思いが添えられる。〔補説〕①参照。
○花のしづく　菊の花のしずくは、不老不死や若さのイメージと結びつく（「典拠」A・B参照）。「をる菊の雫をおほみ若ゆてふぬれぎぬをこそ老の身にきれ」（古今六帖・九日・一九五・壬生忠岑、同・しづく・五九九）。**○濡れむとおもへば**　「けふ桜しづくにわが身いざぬれむかごめにさそふ風のこぬまに」（後撰集・春中・五六・源融）「ほととぎす声まつほどは片岡のもりのしづくにたちやぬれまし」（紫式部集・一三）のように、「しづくに濡れ」ようと言うことで、対象への愛着を示すことが多い。当該歌の場合は「菊」への愛着。

〔他出〕

『玉葉和歌集』秋下・七七七

寛平菊合に、たみののしまの菊を読み侍りける　　読人しらず

たみのとも今はもとめじたちかへり花のしづくにぬれんと思へば

『夫木和歌抄』秋五・菊・五八七三

（寛平御時菊合歌）たみののしまのきく、すはまにうゑたる菊の下に、女袖をかさにきて貝ひろふ

同（読人不知）

たみのともいまはもとめじたちかへり花のしづくにぬると思へば

〔補説〕① 洲浜で、袖をかざして貝を拾う女の形が作られたのは、海辺の風景の演出と、「田蓑の島」は「蓑」の名称をもっていても雨に濡れてしまうおもしろさを印象づけようと意図したものか。「濡れる田蓑の島」を表現して、菊のしずくが多いことを表そうとしたと思われる。「露ながらをりてかざさむ菊の花老いせぬ秋のひさしかるべく」（古今集・秋・二七〇・紀友則）のように、延命のしるしである菊のしずくに進んで濡れようとする心である。また、後代の例であるが、「田蓑島」と「貝」をむすびつけた「おきあかす霜ぞかさなる旅衣たみのの島はきてもかひなし」（拾遺愚草・一二五五・内裏名所百首・田蓑島・六五一）がある。

② 二十巻本は第二句「いまはおもはし」を見せ消ち訂正して十巻本と同じ「いまはもとめし」としている。原本文の場合は「（蓑の名があるので濡れずにすむ）田蓑の島とは思わないでおこう」という意になるか。

6

ならのさほかはのきく

ちとりゆゑさほのかはへをとめくれはみなそこきりてさけるはなかも

〔校異〕 ○ナシ―六番（二・彰・東・書A・書B・鶴・熊・高A・高B・北・三・山・松） ○ならのさほかはのきく―奈良棹河菊（二・彰・東・高A・高B・三・山）奈良棹江菊（北）奈良棹菊（松） ○ちとりゆゑ―千鳥なく（彰）ちとりゆく（北） ○さほのかはへを―さほのかはらを（書A・書B・鶴・熊・高A・高B） ○みなそこきりて―水底よりそ（彰）みなそこよりも（東・三・山）みなそこよきて（北）みなそこよりて（松） ○さけるはなかも―さける花かな（二・彰・北・三・山）咲る菊哉（東・書A・書B・鶴・熊・高A・高B）さけるはる哉（松）

〔整定本文〕 六番　奈良の佐保川の菊

6　千鳥ゆゑ佐保の川辺を尋《と》め来れば水底霧りて咲ける花かも

〔現代語訳〕　六番　奈良の佐保川の菊

6　千鳥をみようとして佐保の川のほとりを尋ねて来たところ、水底に霧が立ったかと思うほど白く、川に姿を映して咲いている白菊の花であるよ。

〔語釈〕　**○奈良の佐保川**　奈良市の春日山に発し、佐保の地を西流して法華寺の南で南流、大和郡山市で初瀬川と合流して大和川になる川。現在は水量も少ないが、かつては舟運や灌漑に利用された。春日詣や長谷詣の道筋にあたり、平安時代になっても親しみのある地名であったと思われ、和歌に多数詠まれる。**○千鳥ゆゑ**　千鳥を見んがために。「ゆゑ」は理由を表す。「千鳥鳴く佐保の河瀬のさざれ波やむときもなしあが恋ふらくは」（万葉集・巻四・五二六）など、佐保川の千鳥は『万葉集』から多数詠まれ、景物として早くから地名と結び付いていたと考えられる。当該歌においては、佐保の川辺を目指して来た理由が「千鳥」であり、すでに「佐保川」と「千鳥」の組合わせが定着していることがうかがえる。千鳥は、千鳥科の鳥の総称。多数で群をなして飛ぶ。多くは渡り鳥。全長一五〜二〇cmくらいで、嘴は比較的短く、先端がふくれている。足指は三本だけで後指はない。体の下面が白く背面は灰褐色で、胸・頭部に黒斑のあるものが多い。海岸・河原などに住み小動物を捕食する。〔補説〕①参照。**○佐保の川辺を尋め来れば**　佐保川のほとりを尋ね求めてくると、の意。「尋め来れば」は神楽歌に「榊葉の香をかぐはしみ尋め来れば八十氏人ぞ円居せりける」（採物・榊）という例があり、第四句が催馬楽と関連することとともに注意される。**○水底霧りて**　水底に霧が立って、の意。この句は、次の催馬楽から採っている。「紀伊国の　白らの浜に　ま白らの浜に　下りゐる鷗　はれ　その珠持て来《こ》　風しも吹けば　余波しも立てれば　水底霧りて　はれ　その珠見えず」（催馬楽・紀伊国）。催馬楽では風のために波が立ち、真珠のある水底が見えないと言っていて、実際の霧が立っているわけではない。その句を取った当該歌も水辺に咲く白菊が川面に白く映る様を「水底霧りて」と言ったらしい。2番歌が水に映る菊を詠み、9番歌はそれを磯の真珠に、8番歌は水辺の白菊を波に見立てるのも一連の発想である。佐保川と霧と千鳥の取り合わせは、「千鳥鳴く佐保の川霧立ちぬらし山の木の葉も色まさりゆく」（古今集・賀・三六一）などとよく詠まれ、「霧りて」という詞と佐保川は縁あるものとして響き合う。「水底霧りて」と詠むにふさわしい名所であるといえよう。**○咲ける花かも**　詠嘆の終助詞「かも」は、中古以降はそれに替わって「かな」が使われるようになる。十巻本の方が古い形である。「菊」と詠まずに「花」と詠んでいるのは、2番歌と同様に、洲浜の菊に付けられた歌であることからであろう。後世の『夫木抄』では「菊」となっている。佐保川とその景物を背景に取り入れて、題の「菊」を表現している。

〔他出〕

『夫木和歌抄』秋五・菊・五八七四

（寛平御時菊合歌）ならのさほがはのきく　同（読人不知）

ちどりゆゑさほのかはらをとめくればみなそこきりてさける菊かな

〔補説〕① 佐保川の千鳥は『万葉集』に多数詠まれている。赴任先出雲の意宇《おう》の海の千鳥の声を聞いて、故郷奈良の佐保川の千鳥を思い出している「飫宇《おう》の海の河原の千鳥汝が鳴けば我が佐保川の思ほゆらくに」（万葉集・巻三・三七一・門部王）という歌もある。『万葉集』では実際の場所を知ったうえで詠んでいるのであるが、当該歌では「佐保川―千鳥」という歌枕としての概念の成立後にその結び付きの知識をいわば確認しようとしてその場にやってきたという設定で、「尋め来れば」と詠んでいるのである。

② 「尋め来れば」（神楽歌）「水底霧りて」（催馬楽）という詞を歌謡から採っている。よく知られていた歌謡の一節を二箇所も取り入れて詠むということも当時は手柄の一つだったかもしれない。利用している催馬楽の詞「水底霧りて」は、歌枕「佐保川」と縁語関係にもなっており、その意味でも細かい詞への配慮がうかがわれる。

7

いつみのふけひのうら

けふ〳〵としもおきまさるふゆたゝは、なうつろふとうらみにゆかむ

〔校異〕 ○ナシ―七番（二・彰・東・書A・書B・鶴・熊・高A・高B・北・三・山・松） ○いつみのふけひのうら―和泉吹居菊（二・彰・北・三・山・松）和泉吹居浦の菊（東）和泉ふけゐのはま（書A・書B・鶴・熊・高A・高B） ○けふ〳〵と―そふ〳〵と（書B・鶴・熊）さふ〳〵と（書C） ○おきまさる―をきませる（彰・北）おさまさる（書C） ○ふゆたゝは―ふゆはたゝ（二・東・書A・書B・鶴・熊・高A・高B・北・三・山・松） ○うらみにゆかむ―うらみゆくらむ（書A・書B・鶴・熊・高A・高B）

〔整定本文〕 七番 和泉の吹飯《ふけひ》の浦

7 今日今日と霜置きまさる冬立たば花移ろふと浦見にゆかむ

〔現代語訳〕 七番 和泉の吹飯の浦（の菊）

7 今日も今日も日増しに霜が置いていく。立冬になれば花が衰えてしまうだろうと（思うからその前に）、吹飯の浦（の菊）を見に行こう。

〔語釈〕 **○和泉の吹飯の浦** 現在の大阪府泉南郡岬町の深日《ふけ》の海岸。古くは『万葉集』に「ときつ風〈吹飯《ふけひ》〉の浜に出で居つつ贖《あか》ふ命は妹がためこそ」（巻十二・三二〇一）と詠まれる。なお、「ふけひの浦」については『歌枕歌ことば辞典増補改訂版』（片桐洋一編）に、『大和物語』第三十段の「沖つ風ふけひの浦に立つ浪のなごりにさへや我は沈まむ」が「紀伊の国より石つきたる海松《みる》」を帝に奉ったときの源宗于の歌であることなどを挙げ、平安時代には紀伊国の「吹上の浜」と混同していたことが明らかであると指摘する。ただし、当菊合では「和泉の吹飯の浦」とあり、次の8番歌が「紀伊国吹上の浜」とあることから、両者は区別されている。**○今日今日と** 今日もまた今日も日々に、ということ。**○霜置きまさる** 「まさる」は、動詞に下接して用いることで、その状態が強まる意を

表す。「みよしのの山の白雪つもるらしふるさと寒くなりまさるなり」（古今集・冬・三二五・坂上是則）など。「置きまさる」の例としては、「あだ人の枕にかかる白露はあき風にこそ置きまさるらめ」（宇津保物語・内侍のかみ）がある。**○冬立たば**　「冬立つ」は、立冬になること。**○花移ろふと**　「移ろふ」は、変わっていく、の意。色あせる、衰える、散るの意で用いる。「言繁み相問はなくに梅の花雪にしをれてうつろはむかも」（万葉集・巻十九・四二八二・石上宅嗣）。当該歌の場合も衰える菊である。〔補説〕①参照。**○浦見にゆかむ**　吹飯の浦に咲く菊を見に行こうということ。

〔他出〕

『夫木和歌抄』秋五・菊・五八七五　（寛平御時菊合歌）和泉ふけゐのはまのきく　同（読人不知）

けふけふとしもおきまさるふゆはただはなうつろふとうらみにゆくらむ

〔補説〕① 霜に当った菊は、3番歌のように美しく色変わりする様を賞賛されることが多い。しかし、「花移ろふ」は、本来花が衰えることを言い、菊についても当該歌や「植ゑしとき花まちどほにありし菊うつろふ秋にあはむとや見し」（古今集・秋下・二七一・大江千里）のように、衰える様子を詠む例がある。特に当該歌の場合、「冬立たば」とある。冬になればさすがに菊は枯れてしまうので、花が衰える前に見ておきたいの意と解した。

② 第三句を二十巻本は「ふゆたゝ《は》は」とある。本来は十巻本と同じく「ふゆたゝは」としていたものを訂正により二種の本文が発生した様子がここにうかがえる。

③ 左方歌の多くが地名を掛詞として詠み込むが当該歌はそれがない。しかし、「吹飯（ふけひ）」に「老け〈老く〉」をくみ取り、長寿延命の象徴である菊花との対照の妙を、発想の源としているようである。「浦見にゆかむ」は、霜によって老ける（衰える）前の吹飯の浜の美しい菊を見に行こうということなのであろう。

きのくにのふきあけのはまのきく　　菅丞相

古今
あきかせのふきあけにたてるしらきくはそ《は》か《な》は《か》あらぬかなみのよするか

〔校異〕　○ナシ―八番（二・彰・東・書A・書B・鶴・熊・高A・高B・北・三・山・松）　○きのくにのふきあけのはまのきく―紀伊国吹あけのはま（書A・書B・鶴・熊・高A・高B）　○菅丞相―菅原のおとゝ（二・北・三・山・松）ナシ（彰・東）菅原大政大臣（書A・書B・鶴・熊・高A・高B）　○ふきあけに―浜上に（高B）

〔整定本文〕　八番　紀伊国の吹上の浜の菊　　菅丞相

8　秋風の吹上にたてる白菊は花かあらぬか波のよするか

〔現代語訳〕　八番　紀伊国の吹上の浜の菊　　菅原道真

8　秋風が吹き上げる吹上の浜に立っている白菊は、（本当に）花なのかそうでないのか、そうでないなら波が（立って）打ち寄せているのであろうか。

〔語釈〕　**○紀伊国の吹上の浜**　「紀伊国」は現在の和歌山県。「吹上の浜」は、和歌山市の湊から雑賀にかけての海岸付近。『増基法師集』の詞書には「きの国の吹上の浜にとまれる、月いとおもしろし、此浜は天人常にくだりてあそぶといひ伝へたる所なり、げに所もいとおもしろし……」（五）と、天女の舞い降りた伝説を伝え、また『宇津保物語』で「吹上（上・下）」の巻名にもなり、源涼の育った地とされるなど、風光明媚な歌枕として知られた。**○秋風の吹上にたてる**　「吹上」に、「秋風が吹く」の意と地名の「吹上」を掛ける。「あまのとを吹上の浜に立つ浪はよるさへ見ゆるものにぞ有りける」（増基法師集・八）。「たてる〈たつ」は、直接的には白菊が吹上の浜に生えていることを言っているが、第五句「波」の縁語によって「立つ」を用いる。**○花かあらぬか波のよするか**　浜に立つ白い物という、白菊と波との共通性から菊を波に見立てた表現。白菊の白さは「花見つつ人待つときはしろたへの袖かとのみぞあやまたれける」（当菊合・20・紀友則）「心あてにをらばやをらむ初霜のおきまどはせる白菊の花」

（古今集・秋下・二七七・凡河内躬恒）など、様々な白い物に見立て、特にこの時代に好んで詠まれた。一方、波の白さを様々な花の白さに重ねて詠む例は、早くは『万葉集』に「伊勢の海の沖つ白浪花にもが包みて妹がいへづとにせむ」（巻三・三〇六・安貴王）に見えるが、『千里集』の「沖つより吹きくる風は白浪の花とのみこそ見えわたりけれ」（六九）は、白居易の「風翻白浪花千片《かぜはくろうをひるがへせばはなせんぺんたり》」を句題としたものである。この句は『千載佳句』や『和漢朗詠集』にも採られ広く知られたものであった。また道真は『菅家文草』において「浪花」を多用しているので、当該歌も漢語「浪花」から発想を得たものであろう。〔補説〕②参照。

【他出】

『古今和歌集』秋下・二七二

おなじ御時せられけるきくあはせに、すはまをつくりて菊の花うゑたりけるにくはへたりけるうた、ふきあげのはまのかたにきくうゑたりけるによめる　すがはらの朝臣

秋風の吹きあげにたてる白菊は花かあらぬか浪のよするか

『新撰和歌』春秋・九八

あきかぜのふきあげにたてる白菊は花かなみだかいろこそわかね

『古今和歌六帖』第六・菊・三七三三

すがはらのおとど

秋風のふきあげにたてるしらぎくは花かあらぬかなみのよするか

『素性集』（西本願寺本）六五

秋風のふきあげのはまのしらぎくははなのさけるかなみのよするか

『素性集』（冷泉家時雨亭文庫色紙本）六八

秋かせのふきあげにたてるしらぎくは花かあらぬかなみのよするか

〔補説〕① 底本の作者名「菅丞相」は、尊経閣文庫の写真帳やカラー写真で確認する限り補入か否か判然としないが、萩谷歌合大成の校異欄で「菅丞相三字補入」とされている。

② 道真の『菅家文草』には「浪花」が四例見られる。『白氏文集』には〔語釈〕に挙げた一例、『田氏家集』一例であることを鑑みれば少なくない数である。文章博士であり、また菊を愛した道真ゆえの秀作と言えよう。

③ 当該歌は〔他出〕に挙げたように、異伝を派生させながら様々な和歌集に載り、他にも『和歌体十種』『定家八代抄』など多くの歌学書にも採られ、評価の高さがうかがわれる。

9

いせのあしろのはま

いそにさくあしろのをきくしほかゆ《ひ》はたまとそとめむなみのしたくさ

〔校異〕 ○ナシ―九番（二・彰・東・書A・書B・鶴・熊・高A・高B・北・三・山・松） ○いせのあしろのはま―伊勢国網代浜菊（二・彰・北・三・山・松）紀伊国網代の浜菊（東）伊勢国あしろのはま（書A・書B・鶴・熊・高A・高B） ○いそにさく―いろに咲（東）いはにさく（書A・書B・鶴・熊・高A・高B） ○あしろのをきく―あしろのきくを（二・東・書A・書B・鶴・熊・高A・高B）あしろのをきくを（山） ○しほかひは―しほかひに（彰・東・北・三・山・松）しほひには（書A・書B・鶴・熊・高A・高B） ○たまとそとめむ―たまとそとらむ（二・彰・三・山・松）玉そとゝめむ（北）

〔整定本文〕 九番　伊勢の網代の浜

9 磯に咲く網代の小菊潮かひは玉とぞとめむ波の下草

〔現代語訳〕 九番　伊勢の網代の浜（の菊）

9 磯に咲いている網代の小菊、波の下に映って見えていた菊を、潮の引いている間は玉とも思って探し求めましよう。

〔語釈〕 **○伊勢**　後掲の催馬楽「伊勢の海」に「玉や拾はむや」とある。また、『万葉集』巻七「寄レ玉」歌群で「海《わた》の底　沈《しづ》く白玉（真珠）」が詠まれている中に「伊勢の海の　海人の島津が　鮑玉　取りてのちもか　恋のしげけむ」（一三二二）と、伊勢の海の「玉」が詠まれる。**○網代の浜**　『躬恒集』に「あじろのはま」と題して「潮みてば入り江の水もふかやめのあじろの浜によれるおきつなみ」（一一五九）があるが、当菊合以外に「伊勢国」とする証拠がない。〔補説〕①参照。**○潮かひ**　潮のひいている間。「伊勢の海の　清き渚に　〈之保加比《しほかひ》〉に　なのりそや摘まむ　貝や拾はむや　玉や拾はむや」（催馬楽・伊勢の海）とあるが、和歌の用例は少ない。**○波の下草**　「わが恋はあまのかるもに乱れつつ乾く時なき浪の下草」（千載集・恋三・七九三・藤原俊忠）を始め、中世に用例が多いが、「まこも」「玉藻」以外の植物が具体的に描写されるのは、岸の柳影などが水に映る場合である。9番歌では、それを「潮かひ」に求めるので、時間的なずれがあることになる。

〔他出〕

『夫木和歌抄』秋五・菊・五八七六

（寛平御時菊合歌）伊勢のあじろはまのきく　同（読人不知）

いはにさくあじろのきくをしほひにはたまとぞとめんなみのした草

〔補説〕①「網代の浜」は伊勢国の歌枕とするが、国名の分かるものは見えない。後代に、『夫木抄』は「あじろのはま、伊勢」として「懐中抄」の「わがこふるやそ宇治人にあひも見で網代の浜にひをもふるかな」（雑七・一一八四四）を挙げ、『歌枕名寄』も、当該歌をあげて「伊勢」とする。「磯に咲く網代の小菊」は「網代垣」のイメージも重ねるか。

② 二十巻本では第二句「あしろのをきく《を》」とあって、本来は十巻本と同じ本文であったことがうかがえる。

10

あふさかのせきのきく

このはなにはなつきぬらしせきかはのたえすもみよとをれるきくのえ

〔校異〕　○ナシ―十番（二・彰・東・書A・書B・鶴・熊・高A・高B・北・三・山・松）　○あふさかのせきのきく―ナシ（書A・書B・鶴・熊・高A・高B）　○このはなにはなつきぬらし―この菊に花つきぬらし（東・北・三・山・松）　此はなに花さきぬらし（書A・書B・鶴・熊・高A・高B）　○せきかはの―おき川の（北）荻か葉の（三・山）おきかはの（松）　○たえすもみよと―うすくもこよと（書A・書B・鶴・熊・高A・高B）たえぬもみよと（書C）　○をれるきくのえ―おれる菊の葉（彰・東・書A・書B・鶴・熊・高A・高B・北・松）おれる草の葉（三・山）

〔整定本文〕　十番　逢坂の関の菊

10　この花に花尽きぬらし関川の絶えずも見よと折れる菊の枝

〔現代語訳〕　十番　逢坂の関の菊

10　この菊の花（が最後）で花という花はもう終わってしまったようだ。逢坂の関の関川の流れが絶えぬように絶えずいつまでも御覧なさいよと思って、折った菊の枝ですよ。

〔語釈〕　**○逢坂の関**　滋賀県大津市南方、逢坂山にあった関所。山は近江国と山城国にまたがるが、この関自体は近江国に属する。関は大化二年（六四六）に設置され、平安遷都のころに一時廃止されたが、天安元年（八五七）に再度設置された。和歌には、「逢坂」の名から発想して、出逢いと別れが詠まれることが多い。**○この花に花尽きぬらし**　「この花」は、眼前の菊を指す。「尽く」は「だんだん減っていってなくなる、終わる」の意。菊が一年の花の中で最後に咲くことを踏まえている。この菊の花を最後に花はなくなってしまったらしい、の意。菊が一年の最後の花だということは、元稹の「不是花中偏愛菊《これはなのなかにひとへにきくをあいするにはあらず》、此花開後更無花《このはなひらけてのちさらにはなければなり》」（和漢朗詠集・菊・二六七）をはじめ、和歌にも、「百草の花のおとと成りぬればやへやへにのみみゆるしら菊」（御室五十首・三二八・藤原季経）などがあり、「花の弟」という成語になっていく。左方の最終の歌でもあり、名残を惜しむ気持ちは、関路の菊であることに響き合う。後になると「九月尽日、関路、秋の暮」（林下集・一四五）などという歌題も見られるが、関路において去りゆく時節を見送るという発想は当該歌においてすでに認められる。**〇関川**　逢坂の関の付近を流れる川。「逢坂」の語は詠み込まれないが、関の川として名高い、逢坂の関の関川を詠み込むことで題意を表す。「浅くこそ人は見るらめ関河の絶ゆる心はあらじとぞ思ふ」（大和物語・第百六段、元良親王集・一三三、第三句「関水も」）「深からず上は見ゆれど関川の下の通ひは絶ゆるものかは」（源氏物語・宿木）のように、絶えぬもの、尽きぬものとして詠まれている。ここも、「絶えず」に掛かっており。二句の「花尽きぬらし」から、翻って不尽へ転換する発想である。**〇絶えずも見よと折れる菊の枝**　関川の水が絶えないように幾久しくずっと御覧なさいよと手折った菊の枝であるよ、の意。「絶えずも見よ」は、最後の花を手折って名残を惜しむ気持ちであるとともに、長寿と関わる表現だと考えられる。「露ながら折りてかざさむ菊の花老いせぬ秋の久しかるべく」（古今集・秋下・二七〇・紀友則）「一枝の菊をるほどにあら玉の千とせをただにへぬべかりけり」（貫之集・二九一）のように、菊を手折って齢を延べると詠む例がある。当該歌は、この最後の花を手折ることによって、菊合席上の人々に対して、幾久しくこの花を御覧あれ、齢久しかれと寿いで、左方の掉尾を飾る。

〔他出〕
『夫木和歌抄』秋五・菊・五八七七
（寛平御時菊合歌）あふさかのきく　同（読人不知）
このはなに花つきぬらしせき川のうすく《たえず或本》も見よとをれるきくのは

右方　これも殿上わらは~~うちと~~作藤原のしけとき　あはのかみひろしけかむすこ　かくてきくともおほす

11

へきすはまをいとおほきにつくりて　ひとつにうゑたれは　もていつるにところせけれは　おしあはせてはひとつになるへくかまへて　わりてわをつけて　おた《ひと》ひにおしあはせていたさむとかまへたるをひたりのかたのひともとつゝいたすにおとろきて　たひ〳〵にいたしけれは　あはせはてたれは　いとおもしろきところひとつなれと　あはするほとはわりていとかたはなり

うらてのうた　　本文にあることゝもとや《なり》

やまふかくいりにしみをそいたつらにきくのにほひにいこへきにける

〔校異〕○殿上わらは—殿上童うちこ（二・東・書C）殿上童ちこ（彰）殿上童のうちに（書A・書B・鶴・熊・高A・高B）殿上童らちこ（北・三・山・松）○藤原のしけとき—藤原重明（北）○あはのかみ—あはのかひ（松）○ひろしけかむすこ—ひろしけかむこ（書A・書B・鶴・熊・高A・高B）ひろすけかむすこ（三・山）○かくて—かみて（彰・東・三・山・松）みて（北）すはまを—はまを（二）○いとおほきにつくりて—おほきにつくりて（書A・書B・鶴・熊・高A・高B）○ひとつにうゑたれは—ナシ（北）○もていつるに—もていへるに（書B）いつるに（北）○ところせけれは—ところせれは（松）○おしあはせては—をしあはせて（彰・高A・高B・鶴）○ひとつになるへくかまへて—ひとつにならへてかまへて（東）ひとつになるへてかまへて（鶴）ひとつになすへてかにへて（北）ひとつになにへてかまへて（三・山・松）○わをつけて—わをつけつゝ（東・北・三・山・松）○ひとたひにおしあはせて—一度に（書A・書B・鶴・熊・高A・高B）ひとたひそをしあはせて（北）○ひたりのかたの—左方の人（東・書A・書B・鶴・熊・高A・高B）○ひともとつゝ—一もとつみ（書B）○たひ〳〵に—たひ〳〵と（書C）○ひとつなれと—ひとつふたつ（書A・書B・鶴・熊・高A・高B）○わりていとかたはなり—われていとかたはなり（二・彰・東・書A・書B・鶴・熊・高B・北・三・山・松）わゝていとかたはなり（書C）

○うらてのうた―一番（書A・書B・鶴・熊・高A・高B）○本文にあること、もなり―本文にもあることや（二）ナシ（彰）本文にあるとかや（東・書A・書B・鶴・熊・高A・高B）本文にあること、もとや（書C）大十文にもあなこと也（北・三）大十文にもあなとや（三・山・松）○やまふかく―山ふかみ（二・彰・書A・書B・鶴・熊・高A・高B）山ふかき（三・山・松）○いりにしみをそ―入りにし身をは（東）いりにし身をも（高B）いかにしみをそ（三・山・松）○きくのにほひに―きくのにほひと（彰・北・三・山・松）○いこへきにける―いろつきにける（二・彰・書A・書B・鶴・熊・高A・高B）いろつきにけり（東・北・三・山・松）いたつきにける（書C）

〔整定本文〕 右方、これも殿上童藤原繁時《しげとき》、阿波守広蔭《ひろかげ》が息《むすこ》、かくて菊ども生ほすべき洲浜をいと大きにつくりて、一つに植ゑたれば、持て出づるに所狭ければ、おし合はせては一つになるべく構へて、割りて輪をつけて、一度《ひとたび》におし合はせて出ださむと構へたるを、左の方のひともとづつ出だすに驚きて、度々に出だしければ、合はせ果てたれば、いとおもしろきところ一つなれど、合はするほどは割りていと片端なり

占手の歌　本文にあることどもなり

11 山深く入りにし身をぞいたづらに菊の匂ひに憩へ来にける

〔現代語訳〕 右方、こちらも殿上童藤原繁時、阿波守弘蔭の息子（を登場させ）、このようにして菊などを生えさせるための洲浜をとても大きく作って、一つにまとめて植えたところ、持って出るのに窮屈だったので、（後で）おし合わせて一つになるように準備をして、分割して車輪を付けて、一度におし合わせて出そうと計画していたところ、左方が一株ずつ出すのに驚いて、相手方が出すたびに出したので、（菊を）合わせ終わって（洲浜がすべて出たあとは）、たいそう趣深いところが一つになったが、菊合の途中は、分けてしまったのでとても見苦しい。

占手の歌（右方の歌は）典拠があることなどである。

11（修行のために）山深くに入り込んだこの身を（その決意も）空しくなって、菊の匂いに（誘われて今日のこの場に）

心を休ませに来たことだ。

〔語釈〕　**○殿上童**　公卿の子弟で、元服前に清涼殿の殿上の間に昇殿することを許されて出仕した少年。1番歌参照。**○藤原繁時、阿波守弘蔭が息**　藤原繁時・藤原弘蔭については、「人物考証」参照。「弘蔭」は底本「ひろしけ」とあるのを校訂した。萩谷歌合大成において、「右方の殿上童であった藤原しげとき（廿巻本重時と書く）の父は、十巻本廿巻本共に「ひろしけ」と記しているが、史実に鑑みると、その子息に「しげとき」なる名の人を有し、自身阿波守となった人としては、藤原弘蔭を考える他はない。恐らく「か（可）」の仮名を「し」に誤ったものであろう」と指摘するように、「しげとき」の父で阿波守となるのは「ひろかげ」以外に検出できない。しかも、藤原弘蔭は、同母弟に藤原継蔭があり、その継蔭の娘が伊勢である。宇多天皇とのつながりもうかがい知れる人物である。〔補説〕①参照。**○菊ども生ほすべき洲浜をいと大きにつくりて、一つに植ゑたれば**　「洲浜」は、洲浜台のこと。1番歌参照。菊合に出す菊を植えるための洲浜をとても大きく作って、十本の菊を一つの洲浜にまとめて植えたということ。**○おし合はせては一つになるべく構へて、割りて輪をつけて**　「おし合はせて」は、押しつけて組み合わせるということ。「構へて」は、準備して。「まめならむ人一人を、荒籠に乗せ据ゑて、綱を構へて、鳥の子うまむ間に、綱を吊り上げさせて」（竹取物語）。「割りて」は、分割して、の意。洲浜が大きすぎてそのままでは持ち出して運ぶのが困難であったため、いくつかに分割し、後で組み立てられるように車輪をつけたということ。『宇津保物語』（藤原の君）に「内裏に参らむとては、板屋形の車の輪欠けたるに、迫りたる牝牛をかけて」とある。**○左の方のひともとづつ出だすに驚きて、度々に出だしければ**　分割した洲浜を一度に出して組み立てようとしたが、左方が菊を一株ずつ出してくるのに驚き、一度には出さず、その度ごとに分けて出したということ。**○合はせ果てたれば、いとおもしろきところ一つなれど**　「合はせ果て」は、菊をすべて競わせ終わって、洲浜をすべて出し終わった結果ということ。「いとおもしろきところ一つ」は、もとが一つの洲浜であったので、すべてを組み合わせて一つの洲浜ができ上がったということ。**○合はするほどは割りていと片端なり**　「合はするほど」は、合わせている途中はということ。「片端」は、見苦しいこと、不体裁なこと。「あなかたはと見ゆるものは、御鼻なりけり」（源氏物語・末摘花）。**○占手の歌**　「占手」は、一番の意。1番歌参照。ここは、右方の一番歌の意。**○本文にあることどもなり**　「本文」は、古詩古歌などにある文句。典拠となる言葉。「扇などもわざとめきて耀かさねど、よしばみかへして心ばへある本文など書きたる、なかなかいとめやすし」（栄花物語・はつはな）。ここは、右方の歌はすべて出典や故事を踏まえて詠んだということ。**○山深く入りにし**　「山深く入り∧入る」は、山に入って仏道修行するということ。「行ひしに深き山に入りなむとす」（大和物語・第四十三段）。**○菊の匂ひに憩へ来にける**　「菊の匂ひ」は、菊の色香。菊の香りを詠じたものには、「色も香もにほふ菊ともなりてしか我よりはまたあらじと思はむ」（古今六帖・菊・三七六五）「この頃の時雨の雨に菊の花散りぞしぬべきあたらその香を」（類聚国史・延暦十六年・桓武天皇）などがあり、漢詩では王績「贈㆓李徴君大寿㆒」の「澗松寒転直《たにのまつさむくしてうたたなほし》、山菊秋自香《やまのきくあきにしておのづからかをる》」（全唐詩）のように詠じられる。「憩へ∧憩ふ」は、休ませる、安定させる、の意。「慰《いこへ》問ふこと慇懃《ねむごろ》なり」（前田家本日本書紀・継体天皇十年五月）「今より以後、三年に至るまでに、悉に課役《おほせつかふこと》ことを除《や》めて、百姓の苦を息《いこへ》よ」（同・仁徳天皇四年三月）。歌に詠まれた例としては、自動詞の例ではあるが、「夏草も夜の間は露にいこふらむ常にこがるる我ぞかなしき」（寛平御時后宮歌合・七六）があるが、例は少ない。〔補説〕②参照。当該歌は、「典拠」A・Bなどにあるように、菊は長寿をもたらすものという発想があり、菊の色香で心身が安らぐと詠む。修行のために山に入ったはずなのに菊にひかれて、いつの間にかこの洲浜の世界、菊合の場に安息を求めて来たということ。

〔補説〕①　萩谷歌合大成は、当菊合の成立について、「阿波守弘蔭」の記述から次のように述べる。

三代実録……仁和三年六月十六日の条に「従五位下守大学頭藤原朝臣弘蔭為阿波守」とあって、本歌合の日記にいう阿波守弘蔭が、とりもなおさず仁和三年阿波守以後の数年における現在称であることを物語っているのである。もしこの現在称ということを認め、阿波守の重任を認めないならば、そして、弘蔭が任期一ぱい阿波守に在任していたとするならば、本歌合の成立時期は、仁和三年乃至寛平三年までの某年の晩秋もしくは初冬に求めることが出来るであろう。

② 「憩ふ」は歌以外でもあまり用例のない語である。右方の歌は「本文にあること」であることから何らかの典拠に基づいた語である可能性もあるが、菊について「憩」とする適当なものが見当たらない。菊ではないが長寿に関わる桃を詠じた詩に、「依林結宇《はやしによりてうをむすび》、憩桃李之夏陰《たうりのかいんにいこふ》」（梁張纘「謝東宮賚園啓」芸文類聚・園に所引）とあり、花のかげに憩うとする例が見える。花のかげで休息するという表現は、『古今集』仮名序の「薪負へる山人の、花のかげにやすめるがごとし」にもみえる。

12

のむからにおやこのなかもわかれすときくたにみつをひきてなかせり

〔校異〕 ○ナシ―二番（書A・書B・鶴・熊・高A・高B） ○なかも―中は（三・山） ○わかれすと―わすれすと（北）わかれすも（三） ○きくたにみつを―菊のたにみつ（書A） ○ひきてなかせり―ひにてなかせり（彰・北・三・山・松）

〔整定本文〕

12 飲むからに親子のなかも別れずときく谷水をひきて流せり

〔現代語訳〕

12 飲むだけで（長寿になるので）親子でも別れることがないと聞く、あの有名な菊の谷水を引いてきてここに流しているることであるよ。

〔語釈〕 **○飲むからに** ちょっと飲むだけで。「からに」は、ちょっとした行動や現象によって重大な結果が引き起こされることを示す語。「折るからにわが名はたちぬ女郎花いざ同じくは花ごとにみむ」（興風集・一一）。**○親子のなかも別れずと** 親子の関係は一般に年長者たる親が先に死ぬことによって、まれに子が先立つことによって別

13

れることとなる。しかし、菊の谷水を飲めば親子ともに長生きできるので別れずに済むことになる。菊の水を飲むことで長寿を得ることについては、「典拠」A・Bに基づく表現。**○きく谷水を**「聞く」に「菊」を掛ける。上句を受けてそうした言い伝えを「聞く」であるとともに、下句に掛かって、「典拠」Aがいう菊の滋液を含んだ甘美な谷水であることを示す。**○ひきて流せり**「引いてきて流している」と詠むのは、開催された場すなわち宮中を強く意識していたのであろう。また宇多天皇のもとで行われたこの菊合においては、洲浜に谷川の景が作られている。例えば、17番歌ではこの場を「仙宮」に見立てて詠むのと同様に、当該歌では宮中の遣水に「菊の谷水」を重ねた詠であり、宇多天皇および周辺の人々の長寿を言祝いだ歌でもあろう。〔補説〕①参照。

〔補説〕① 歌会において主催者の繁栄を言祝ぎ、天皇の御前という公の場で詠む歌に天皇やその御代の永続性を歌うのは万葉時代からの通例である。当菊合は宇多天皇の主催であるので、詠作にそうした意識が働くのは自然なことであろう。

いまはとてくるまかけてしにはなれはにほふくさはもおひしけり〱

〔校異〕 ○ナシ—三番（書A・書B・鶴・熊・高A・高B） ○くるまかけてし—くるゝまてみし（東）くるまてし（北）くるまてしこは（三・山）くるま空白てし（松） ○にはなれは—花なれは（東・三・山）こはなは（北）こはなれは（松） ○にほふくさはも—にほ空白はも（書A・書B・鶴・熊・高A・高B）

〔整定本文〕

13 今はとて車かけてし庭なればにほふ草葉も生ひしげりけり

〔現代語訳〕

13 今は職を去る時と車を懸けた庭であるので、そこに薫る草葉—菊の草葉も生い繁ったことだ。

14

〔語釈〕 **○車かけてし庭** 「車を懸く」は「懸車」の意。前漢の薛《せつ》広徳が官を辞した時、天子から賜わった車を高くかけ、子孫に伝えたという『漢書』（薛広徳伝）の故事から、官職を辞すること。「典拠」C参照。当該歌の場合は、致仕をいう。「車かけてし庭」は、職を退いた私の家の意。また、「懸車」は『白虎通』（致仕）により、七十歳の異称としても用いる（「典拠」D参照）。「七十になりてのち昔みし人のもとにまかりて、ふるき物語などしけるついでによめる」の詞書による、「かぞふれば車をかくる齢にてなほこのわにぞまはりきにける」（散木奇歌集・一三〇八）や、「石見介成仲、七十賀すとて歌こひしかば」の詞書で、「ゆく末のなほながらにもみゆるかな車をかくる齢なれども」（重家集・三九五）などがある。**○にほふ草葉も生ひしげりけり** 菊をさす。「植ゑしよりしげりましにし菊の花人におとらで咲きぬべきかな」（堤中納言物語・はなだの女御）〔補説〕①参照。

〔補説〕① 「車かけてし庭」は故事に因んで、名誉ある退職者の家の意であると考えられるので、草葉が生い茂る状態も荒廃状態ではなく、名誉を讃える庭に、草葉＝菊が茂り、長寿の家の意を添えている。

すめらきのよろつよまてしませからはたまひしたねをうゑしきくなり

〔校異〕 ○ナシ─四番（書A・書B・鶴・熊・高A・高B） ○すめらきの─皇の（彰）すへらきの（東・書A・書B・鶴・熊・高A・高B・北・三・山・松） ○よろつよまてし─万代まてと（東）万代まてに（書A・書B・鶴・熊・高A・高B）万世まて（三・山） ○ませからは─きせりとは（彰）まさりくさ（東）まさからは（書A・書B・鶴・熊・高A・高B）空白とは（北・三・山・松） ○たまひしたねを─たまひしたにゝ（書A）たまひしたにも（書B・鶴・熊・高A・高B）

〔整定本文〕
14 すめらぎの万代《よろづよ》までしませからは給ひし種を植ゑし菊なり

〔現代語訳〕

14 天皇の、いついつまでも永遠に、いらっしゃって下さいませと願う、その籬《ませ》からまあ、下さった種を植えた菊ですよ。

〔語釈〕 **○すめらぎ** 「すめろき」「すべらき」とも言う。天皇。ここでは菊合主催者の宇多天皇をさす。「すめらぎの近江の宮に造りおきし時のまにまに御代も絶えせず」（日本紀竟宴和歌・七七・源高明）。**○万代までしませからは** 難解であるのは、ここに掛詞を設定したためだと考えられる。「万代まで坐せ」を菊の植えられている「籬《ませ》」に言い掛けた。籬は竹や木で作った目の荒い垣根で、「ませがき」とも「まがき」ともいう。「し」は指示強調の副助詞。「万代（千代）まで坐せ」と寿ぐ例は、「千代までに　いませ大君よ」（万葉集・巻一・七九）「老いぬればおなじ事こそせられけれ君は千代ませ君は千代ませ」（拾遺集・賀・二七一・源順）などがある。籬の菊は、陶淵明の「采菊東籬《きくをとるとうりの》下《もと》、悠然見南山《ゆうぜんとしてなんざんをみる》」（文選・「雑詩二首」）をはじめ、和歌にも「籬《ませ》の中にうつろふ菊」（増基法師集・四五）や「籬《ませ》結ひし宿のむら菊」（堀河百首・秋・八三八・源顕仲）などと詠まれている。「から」は、動作の起点を表す。「波の花沖から咲きて散り来めり」（古今集・物名・四五九・伊勢）。**○給ひし種を植ゑし菊なり** 天皇の下さった種を植えた菊ですよ、の意。宮中の籬に菊が植えられていて、下賜された種を育てた菊がこれである、と洲浜の菊を宮中出自のものとし、その末の繁栄を述べて、めでたさを増す。仙宮にも比される宮中の菊の種が、遍くもたらす朝恩を讃えている。菊の種は、当菊合19番歌にも詠まれている。〔補説〕①参照。

〔他出〕

『夫木和歌抄』秋五・菊・五八九五

寛平御時菊合歌　　読人不知

すべらぎのよろづよまでにまさり草たまひしたねをうゑしきくなり

〔補説〕① 宮中が仙宮に喩えられる例には、「侍宴雖知多許事《えんにはべりていくばくばかりのことをしれども》、一年一日忝仙居《いつねんいつじつせんきよをかたじけなくす》」（「早春侍二内宴一、同賦レ無㆓物不㆑逢㆑春、応㆑製」菅家文草・二七）などがある。また、仙境から菊を移すということについては、『芸文類聚』に、酈県の菊実を都の所々に蒔いた故事がある（「典拠」B参照）。『菅家文草』には、次のように、仙境である比叡山天台の明上人から菊の種苗をもらって脱俗の気分を味わっている詩がある。「本是天台山上種《もとはこれてんだいせんじやうのたね》、今為吏部侍郎花《いまはりほうじらうのはなたり》……長断俗人籬下酔《ながくたつぞくじんのまがきのもとにゑはむことを》、応同閑在旧煙霞《しづかにむかしのえんかにありしにひとしかるべし》」（「題㆓白菊花㆒〈去春、天台明上人、分㆓寄種苗㆒〉」一一五）。

② 『八雲御抄』（巻三・枝葉部・草部・菊）に、「寛平菊合右歌に、すべらぎの万代までにまさり草たまひしたねをうへし菊なり　まさりぐさといふ」とある。『夫木抄』の本文とともに、わかりにくかった第三句「ませからは」が、「まさり草」とわかりやすくなっており、菊の異名にまでなった。賜った種の繁殖によって、「万代まで」よりもさらに増さる草だと、めでたさを加えている。「ませ」の掛詞の面白さはなくなったが、菊合本文の趣旨には沿った形になっていると言える。

きくのみつよはひをのへすあらませはさともあらさて《す》けふあはましや

〔校異〕 ○ナシ―五番（書A・書B・鶴・熊・高A・高B）　○のへす―野へに（三・山）　○さともあらさて―さともあらさす（二・彰・東・書A・書B・鶴・熊・高A・高B・北・三・山・松）　○あはましや―あらましや（二・彰・三・山・松）あらましを（東・書A・書B・鶴・熊・高A・高B）ならましや（北）

〔整定本文〕

15　菊の水齢《よはひ》を延べずあらませば里も荒らさで今日あはましや

〔現代語訳〕

15　菊の水が寿命を延ばさなかったとしたら、里を荒らさないで、今日という日に会えただろうか――菊水のおかげで寿命が延びて、里では人々の平穏な暮らしが続いているよ――。

〔語釈〕 **○菊の水齢を延べずあらませば** 「菊の水」は、菊の滋養。『抱朴子』などに見える故事に基づく表現。「典拠」A・Bを参照。菊と谷水、長寿の関係については12番歌にも「飲むからに親子のなかも別れずと聞く谷水を引きて流せり」と詠まれている。「齢を延べずあらませば」は、寿命を延ばさなかったとしたら、の意。「あらませば」は、第五句の「ましや」と呼応し、反実仮想を表す。「吹く風と谷の水としなかりせばみ山がくれの花を見ましや」（古今集・春下・一一八・紀貫之）。**○里も荒らさで今日あはましや** 「里」は菊水の故事を持つ酈県のこと。里は人がいることで管理され、整えられた状態が保たれるが、人がいなくなると荒れ果ててしまう。菊の水のおかげで寿命が延び人の暮らしが絶えることない、その結果、里が荒れないということ。「今日」は、菊合が行われたその日。「今日あはましや」は、「今日にあはましや」の意と解しておく。「や」は反語。菊のおかげで人々は長寿を保ち、今日という日に会えたという喜びを詠む。

〔補説〕 ① 12番歌に続いて当該歌でも酈県の故事を踏まえて詠まれる。左方では一首の歌に一本ずつ菊を出し、それぞれ異なる場所の菊が詠まれたが、右方は一つの洲浜にまとめられているため、歌も全体で一つの世界を作り、同じ故事を用いたものが詠まれたと思われる。

かくはかりくものうへたかくのほれ丶はかけるとりたにあらしとそおもふ

〔校異〕 ○ナシ—六番（書A・書B・鶴・熊・高A・高B） ○くものうへたかく—雲の上まて（東・北・三・山・松） ○のほれ丶は—かけ丶れは（二・彰・北・三・山・松）のほれるは（東・書A・書B・鶴・熊・高A・高B） ○かけるとりたに—空白たに（書A・書B・鶴・熊・高A・高B） ○あらしとそ—あかしとそ（鶴）

〔整定本文〕

16 かくばかり雲の上たかく昇れれば翔る鳥だにあらじとぞ思ふ

〔現代語訳〕

16　雲の上のこれほどまで高くまで昇ったので、大空を翔る鳥さえもいないだろうと思うことであるよ。

〔語釈〕　**〇かくばかり雲の上たかく昇れれば**　一首の中に「菊」を詠み込みはしないが、菊合に供された眼前にある菊を星に見立てた上での表現。星がある場所は天空の雲の彼方であるから今自らが居る場所も雲の上の高い所であるという理屈。菊を星に見立てるのは、晋の盧湛「菊花賦」にある「若乃翠葉雲布《すいえふはくもをしき》、黄蘂星羅《くわうずいはほしをつらぬるがごとし》」（芸文類聚）によるもの（『典拠』E参照）。「大空をとりかへすとも聞かなくに星かと見ゆる秋の菊かな」（新撰万葉集・三三九）など和歌にも詠まれる。〔補説〕①参照。なお、「雲の上」とは、星があるような天空高い所のことであるが、先に引いた「菊花賦」など菊の花を星に見立てる漢詩において、菊の葉は雲に喩えて対とされる場合が多く、これを踏まえたものでもあろう。さらに当該歌では菊合が行われた宮中を仙界として表現してもいる。当該歌と同様の詠み方をした「久方の雲の上にて見る菊はあまつ星とぞあやまたれける」（古今集・秋下・二六九・藤原敏行）には、左注に「この歌は、まだ殿上ゆるされざりける時にめしあげられてつかうまつれるとなむ」とあり、「雲の上」が宮中を指すことが明らかである。**〇翔る鳥だにあらじとぞ思ふ**　大空を鳥が飛び渡ることを「翔る」と表現するのは、『万葉集』の「秋風にやまぶきの瀬のなるなへに天雲〈翔《かける》〉雁にあへるかも」（巻九・一七〇〇）や、『新撰万葉集』の「棲来鶴翔叫無窮《すみきたりたづかけりさけぶことときはまりなし》」（上・五六）などに見られるが、平安朝の和歌には少ない。「あらじとぞ思ふ」は、鳥よりも星の方が高い所にある、それほどまでに自分は「雲の上高く昇」っているということである。なお、ここには『遊仙屈』冒頭において張文成が高山の仙界に迷い込んだ箇所「古老伝云、此神仙窟也、人跡罕及、鳥跡纔通」（古老伝へて云はく、此は神仙窟なり、人跡及ぶこと罕《まれ》にして、鳥跡纔に通ふ）が下敷きにされているとの指摘がある（渡辺秀夫『平安朝文学と漢文世界』第三章「立秋詩歌の周辺」一九九一年・勉誠社）。

〔補説〕①　菊を星に見立てる表現は、〔語釈〕に挙げた盧湛「黄蘂星羅」などの漢籍を受容したものであるが、中国の詩よりも日本漢詩において多く受容されたものらしい。当該歌以前の日本漢詩にも多く見られる。例えば『経

17

国集』には「緑葉雲布《りよくえふうんぷす》 朔風滸《さくふうのほとり》、紫蒼星羅《しさうせいらす》 南雁翔《なんがんかける》」（一三八・「九日翫菊花篇」・嵯峨天皇、小島憲之『国風暗黒時代の文学 下Ⅱ』によれば後の句は「紫茎星羅南雁羽」）「葉如雲《ははくものごとく》、花似星《はなはほしににたり》」（一四〇・「九日翫菊花篇、応製」・滋野善永）と見える。当菊合に出詠する菅原道真も霜の置いた菊を「似星籠薄霧《ほしのうすきりにこもれるがごとし》」（菅家文草「霜菊詩」・三三二）と詠む。このように漢籍から日本漢詩、そして和歌へと表現が採り入れられていくことについて、〔語釈〕に引いた敏行歌（古今集・二六九）を挙げて小島憲之氏は「中国詩の表現が平安初頭詩の表現に採用されて、常識化され、やがて古今集の「菊を星と見る」といふ表現へ何のためらひもなく採用されるやうになつたものと云へる」（『上代日本文学と中国文学 下』一九六五年・塙書房）と言う。「寛平御時菊の花をよませたまうける」との詞書を持つ敏行歌と当該歌の前後関係は不明ながら、いずれも宇多天皇周辺において寛平年間に詠まれたものであり、漢籍の表現が和歌へと採り入れられていく様子の一端が当該歌にも見える。

或本古今本仙宮にきくをわけて人のいたれるをよめる　素性法師
古今 ぬれてほすやまちのきくのつゆのまにいつかちとせをわれはへにけむ

〔校異〕　○ナシ―七番（書A・書B・鶴・熊・高A・高B）　○仙宮にきくをわけて―ナシ（二・彰・北・三・山・松）　○人のいたれるをよめる―ナシ（二・彰・北・三・山・松）人の到るをよめる（東・書A・鶴）人のいへるをよめる（書B・高A・高B）人のいつるをよめる（熊）　○素性法師―素性（二・東・北・三・山・松）ナシ（彰）　○ぬれてほす―ぬれてほふ（二）　○いつかちとせを―出るちとせを（山）　○われはへにけむ―われはへぬらん（鶴・熊）

〔整定本文〕　仙宮に菊をわけて人のいたれるをよめる　　素性法師
17　濡れて干す山路の菊の露の間にいつか千歳をわれはへにけむ

〔現代語訳〕　仙宮まで菊を分けて人がやってきたところを詠んだ歌　　素性法師

17　菊の露に濡れながら山路をたどって仙宮までやってきて、その露が乾くまでのわずかな間なのに、私はいつの間に千年の時を経ていたのだろうか。

〔語釈〕　○濡れて干す山路の菊の露の間に　「山路の菊の露に濡れて、それを干した間に」の意に、「露の間」（露がむすんで消えるまでの短い間の意）を掛ける。洲浜に置かれた、「仙宮に菊をわけていたれる」人の立場で詠まれている。「濡れて」「干す」に「仙宮まで到るまでに菊の露に濡れて、それが干された（乾いた）」時間が詠まれていて、それは仙宮ではほんの「露の間」であったことをいう。「露の間」は〔補説〕①参照。**○いつか千歳をわれはへにけむ**　私は、いつ千歳を経たのだろうか。仙界で碁打ちを見ている間に持っていた斧の柄が朽ちたという「王質の故事」を踏まえて、仙界での一刻は人間世界の千歳にあたるという発想。宮中の菊合の場が仙界なのである。「典拠」F、〔補説〕②③参照。

〔他出〕

『古今和歌集』秋下・二七三

（おなじ御時せられけるきくあはせに、すはまをつくりて菊の花うゑたりけるにくはへたりけるうた）

仙宮に菊をわけて人のいたれるかたをよめる　素性法師

ぬれてほす山ぢの菊のつゆのまにいつかちとせを我はへにけむ

『新撰和歌』春秋・九四

ぬれてほす山路の菊の露のまにいつかちとせを我はへにけん

『古今和歌六帖』第六・菊・三七二〇

ぬれてほす山路のきくの露の間にいかで千とせを我はへにけん

『和漢朗詠集』下・五五三「仙家」

ぬれてほすやまぢのきくのつゆのまにいかでかわれはちよをへぬらん　素性

『素性集』（西本願寺本）・五一
ぬれてほす山ぢのきくのつゆのまにいかでかちよをわれはへにけむ
『素性集』（色紙本）・五四
仙宮にきくを丶りて人のいたせるをみ侍りて
ぬれてほすやまちのきくのつゆのまにいかて千年をわれはへぬらん
『素性集』（唐紙本）・一一
やまのうちに、きくわけて
ぬれてほすやまちのきくの露のまにいかてか我はちよをへぬらん

〔補説〕①「露の間」は当該歌から「束の間」の意を表す語として継承されるが、その例は平安時代には少ない。むしろ「露」が短い時間・はかなさの象徴として和歌に用いられるのは「露の間」よりも「露の命」で、「ながらへば人の心も見るべきに露の命ぞ悲しかりける」（後撰集・恋五・八九四・読人不知）「露の命はかなき物と朝夕にいきたるかぎりあひみてしかな」（小町集・四八）などの例がある。

②この和歌は、洲浜の光景をその場で詠んだもので、菊合の洲浜の「人」は、「神仙世界を場面として、菊を分けて、その露に濡れながら、仙宮に到達した姿に作られていた」が、「歌の内容は、人間世界に帰り着いてからの感慨」であることが、片桐洋一『古今和歌集全評釈』に指摘されている。また同書には、『河海抄』引用の『続斉諧記』、浦嶋子伝説、『竹取物語』などにみえる仙界と人間世界の時間のスケールの差がこの歌の発想の基盤にあるという指摘がある。

③『素性集』を始め他出が多く、菊合本文は『古今集』『新撰和歌』と一致し、『古今六帖』『和漢朗詠集』『素性集』はそれぞれに少しずつ異なるが、『古今集』雅俗山荘本と『素性集』（西本願寺本）は「いかでかちよを」で一致し、『古今六帖』「いかで千とせを」は『素性集』（色紙本）と一致している。伝本にも『古今集』の入集を注記し

詞書をしめすものや『古今六帖』本文を注記するものなど、多彩な書き入れが認められる。底本においても、当該歌と20番歌にのみ『古今集』による詞書がある。20番歌〔補説〕①参照。

18

あきはて丶ふゆはとなりになりぬとそ《て》あかねは丶な《きく》をにほひくはふる

〔校異〕 ○ナシ―八番（書A・書B・鶴・熊・高A・高B） ○なりぬとて―なりぬとも（北） ○あかねはきくを―あかぬは花を（二） けかぬははなを（彰・北・山・松） さかぬは花を（東） けかぬる花を（三） ○にほひくはふる―匂ひくらふる（書A・書B・鶴・熊・高A・高B） にほひくはゝる（北）

〔整定本文〕

18 秋果てて冬は隣になりぬとて飽かねば菊をにほひくはふる

〔現代語訳〕

18 秋がすっかり終わりになり明日はもう神無月、冬が隣まで来たというので、（「秋果てた―飽き果てた」にもかかわらず）「飽き足りぬ」から、菊に色つやの美しさをさらに加えることだよ。

〔語釈〕 **○秋果てて冬は隣になりぬ** 九月尽日で、冬がすぐ真近になったのである。「秋果てて」は秋という季節がすっかり終わった、ということであるが、この詞が、「飽き果てて（＝すっかり飽きてしまって）」との掛詞になっていることが、第四句「飽かねば」から翻ってわかるという措辞になっている。「隣」は、この場合時間的に接していることを意味し、冬に間近いことをいう。類似の例として、明日立春という日に、隣の家から雪が吹きこんだのを花に見立てて隣へ詠んでやった、「冬ながら春の隣の近ければ中垣よりぞ花は散りける」（古今集・雑体・一〇二一・清原深養父）などの例がある。**○飽かねば** 十分だと満足しないので、の意。「秋果て」たのだから「飽き果て」たはずなのに「飽かねば」、といった文脈が生じる面白さがある。「秋果てても飽かぬ」という菊への強い愛着は、一年の名残の花として菊を詠んだ元稹の「不是花中偏愛菊《これはなのなかにひとへにきくをあいするにはあらず》、此花開後更無花《このはなひらけてのちさらにはななければなり》」（和漢朗詠集・菊・二六七）の影響があると思われる。**〇菊をにほひくはふる**　菊に対して色つやをさらに添えることだ、の意。「にほひくははる」の例はあるが、「にほひくはふる」という他動詞の例は見当たらない。秋の終わりに、白菊が移ろって紫色になるのを、行く秋を惜しむ者（作者）が有終の美を飾らせたのだととらえたものか。

19

よろつよをきくのたねとやまきそめてはなみることにいのりきにけむ

〔校異〕　〇ナシ―九番（書A・書B・鶴・熊・高A・高B）　〇きにけむ―きにけり（東）きてけむ（鶴）

〔整定本文〕

19　よろづ代をきくの種とやまきそめて花見るごとに祈りきにけむ

〔現代語訳〕

19　万代のことを聞く菊の種ということで、播きはじめて以来、花を見るたびにずっと（長寿を）祈ってきたのだろうか。

〔語釈〕　**〇よろづ代をきくの種とやまきそめて**　「万代《よろづよ》」は、いつまでも続く世。「ふして思ひ起きてかぞふる万代は神ぞしるらむわが君のため」（古今集・賀・三五四・素性）。「きく」に、「聞く」と「菊」をかける。「聞く」は、直接聞く、つまり、経験するということ。「よろづ代をきく」すなわち限りなく続く世を長生きして聞くことができる、その象徴として長寿を表す菊の種を播くのである。「菊の種」は、14番歌に「すめらぎの万代までしませからは給ひし種を植ゑし菊なり」と詠まれている。〔補説〕①参照。「とや」は、文中に用いる場合、「と」の受ける内容に対して疑問の意を表す。「…とや〜けむ」の形で、…という理由で〜なのか、の意を表す。「世の中を厭ふ山辺の草木とやあなうの花の色にいでけむ」（古今集・雑下・九四九・読人不知）。めでたい万代の声を聞くものとして菊の種を播きはじめたからなのか、ということ。**〇花見るごとに祈りきにけむ**　「花見るごとに祈りきにけむ」は、菊の花を見るたびごとにそれにあやかって長寿を祈ってきたのだろう、の意。

〔補説〕① 菊と長寿については、12・15番歌にも酈県の故事（「典拠」A・B）を踏まえて、長寿の象徴として繰り返し詠じられる。当該歌ではさらに、その「菊の種」を万代までの長寿を期待して播くのである。菊ではないが、長寿を期待して種をまくと詠む例としては、「梓弓いそべの小松たが世にか万代かねて種をまきけむ」（古今集・雑上・九〇七・読人不知）がある。

古今本きくの花のもとにてひとの人をまてるかたをよめる　友則

古今 はなみつゝまつ《ひと》ときはしろたへのそてかとのみそおとろか《あやまた》れける

〔校異〕　〇ナシ―十番（書A・書B・鶴・熊・高A・高B）　〇きくの花のもとにて人をまてるかたをよめる―菊下待人形造所（二）ナシ（彰）菊の花のもとにて人の人まてる所空白作りたる所（東）菊のはなのもとにて人の人まてるかたつくりたる所に（書A・書B・鶴・熊・高A・高B）菊下待人形（北・三・山・松）　〇友則―ナシ（彰・書C）紀友則（東・書A・書B・鶴・熊・高A・高B）　〇はなみつゝ―はなみつる（書A）　〇そてかと―そてのか（松）　〇あやまたれける―おとろかれぬる（東・鶴・熊）

〔整定本文〕　菊の花のもとにて人を待てるかたをよめる　友則

20　花見つつ人待つときはしろたへの袖かとのみぞあやまたれける

〔現代語訳〕　菊の花のもとで人を待っているところを造った洲浜を詠んだ歌　紀友則

20　白菊の花を見ながら人を待っている時は、（酒を持ってきてくれる友の）白い衣の袖なのかとばかり、花を見て錯覚することであるよ。

〔語釈〕 **○花見つつ人待つときは** 「花」は菊の花のこと。第三句で白妙の袖と見誤るというのだから、ここは白菊である。「花を見ながら人を待つ」とは、当該歌が「本文にあること」とした陶淵明の故事に基づく表現。〔補説〕②参照。 **○しろたへの袖かとのみぞあやまたれける** 「しろたへ」は梶の木など木の皮の繊維で織った素朴な白い布のことであるが、「袖」に掛かる枕詞として『万葉集』以来多く和歌に詠まれる。「春日野のわかなつみにや白妙の袖ふりはへて人のゆくらむ」（古今集・春上・二二・紀貫之）など。ただしここでは白菊と袖を、ともに白いものとして見立てた表現。「あやまたれける」は、「み吉野の山べにさけるさくら花雪かとのみぞあやまたれける」（古今集・春上・六〇・紀友則）など、見立ての表現に多く用いられる。

〔他出〕

『古今和歌集』秋下・二七四

（おなじ御時せられけるきくあはせに、すはまをつくりて菊の花うゑたりけるにくはへたりけるうた）

菊の花のもとにて人の人まてるかたをよめる　とものり

花見つつ人まつ時はしろたへの袖かとのみぞあやまたれける

『古今和歌六帖』第五・人を待つ・二八二四

花みつつ人まつときはしろたへの袖かとのみぞあやまたれける

『友則集』二四

ゐに、きくの花のもとに人のたちよりたるをみて

花みつつ人待つをりはしろたへのそでかとのみぞあやまたれける

〔補説〕① 詞書に洲浜の様子と作者名を記しているが、十巻本と二十巻本では大きく異なる。十巻本は「古今云」から続けて行間に書き入れられたもので、『古今集』を写したものと判る。しかし詞書として不都合のないよう「古今云」に見せ消ちを施して詞書と作者名のみとし、かわりに上部余白に集付けを加えたという過程が推測され

る。つまり、十巻本は詞書と作者名の無いのが本来の形であろう。17番歌も同様である。二十巻本は当該歌の詞書を漢文で記すが、この他に詞書をもつ右歌はなく、17番歌は作者名のみがある。詞書・作者名の無いのがやはり本来の形であろう。

② 当該歌が基としている陶淵明の故事は、「盈把《えいは》」の故事として知られる（「典拠」G参照）。当該歌は特にその中の「望見白衣至《はくいのいたるをぼうけんす》」から、酒を持ってきた人「白衣」を、「しろたへの袖」と詠み、菊をこれに見立てた。この故事を踏まえたものは、早く『経国集』に「翫芳菊《はうきくをもてあそぶ》、幾芬芬《いくふんぷん》、延寿時浮王弘酒《えんじゆときにうかぶわうこうがさけ》、空嗟盈把夕陽曛《むなしくなげくはにみちてせきやうくるることを》」（一三九・「九日翫菊花篇、応製」・源明）など見える。また、当歌合に出詠する菅原道真も太宰府で「涼秋月尽早霜初《りやうしうつきつきてさうさうのはじめ》、白菊《しらぎくの》残花雪不如《ざんかにはゆきもしかず》、老眼愁看何妄想《おいのまなこうれへてみるなんのもうさうぞ》、王弘酒使便留居《わうこうがさけのつかひならばすなはちとどめておかまし》」（菅家後集・五〇五「秋晩題㆓白菊㆒」）と、白菊と王弘の使いを重ねて詠んでいる。

《参考》菊合の漢籍典拠

A① 『抱朴子』（内篇仙薬）　《菊合5・11・12・15》

【本文】

南陽酈県山中有㆓甘谷水㆒。谷水所㆓以甘㆒者、谷上左右皆生㆓甘菊㆒、菊花堕㆓其中㆒、歴㆑世弥久、故水味為変。其臨㆓此谷中㆒居民皆不㆑穿㆑井、悉食㆓甘谷水㆒、食者無㆑不㆓老寿㆒、高者百四五十歳、下者不㆑失㆓八九十㆒、無㆓夭年人㆒。得㆓此菊力㆒也。

【書き下し】

南陽の酈県《れきくゑん》の山中に甘谷《かんこく》水有り。谷水の甘なる所以《ゆゑん》は、谷上の左右皆《みな》甘菊生《お》ひ、菊花其の中に堕《お》ち、世を歴《ふ》ること弥久《びきう》、故に水の味為《ため》に変ず。其れ此《こ》の谷中に臨んで居《を》る民は皆井《せい》を穿たず、悉《ことごと》く甘谷水を食し、食すれば老寿たらざること無く、高きは百四五十歳、下は八九十を失はず、夭年《えうねん》の人無し。此れの菊の力を得るなり。

【大意】

南陽の酈県の山中に甘谷水があった。谷水が甘いのは、谷川の左右には甘菊が生え、その菊が谷川に落ち、そのまま長い時間が経ったために、水が変化する。その谷の近くに住んでいる民は井戸を掘らず、みなこの甘谷水を飲んでいるが、これを飲むと長寿ではないということはなく、高齢の人では百四五十歳にもなり、少なくとも八九十歳を下ることはなく、早死にする人はいない。これは菊の力を得るからである。

A② 「風俗通」（『芸文類聚』薬香草部上・菊 所引）　《菊合5・11・12・15》

【本文】

風俗通曰、南陽酈県有㆓甘谷㆒、谷水甘美、云㆓其山上大有㆑菊。水従㆓山上㆒流下。得㆓其滋液㆒、谷中有㆓三十余家㆒。不㆓

復穿レ井、悉飲二此水一。上寿百二三十、中百余、下七八十者、名レ之大夭。菊華軽レ身益レ気故也。

【書き下し】

風俗通に曰はく、南陽の酈県《れきくゑん》に甘谷《かんこく》有り、谷水甘美《こくすいかんび》にして、其の山の上に大いに菊有りと云ふ。水山上より流れ下る。其の滋液《じえき》を得る、谷中に三十余家有り。復た井《せい》を穿《うが》たず、悉《ことごと》く此の水を飲む。上寿は百二三十、中は百余、下七八十は、之を名づけて大夭《たいえう》といふ。菊華身を軽くして気を益す故なり。

【大意】

『風俗通』には次のようにある。南陽の酈県の甘谷の山上には菊がある。その山上から流れる谷水は菊の滋養を含んでいるため、その滋液を得るのは、谷にある三十ほどの家々である。井戸を掘らず、その谷の水を飲む。上寿（最も長寿な者）は百二三十歳、中寿は百歳余り、下寿の七八十歳は、これを大夭（早死に）という。菊花は身を軽くして気力を益すからだ。

B「盛弘荊州記」（『芸文類聚』薬香草部上・菊 所引）　《菊合5・11・12・14・15》

【本文】

盛弘之荊州記曰、酈県菊水、太尉胡広、久患二風羸一、恒汲二飲此水一、後疾遂瘳。歳近二百歳一、非二唯天寿一、亦菊得レ延レ之。此菊甘美、広後収二此菊実一、播二之京師一、処々伝植。

【書き下し】

盛弘の荊州記に曰はく、酈県《れきくゑん》の菊水《きくすい》、太尉《たいゐ》胡広《こくわう》は、久しく風羸《ふうるい》を患《わづら》ひ、恒《つね》に此の水を汲みて飲み、後に疾《しつ》は遂に瘳《い》ゆ。歳百歳に近く、唯だ天寿に非ずして、亦た菊之《これ》を延ぶることを得。此の菊甘美にして、広《くわう》後に此の菊の実《たね》を収め、之を京師《けいし》に播《ま》き、処々に伝へ植う。

【大意】

盛弘の『荊州記』には次のようにある。酈県の菊水があり、太尉であった胡広は、長く病んでいたが、いつもこの水を汲んで飲んでいると、病が癒えた。百歳近くまで生きたが、これは天寿というだけでなく、菊が齢を延ばしたのである。その菊は甘美で、広はこの菊の実を集めて、都に播いた。その後、あちこちに伝えられて植えられた。

C『漢書』列伝巻七十一・薛広徳伝　《菊合13》

【本文】

薛広徳、字長卿、沛郡相人也。以二魯詩一教二授楚国一、龔勝・舎師事焉。蕭望之為二御史大夫一、除二広徳一為レ属、数与二論議一、器レ之、薦四広徳経行宜三充二本朝一。為二博士一、論二石渠一。遷二諫大夫一、代二貢禹一為二長信少府・御史大夫一。…（中略）…以二歳悪民流一、与二丞相定国・大司馬車騎将軍史高一倶乞二骸骨一、皆賜二安車駟馬・黄金六十斤一、罷。広徳為二御史大夫一、凡十月免。東帰レ沛、太守迎二之界上一。沛以為レ栄、縣二其安車一伝二子孫一。

【書き下し】

薛広徳《せつくわうとく》、字《あざな》は長卿《ちやうけい》、沛郡相《はいぐんさう》の人なり。魯《ろ》の詩を以て楚国に教授し、龔勝《くゐようしよう》・舎《しや》師事す。蕭望之《せうばうし》御史大夫が為に、広徳を除して属と為《な》し、数《しばし》ば論議に与《くみ》し、之を器とし、広徳経行《けいかう》して宜しく本朝に充《あ》つべきことを薦む。博士と為《な》り、石渠《せつきよ》に論ず。諫《かん》大夫に遷《せん》せられ、貢禹《こうう》に代はりて長信少府・御史大夫と為る。…（中略）…歳悪民流を以て、丞相定国・大司馬車騎《しやき》将軍史高《しかう》と倶《とも》に骸骨《がいこつ》を乞ひ、皆安車駟馬《あんしやしば》・黄金六十斤《きん》を賜り、罷《ひ》せらる。広徳御史大夫と為《な》ること、凡そ十月にして免ぜらる。東のかた沛に帰り、太守之《これ》を界上に迎ふ。沛以て栄と為《な》し、其の安車を懸けて子孫に伝ふ。

【大意】

薛広徳は、字は長卿、沛郡相の人であった。魯の詩経を楚国で教授し、龔勝・龔舎も（薛に）師事した。蕭望之は御史大夫であったときに、広徳を御史属の地位に就け、よく論議して、薛が大器であるとして、広徳を職に就けるように推薦した。薛は博士になり、石渠閣（蕭何の作った書庫、学者が経書の議論を行った）での議論に参加した。後に諫大夫になり、貢禹に代わって長信少府・（のちには）御史大夫の職に就いた。…（中略）…不作と流民のために、丞相の定国・大司馬で車騎将軍であった史高とともに辞職を申し出て、皆（元帝から）安車駟馬・黄金六十斤を賜って、罷免された。広徳が御史大夫であったのは、およそ十ヶ月だった。東の沛に帰り、太守が出迎えた。沛では薛を栄誉と思い、（元帝から賜った）安車を懸けて子孫に伝えた。

D『白虎通』巻四・致仕（『白虎通義』『白虎通徳論』とも）《菊合13》

【本文】

臣七十懸レ車致レ仕者、臣以二執レ事趨走一為レ職、七十陽道極、耳目不二聡明一、跂踦之属。是以退去避レ賢者、所三以長二廉恥一也。懸レ車、示レ不レ用也。致レ仕者、致二其事於君一。君不レ使二自去一者、尊二賢者一也。故、曲礼曰、大夫七十而致仕。王制曰、七十致政。

【書き下し】

臣七十にして車を懸けて仕《し》を致《いた》すは、臣は事を執りて趨走《すうそう》するを以て職と為《な》し、七十にして陽の道極まり、耳目《じもく》聡明ならず、跂踦《きき》の属あり。是を以て退き去りて賢を避《さ》くるは、廉恥《れんち》を長ずる所以《ゆゑん》なり。車を懸くることは、用ゐざることを示す。仕を致すとは、其の事《つか》ふるを君に致すなり。君自《みづか》ら去らしめざるは、賢者を尊びてなり。故に曲礼《きよくらい》に曰はく、大夫七十にして致仕す、と。王制に曰はく、七十にして致政す、と。

【大意】

臣下が七十歳で車を懸けて官職を辞するのは、臣下とはあれこれ処理して仕事のために走り回ることを職務とするが、七十歳になると陽道も極まり、耳目もはっきりせず、足下もおぼつかなくなることがある。このときをもって職を辞して賢者を遠ざけるのは、恥を知る心を尊重するからである。車を懸けるのは、それを用いないということを示す。仕を致すとは、君主にお仕えし、力を尽くし果たしたということである。君主が自ら退職させないのは、賢者を尊んでのことである。故に『曲礼』では「大夫は七十歳で致仕する」という。『王制』では、「七十歳で致政する」という。

E　晉盧湛菊花賦（『芸文類聚』薬香草部上・菊　所引）《菊合16》

【本文】

晉盧湛菊花賦曰、浸二三泉一而結レ根、晞二九陽一而擢レ茎。若二乃翠葉雲布、黄蘂星羅一。

【書き下し】

晉の盧湛《ろたん》菊花賦に曰はく、三泉《さんせん》に浸《ひた》して根を結ぶ、九陽《きうやう》に晞《かは》して茎《くき》を擢《ぬ》く。翠葉《すいえふ》は雲を布《し》き、黄蘂《くわうずい》は星を羅《つら》ぬるがごとし、と。

【大意】

晉の盧湛「菊花賦」には、「三泉に浸して根を結び、九陽に乾かして茎を抜く。翠の葉は雲のように広がり、黄のしべは星のように連なっている」とある。

F『述異記』巻上（王質爛柯の故事）《菊合17》

【本文】

信安郡石室山、晉時王質伐レ木至、見二童子数人棊而歌一。質因聴レ之。童子以二一物一与レ質、如二棗核一。質含レ之不レ覚レ饑。俄頃童子謂曰、何不レ去。質起、視二斧柯一爛尽。既帰、無二復時人一。

【書き下し】

信安郡の石室山、晉の時王質《わうしつ》木を伐《き》らむと至るに、童子数人の棋《き》して歌ふを見る。質因《よ》りて之を聴く。童子一物を以て質に与ふるに、棗《なつめ》の核《たね》のごとし。質之《これ》を含めば饑《うゑ》を覚えず。俄頃《がけい》にして童子謂ひて曰はく、何ぞ去らざるか、と。質起ちて、斧柯《ふか》を視《み》れば爛尽《らんじん》す。既に帰りて、復た時人《じじん》無し。

【大意】

信安郡の石室山に、晉の時代に王質が木を伐りにやってくると、童子数人が歌を歌いながら碁を打っているところに出会った。王質はその様子を窺っていた。童子は棗の種のようなものをくれた。王質がそれを食べると空腹を感じなくなった。やがて童子が「どうして帰らないのか」と言った。王質は立ち上がり、持ってきた斧を見るとぼろぼろに朽ちていた。帰ってみると、同時代の人はだれもいなかった。

G「続晉陽秋」（『芸文類聚』歳時部中・九月九日 所引）《菊合20》

【本文】

続晉陽秋曰、陶潜嘗九月九日無レ酒。宅辺菊叢中、摘レ菊盈レ把、座二其側一久、望二見白衣至一。乃王弘送レ酒也。

【書き下し】

続晉陽秋に曰はく、陶潜《たうせん》嘗て九月九日に酒無し。宅辺の菊叢《きくそう》の中に、菊を摘みて把《は》を盈《み》たし、其の側に座すこと久しくして、白衣の至るを望見す。乃ち王弘《わうこう》の酒を送るなり。

【大意】

『続晉陽秋』には次のようにある。陶淵明は九月九日に酒がなかったので、自宅の庭の菊を手一杯に摘んで座っていると、白い衣を着た人がやって来るのが見えた。これは友人の王弘の使いで酒を持ってきてくれたのだった。

《参考》日本漢詩における菊表現の受容例

※〔〕は欠字

①滋野善永「雑言、九日翫㆓菊花㆒篇、応㆑製一首」（『経国集』巻十三・雑詠三・一四〇）

【本文】

萋萋菊芳繞㆓清潭㆒、始有㆓寒花㆒一雁南。岸芭〔〕早滋、朝夜露余香。盈㆑把〔〕随㆓陶元亮㆒、登㆑高欲㆑訪㆓費長房㆒。飡㆑英閑作湘南客、飲㆑水延㆑年酈北郷。翫㆓黄花㆒、黄花無㆑厭日将㆑斜。影入㆓三秋㆒〔〕宛浦、人伝㆓往事㆒旧龍沙。葉如㆑雲、花似㆑星。紛紛幾処満㆓山亭㆒、自有㆓心中彭祖術㆒、霜潭五美奉㆓遐齢㆒。

【書き下し】

萋萋《せいせい》として菊芳清潭《きくほうせいたん》を繞《めぐ》り、始めて寒花《かんくわ》有りて一雁《いちがん》南なり。岸芭《がんは》〔〕早く滋り、朝夜の露は余香あり。把《は》を盈《み》たすことは〔〕陶元亮《たうぐゑんりやう》に随ふ、高きに登ることは費長房《ひちやうばう》を訪ねむとす。英《はなぶさ》を飡《しよく》して閑を作《な》す湘南の客、水を飲みて年を延ぶ酈北《れきほく》の郷。黄花《くわうくわ》を翫《もてあそ》ぶに、黄花は厭《あ》くことなく日は斜めならむとす。影三秋に入る〔〕宛浦、人往事《わうじ》を伝ふ旧龍沙《きうりやうさ》。葉は雲の如く、花は星に似たり。紛紛《ふんぷん》として幾《いく》ばくの処にか山亭に満つ、自ら心中に彭祖《はうそ》の術有り、霜潭《さうたん》五美の遐《か》齢《れい》を奉る。

【大意】

生い茂る菊の芳香は清く深い淵をめぐり、寒花（菊）が咲きはじめると、雁が南を目指して飛ぶ。岸辺の香草〔〕早くに茂り、朝夕の露には余香がある。手にいっぱいにすることは陶元亮に随い、高いところに登るのは費長房（の事績を）訪ねようとするのだ。花房を食してのんびりしている湘南の客、（菊花の）水を飲んで寿命を延ばす酈北の郷。

黄花（菊）を翫んでいると、黄花にまだ満足できないのに日は傾こうとしている。影が三秋に入る〔〕宛浦、人が往事を伝える旧龍沙。

（菊の）葉は雲のようで、花は星のようだ。入り乱れて散りどれほどの処の山亭に満ちるのだろうか、自らの心の中には彭祖の術があり、霜潭五美の遐齢（長寿）を奉る。

【解説】　典拠ABなどを踏まえて菊によって長寿が得られると詠み、「葉如レ雲、花似レ星」のように、典拠Eなどを踏まえて菊花を星に見立てる。

② 島田忠臣「後九日到二菊花一〈勒二秋流投頭一〉」（『田氏家集』巻之下・一六二）

【本文】

種レ菊不レ同凡草木、重陽再翫一年秋。

渾天星隕応レ敷レ地、祭水琮沈欲レ奠レ流〈皆庭池之即事也〉。

桓府追思烏帽落、陶家景慕白衣投。

先朝後日猶九就、〔〕裏留レ心此脱頭。

【書き下し】

菊を種《う》うるに同じからず　凡《およ》その草木と、重陽再び翫ぶ　一年の秋。

渾天《こんてん》の星隕《お》ちて　地に敷くべし、祭水《さいすい》の琮《たま》沈みて　流れ奠《と》めむと欲す〈皆庭池の即事なり〉。

桓府《くわんぷ》追思《ついし》せらる　烏帽《うばう》の落ちむことを、陶家《たうか》景慕せらる　白衣を投げむことを。

先朝後日《せんてうこうじつ》　猶《な》ほ九就、〔〕裏心に留《とど》むるは　此《こ》れ脱頭。

【大意】

菊を植えてみると他の草木とは違っている。重陽を一年に二度迎え、再び菊花を賞美する。

満天の星が落ちてきてこの地に散り敷いたようだ。地を祭るのに用いる玉が沈んで流れを止めようとしているようだ。

かの桓温や烏帽子を落とした孟嘉のことが追想され、陶淵明に酒を届けた白衣の使者が思慕される。

先の世にも後日にもやはり九日がよい。心に留まるのは草むらから頭を出す菊である。

【解説】　詩題の「後九日」は閏九月九日のこと。第三句に菊を星に見立て（典拠E）、第六句に陶淵明の故事（典拠G）を用いて、一年に二度迎えた重陽の喜びを詠ず。

亭子院女郎花合

十巻本

亭子のみかとおりゐさせたまひてまたのとし　をみなへしあはせ、させたまひけるを　左右のとうをはおきて　みかと、きさきとなむせさせたまひける　昌泰元年

左　うらて

1 くさかくれあきすきぬへきをみなへしにほひゆゑにやまつみえぬらむ

右

2 あらかねのつちのしたにてあきへしはけふのうらてをまつをみなへし

〔校異〕 ○ナシ—亭子院御時女郎花合（二・黒・書B・内・松・伊）亭子院女郎花合（彰A・北）朱雀院女郎花合（彰B）　○亭子のみかと—亭子院の御門（彰B）　○おりゐさせたまひて—おりゐさせ給て（二・黒・書B・内・松・伊）をりゐさせたまて（彰A）おりゐさせ給ふて（彰B）　○をみなへしあはせ、させたまひけるを、左右のとうをはおきて—ナシ（二・黒・書B・内・松・伊・福・彰A・彰B・北）　○みかと、きさきとなむ—きさきとみかと、の（二・黒・書B・松・伊）みかと、后と（内）きさきとみかと、（福・北）きさきをみかと、（彰A）きさきとみかとの（彰B）　○せさせたまひける—せさせたまふる女郎花合なり（二・黒・書B・内・松・伊）せさせ給ふをみなへしあはせなり（福・彰A・彰B・北）　○昌泰元年—ナシ（彰B）

○ナシ—一番（二・黒・書B・内・松・伊・福・彰B・北）二番（彰A）

1 ○くさかくれ―くさかれの（二・黒・書B・内・松・伊・福・彰A・彰B・北）

2 ○あきへしは―秋待て（福・彰A・彰B・北） ○うらてを―うちてを（二・黒・書B・松・伊）うらてに（彰B）

○まつ―あふ（彰B）

〔整定本文〕 亭子の帝おりゐさせたまひてまたの年、女郎花あはせせさせたまひけるを、左右の頭をばおきて、帝と后となむせさせたまひける　昌泰元年

一番　左

1 草隠れ秋すぎぬべき女郎花にほひゆゑにやまづ見えぬらむ

右

2 あらかねの土のしたにて秋へしはけふの占手をまつ女郎花

〔現代語訳〕 宇多帝が退位なさった翌年、女郎花合をなさったところ、左右の頭は命じずに、帝と后が頭の役目をなさった（ときの和歌）。

一番　左

1 草に隠れたままで秋が過ぎてしまいそうだった女郎花は、その色の美しさのためにすぐに人目についたのだろうか。

右

2 （あらかねの）土の下でいく年かの秋を過ごしてきたのは、今日の晴れの一番手を待っている女郎花だ。

〔語釈〕 **○亭子の帝** 宇多上皇を指す。宇多帝は退位後、朱雀院・仁和寺御室・亭子院・六条院・宇多院などに住し、亭子院帝、寛平法皇とも称された。「人物考証」参照。 **○おりゐさせたまひてまたの年** 宇多天皇の退位は寛平九年（八九七）で、昌泰元年は寛平十年四月に改元。この年（八九八年）の秋、当歌合が行われた。 **○左右の頭をばおきて** 「おく（措く）」は、そのままにしておいて、特別にとり扱わない意。歌合には各チームのリーダーがい

るはずだが、それは措いておいて。次にあるように、帝と后がその役目を果たした。**○后**　宇多院女御。藤原温子。「人物考証」参照。**○女郎花**　スイカズラ科オミナエシ属の多年草で、秋に黄色の細花を傘状に付ける。「敗醤と名づけしは、此花葉の臭、醤《ひしほ》の損じたるが如しと本草にいへり」と『大和本草・七』にある。『新撰万葉集』で、和歌では「女倍芝」、詩では「女郎花」と表記し、花を女性に見立てた和歌が詠まれる。「女郎花の詠歌とその表記」参照。

1 **○草隠れ**　草に隠れている状態。**○にほひゆゑにや**　色、つやの美しさのために。〔補説〕③参照。

2 **○あらかねの**　土にかかる枕詞。「このうた……世につたはることはひさかたのあめにしてはしたでるひめにはじまり、あらかねのつちにしてはすさのをのみことよりぞおこりける」(古今集・仮名序)　**○占手**　物合・歌合の最初の番。「左方、占手の菊は、殿上童小立君を女につくりて、花に面かくさせてもたせたり」(寛平御時菊合日記)。

〔他出〕

1 『新撰万葉集』下・女郎歌・五〇八
草隠礼《くさがくれ》　秋過礼砥《あきすぎぬれど》　女倍芝《をみなへし》　匂故丹曾《にほふゆゑにぞ》　人丹見塗《ひとにみえぬる》

2 『新撰万葉集』下・女郎歌・五三〇
荒金之《あらかねの》　土之下丹手《つちのしたにて》　歴芝物緒《へしものを》　当日之占手丹《けふのうらてに》　逢女倍芝《あふをみなへし》

『夫木和歌抄』秋二・女郎花・四二二九
昌泰元年亭子院歌合、女郎花　読人不知
あらかねのつちの下にて秋まちてけふのうらてにあふをみなへし

〔補説〕①　冒頭の仮名日記を、二十巻本・内閣文庫本・黒川本は、小字で書写している。二十巻本に関して、萩谷歌合大成は注記としている。

②　歌合冒頭の本文から、当歌合の開催は宇多上皇の退位の翌年と知られ、宇多上皇と中宮温子が退位後遷御した

朱雀院で行われたと推定されている。「太上天皇移二御於朱雀院一」（日本紀略・昌泰元年二月十七日）、「中宮自二五条宮一遷二御於朱雀院一」（同・同四月二十五日）。

③　新編全集注では、1番歌「にほひゆゑにやまづみえぬらむ」について「それが直ちに人目についたのは、周囲に馥郁たる香気を放っていたからなのだろうよ」と「匂ひ」を「色ではなく、香りであろう」とするが、〔語釈〕にあげた『大和本草』の記述や、当該歌以前には女郎花の香りと確定できる例が見つからないことから、黄色の花色を賞したものと解釈した。なお、漢名について、「漢名は黄花龍芽で、敗醤はオトコエシの漢名」（日本国語大辞典）、「漢方で根を敗醤（はいしょう）とよんで薬とするが、中国名の敗醤はオトコエシのことである」（日本大百科全書）ともある。

④　一番におかれた歌は左右ともに、女郎花が歌合という晴れ舞台にあう時を待っていて、その美しさによってとうとうここに引かれてきたのだと歌っている。物合に供される題材を讃える典型的な歌として、意図的に詠出されている。

左

3　あきのゝをみなへしるともさゝわけにぬれにしそてやはなとみゆらむ

右　　　左大臣古今

4　古今をみなへしあきのゝかせにうちなひきこゝろひとつをたれによすらむ

〔校異〕　○ナシ―二番（二・黒・書B・内・松・伊・福・彰A・彰B・北）
3○あきのゝを―あきのゝに（二・黒・書B・内・松・伊・福・彰A・彰B・北）　○みなへしるとも―みなへしなとも（書A）空白（二・黒・書B・内・松・伊）をみなへしみむと（福・彰A・彰B・北）　○さゝわけに―さしわけに（二・

黒）さしわけてに（書B）さしわけて（内・松・伊）さしはへて（福・彰A・彰B・北）○はなと―はなを（彰A）

4○左大臣―ナシ（福・彰B）○をみなへし―女郎花し（松）○あきの、かせに―あきの、のかせに（彰A）

○うちなひき―うはなひき（松・伊・福・彰A）

〔整定本文〕 二番　左

3　秋の野をみなへしるとも笹わけに濡れにし袖や花と見ゆらむ

右　左大臣

4　女郎花秋の野風にうちなびき心ひとつを誰に寄すらむ

〔現代語訳〕 二番　左

3　秋の野をすべて通りすぎて知りつくしていても、（女郎花をさらに求める心には）笹原を分けて濡れそぼった袖が、（笹原の中で濡れている）女郎花の花のように見えるのであろうか。

右　左大臣

4　女郎花は、方も定めずに秋の野を吹く風にあちらこちらに靡いているが、たったひとつの心を誰に寄せているのだろうか。

〔語釈〕 3 **○秋の野をみなへしるとも**　「へしる」は、経て知る、通り過ぎて知る、の意。「とも」は、確定的な事柄を、仮定的に表現することによって強調する意。たとえ秋の野を隅から隅まで通って知り尽くしていても、の意。「ささなみの志賀の大わだ淀むとも昔の人にまたも逢はめやも」（万葉集・巻一・三一・柿本人麻呂）。〔補説〕②参照。「をみなへし」を隠して詠み込んでいる。**○笹わけに濡れにし袖や花と見ゆらむ**　「笹わけ」は、笹原を分けて行くこと。「秋の野に笹わけし朝の袖よりも逢はで来し夜ぞひちまさりける」（古今集・恋三・六二二・在原業平）の例からも、露に濡れた笹原は、恋人のもとへ行き来する場所のイメージがある。「笹分けば人や咎めむいつとなく駒なつくめる森の木がくれ」（源氏物語・紅葉賀）「あひみても帰るあしたのつゆけさは笹わけし袖におとりしもせじ」（重家集・一八二一・「後朝恋」）など。「女郎花」はその名から女性と重ねられる花であるから、ここでも「笹わけに濡れにし袖」には恋の陰影を重ねているとみられる。また「折りて見る袖さへぬるるをみなへしつゆけき物と今やしるらん」（後撰集・秋中・二八一・藤原師輔）のように、袖同様に野原の女郎花も露けきものと詠まれる。当歌合7・8番歌などにも女郎花と露が一緒に詠み込まれている。下句は笹原の中もわけ、秋の野を知り尽くしたのであるが、あくまでも花を求める心には、十分に見尽くしたはずなのに、露に濡れそぼった袖が、笹原の中で濡れている女郎花の花に見紛えられるのであろうか、という意になる。

4 **○左大臣**　藤原時平。貞観十三年（八七一）―延喜九年（九〇九）。藤原基経の長男。母は人康親王（仁明皇子）女。当歌合当時は、大納言左大将。昌泰二年（八九九）二月、左大臣となる。「人物考証」参照。**○秋の野風**　秋の野を吹く風。女郎花を吹いて靡かせるものとして詠まれる。「女郎花生ひたる野辺に吹きかかる秋の野風に身をや添へまし」（保明親王帯刀陣歌合・六・とものとしざね）「わが宿に植ゑし植ゑつる女郎花秋の野風はあたりしもせじ」（元真集・一七二）など。「吹きまよふ野風」（古今集・恋五・七八一・常康親王）「定めなき秋の野風」（続詞花集・二三三・前斎院尾張）などとも詠まれるように、「野風」は吹く方向の定まらない風である。**○うちなびき**　女郎花を女と見て、それが風に流されている様子を、女が男に言い寄られて従っている状態とみている。同様の「靡く」に「祓へしたる女を見て」の詞書のある「花ざかりすぎもこそすれ女郎花にほひて風にまづなびかなむ」（元真集・二三二）などがある。**○心ひとつを誰に寄すらむ**　「心ひとつ」は、たったひとつの自分の心の意で、下句は、女郎花が風の吹くままにあちこちに靡いている様子をみて、その本当に思う相手は誰なのだろうかと想像しているのである。この句の例としては、「臨時祭をよめる」の詞書がある「宮人のすれる衣に木綿襷かけて心を誰に寄すらむ」（貫之集・二一、新古今集・神祇・一八七〇）や、「雪のうちに千年変はらぬ松が枝は久しき心誰に寄すらん」（古今六帖・祝・二二七六）などがある。

〔他出〕

3
『新撰万葉集』下・女郎歌・五一六
秋之野緒《あきののを》　皆歴知砥手《なべてしるとて》　少別丹《ささわけに》　潤西袂哉《ぬれにしそでや》　花砥見湯濫《はなとみゆらむ》（第二句「皆歴知砥手《みなへしるとて》」元禄九年、元禄十二年板本。
〔補説〕①参照）
『夫木和歌抄』秋二・女郎花・四二三〇
同（昌泰元年亭子院歌合、女郎花）同（読人不知）
秋の野の女郎花とるささわけにぬれにし袖や花と見ゆらん

4
『古今和歌集』秋上・二三〇
朱雀院のをみなへしあはせによみてたてまつりける　左のおほいまうちぎみ
をみなへし秋のの風にうちなびき心ひとつをたれによすらむ
『新撰万葉集』下・女郎歌・五三一
女倍芝《をみなへし》　秋之野風丹《あきののかぜに》　打靡杵《うちなびき》　心一緒《こころひとつを》　誰丹寄濫《たれによすらむ》
『古今和歌六帖』第六・女郎花・三六六〇
左大臣
をみなへし秋の野かぜにうちなびき心ひとつをたれによすらん

〔補説〕① 3番歌第二句の『新撰万葉集』本文「皆歴知砥手」について、寛文七年板本は「皆歴」の右に付訓が無く、その左側に「ナヘテ」と訓を補う。新編国歌大観はその補訓を採用しているのである。『新撰万葉集』に当歌合から増補された当該歌は「をみなへし」を詠み込む物名歌である。元禄九年板本・元禄十二年板本のように「皆《みな》歴知砥手《へしるとて》」と訓むのがよいであろう。
② また「みなへしるとも」の「とも」について、『新撰万葉集』本文は「皆歴知砥手」である。「とて」ならば、初二句は「笹わけに濡れにし」にかかることになり、「袖」の修飾句の一部となる。秋の野をすべて知ろうとして

笹をわけて行き、その結果濡れてしまった袖、という意味になって、それはそれで可であるが、本文は「みなへしるとも」であるので、以上のように解した。

左

5 あきことにさきはくれとも《ゆめゆ》をみなへしけふをまつとのなにこそありけれ

右

6 さやかにもけさはみえすやをみなへしきりのまきれ《かき》にたちかくれつゝ

〔校異〕 ○ナシ―三番（二・黒・書B・内・松・伊・福・彰A・彰B・北）

5○くれとも―すれとも（北）　○けふをまつとの―けふまつほとの（二・黒・書B・内・松・伊・福・彰A・彰B・北）

6○さやかにも―さや空白にも（松・伊）

〔整定本文〕 三番　左

5 秋ごとに咲きはくれども女郎花今日を待つとの名にこそありけれ

右

6 さやかにも今朝は見えずや女郎花霧の籬に立ちかくれつつ

〔現代語訳〕 三番　左

5 これまでも、秋になるたびに咲いてはきたけれど、女郎花が、待つものである「女」を名に持っているのは、今日の歌合の晴れ舞台を待つという意味の名であったことだよ。

右

6 はっきりとは今朝は見えないのだなあ。女郎花は、慎み深い女性のように霧の籬に隠れてしまって。

〔語釈〕 5 ○秋ごとに咲きはくれども 「秋ごとに」は、秋になるたびに、の意。「～ごとに咲きく（来）」は、その時期になるたびに咲く、ということ。「菊の花長月ごとに咲きくれば久しき心秋や知るらむ」（後撰集・秋下・三九七・読人不知）。 ○今日を待つとの名にこそありけれ 今日を待つという意味の名であることだ、の意。「名」は、名前として持っているということ。「今日」は、女郎花合の行われたその日のこと。2番歌にも「あらかねの土の下にて秋へしは今日の占手を待つ女郎花」とあった。女郎花はその名から、「女郎花多かる野辺に宿りせばあやなくあだの名をや立ちなむ」（古今集・秋上・二二九・小野美材）のように、「女」と掛けて詠まれることが多い。女は、「今は来じと思ふものから忘れつつ待たるることのまだもやまぬか」（古今集・恋五・七七四・読人不知）などのように、普通は男の来訪を待つものである。しかし、この歌合の「女郎花」の名は、「男を待つ」のではなく「今日を待つ」という意味の名であったということ。

6 ○さやかにも今朝は見えずや 「さやかに」は、はっきりとの意。「秋来ぬと目にはさやかに見えねども風の音にぞ驚かれぬる」（古今集・秋上・一六九・藤原敏行）。「今朝は見えずや」の「や」は感嘆を表す。「あしがものさわぐ入江の白浪の知らずや人をかく恋ひむとは」（同・恋一・五三三・読人不知）。 ○霧の籬に 「籬」は、柴や竹などで作った垣根。人や人目を隔てたり、障害になったりするものとして詠まれる。「夕暮れのまがきは山と見えななむ夜は越えじとやどりとるべく」（同・離別・三九二・僧正遍昭）。ここでは、人目を遮るものとして、「霧」を「籬」に喩える。〔補説〕①参照。 ○立ちかくれつつ 霧に紛れてはっきり見えない女郎花を、隠れて姿を見せない女性に喩える。「つつ」は、和歌の最後に用いて余情をのこす。「山桜わが見にくれば春霞峰にも尾にも立ちかくしつつ」（古今集・春上・五一・読人不知）。

〔他出〕

5 『新撰万葉集』下・女郎歌・五一八

毎秋丹《あきごとに》　折行良咩秖《おりゆくらめど》　女倍芝《をみなへし》　当日緒待乃《そのひをまつの》　名丹許曾佐里介礼《なにこざりけれ》

6　『新撰万葉集』下・女郎歌・五四〇

朗丹裳《さやかにも》　今朝者不見江哉《けさはみえずや》　女倍芝《をみなへし》　霧之籬丹《きりのまがきに》　立翳礼筒《たちかくれつつ》

〔補説〕①　6番歌「霧の籬」の語句は、当歌合13番歌「人の見ることや苦しき女郎花秋霧にのみ立ちかくるらむ」（新撰万葉集・五一二、古今六帖・三六七八）にも見られる。この歌は『忠岑集』でも「人の見ることやわびしき女郎花霧の籬に立ちかくるらむ」（三五）と、第四句は「霧の籬」である。しかし、当歌合13番歌や『古今集』では、「霧の籬」は「秋霧にのみ」であり、本文にゆれがある。「霧の籬」はまだ熟した表現ではなく、当該歌などが早い例であると言えるだろう。

左

7　しらつゆのおけるあしたのをみなへしはなにもはにもつゆ《たま》ぞかゝれる

右

8　をみなへしたてるさと《の》をうちすきてうらみむつゆにぬれやわたらむ

〔校異〕　二・黒・書B・内・松・伊・福・彰A・彰B・北は、7番歌を四番右、8番歌を五番左とする。

〇ナシ―四番（二・黒・書B・内・松・伊・福・彰A・彰B・北）

7〇左―右（二・黒・書B・松・伊・福・彰A・彰B・北）ナシ（内）〇かゝれる―おきける（二・黒・書B・内・松・伊・福・彰A・北）

8○右―左（二・黒・書B・内・松・伊・福・彰A・彰B・北）○うちすきて―うちすき（黒）○うらみむつゆに―うらみむつゆにや（二・黒・書B）○ぬれやわたらむ―ぬれわたるらむ（二・黒・松・伊・書B）

〔整定本文〕 四番 左

7 白露のおけるあしたのをみなへし花にも葉にも玉ぞかかれる

右

8 女郎花たてる野里をうち過ぎてうらみむ露にぬれやわたらむ

〔現代語訳〕 四番 左

7 白露が一面に置いている朝の女郎花は、花にも葉にも玉がかかっていることよ。

右

8 女郎花の咲いている野の里を通り過ぎたから、（女郎花が）恨みに思う涙の露のために私は濡れて過ごすことになるであろうか。

〔語釈〕 7**○白露のおけるあした** 白露が置く朝。三句目以降は女郎花に焦点を絞るが、その前段として辺り一面に露が置く秋の朝をとりあげている。**○玉ぞかかれる** 美しい女郎花に置く白露を玉に見立てた表現。露を玉に見立てる技法は、「あさみどり糸よりかけて白露を玉にもぬける春の柳か」（古今集・春上・二七・遍昭）のほか、『万葉集』から「秋萩における白露あさなさな玉としぞ見るおける白露」（巻十・二一六八）などと、和歌には常套的に詠まれ、当歌合においても当該歌の他14・21番歌に見える。また、露に濡れた女郎花という情景は『万葉集』から見られるが、特に当歌合や『新撰万葉集』ではその美しさを様々な趣向で詠んでいる。当該歌は、辺り一面に露が置く朝は、女郎花の葉にも花にもたくさんの露が置くので、そのような朝は殊に美しい姿を見せるということを詠んだものである。

8**○たてる野里** 植物が生えていることをあえて「立つ」と詠むのは、女郎花が人間の女性のイメージと強く結び付いていることによる表現。「女郎花うしろめたくも見ゆるかなあれたるやどにひとりたてれば」（古今集・秋上・二三七・兼覧王）。「野里」は馴染みのない言葉であるが、女郎花は野に生えるものであるため、「山里」などの言葉から「野里」と言ったのであろう。似た表現として「女郎花咲く野の里を秋来れば花の影をぞかりほとはせる」（新撰万葉集・女郎歌・五四四）などがある。**〇うらみむ露にぬれやわたらむ**　上句で「うち過ぎて」つまり女郎花に目を留めずに通り過ぎた結果、花が恨みに思って涙を流すことを「恨みむ露」と表現したもの。これも女郎花を詠んだ和歌に多くあるように、女郎花を女性として強く意識したところに趣向がある。「ぬれわたる」は、濡れながら時を過ごす、ずっと濡れ続けること。「君によりぬれてぞわたる唐衣袖は涙のつまにざりける」（貫之集・六二二）。野を通り過ぎることで草葉の露に袖が濡れることを、女郎花の涙に濡れると見立てて詠んだのである。

〔他出〕

7『玉葉和歌集』秋上・五二六

　亭子院歌合に女郎花を　　読人しらず

　しら露のおける朝の女郎花花にも葉にも玉ぞかかれる

『新撰万葉集』下・女郎歌・五〇六

白露之《しらつゆの》　置晨之《おけるあしたの》　女倍芝《をみなへし》　花丹裳葉丹裳《はなにもはにも》　玉曾懸礼留《たまぞかかれる》

『古今和歌六帖』第六・女郎花・三六八七

　しらつゆのおける朝の女郎花はなにも葉にも玉ぞかかれる

〔補説〕①　二十巻本は、十巻本と左右の歌の配列が逆になっている。

左

9　あさきりとのへにむれたるをみなへしあきをすくさすいひ~~とゝ~~《もと》めなむ

右

10　あきかせのふきそめしよりをみなへしいろふかくのみゝゆるのへかな

〔校異〕　二・黒・書B・内・松・伊・福・彰A・彰Bは「五番歌左」に右歌（10番歌）を記し、9番歌をその右に、二・黒・内・松・伊は注記の如く、福・彰Aは「或本」と明記して、補入する。二・黒・書B・内が以下の歌全てに左への移動記号を施すように、上記写本は詞書に対し一首分の和歌が右にずれる。その結果、空欄となる十番右に、福・彰A・彰B・北は、「うつし植て」歌一首を補っている。19・20番歌校異欄参照。書B・彰B・北は9番歌を欠く。

○ナシ―五番（二・黒・書B・内・松・伊・福・彰A・彰B・北）

9○一首ナシ（書B・彰B・北）○あさきりと―あさきりを（内）秋霧の（福・彰A）○のへにむれたる―のへにもれたる（二・黒・内）のへにもれける（松・伊・福）ゝ（の）へにもへける（彰A）○あきをすくさす―あきをすこさす（書A）

〔整定本文〕　五番　左

9　朝霧と野辺にむれたる女郎花秋をすぐさずいひもとめなむ

右

10　秋風の吹きそめしより女郎花色ふかくのみ見ゆる野辺かな

〔現代語訳〕　五番　左

9　朝霧のなかで野辺に美しく群れ咲いている女郎花を、この秋という時をのがさず言い寄って、そして手に入れたいものだ。

右

10 秋風が吹き始めた時から、もっぱら女郎花の美しい色があざやかに見えるばかりの野辺になったことだなあ。

〔語釈〕 9 **○朝霧と** 「霧」「女郎花」はともに秋の景物。「秋霧のはるるはうれしをみなへし立ちよる人やあらんと思へば」（後撰集・秋中・三三八・兼覧王）は女郎花の立場から霧の晴れ間を待つが、当該歌は「立ち寄る人」の立場から花を求めている。**○野辺にむれたる** 「群る」（多くのものが集団をなす）は、和歌の例では、「おほぞらにむれたるたづのさしながら」（伊勢集・六九）のように、「鶴」が多く、「むれたつ」では「女郎花」の例がある。「をみなへし草むらごとにむれたつは誰松虫の声に迷ふぞ」（後撰集・秋中・三三九・読人不知）。**○秋をすぐさず** この秋という時期を逃さないで。〔補説〕①参照。**○いひもとめなむ** 言い寄って手に入れたいものだの意を「言ひ（も）求《と》む」＋「なむ」で表現している。

10 **○色ふかくのみ** 「色深く見ゆる野辺だに常ならば春はゆくともかたみならまし」（新撰万葉集・下・二五九）でも花々で美しく染められた野辺を詠むが、当該歌も女郎花によって美しく染められた野辺を詠んでいる。「色ふかく」は美しさが増すことを言い、秋が来た途端に秋の景物である女郎花によって野辺が彩られたことを喜んでいる。

〔補説〕① 女郎花を求める人は、男性を暗示している場合がほとんどであり、9番歌の場合も、下句でわざわざ声に出して求めるということで、求婚の意を響かせているのだが、この歌合のために花を探したのだと言っていて、「秋をすぐさず」の「秋」は花の美しい絶好の機会であるとともに、歌合にあえる時という意を込めている。

11

左

かくをしむあきにしあは、をみなへしうつろふことはわすれやはせぬ

右

なかきよにたれたのめけむをみなへしひとまつむしのえ《た》ことになく

〔校異〕 二・黒・書B・内・松・伊・福・彰A・彰B・北は、11番歌を五番右、12番歌を六番左とする。
○ナシ—六番（二・黒・書B・内・松・伊・福・彰A・彰B・北）
11○かくをしむ—かくをらむ（二・黒・書B・内・松・伊・福・彰A・彰B）○うつろふことは—うつろふ色は（二・黒・書B・内・松・伊・福・彰A・彰B・北）
12○なかきよに—なかきよを（二・書B・彰B）なかきよは（黒・内・松・伊・福・彰A・北）○たれたのめけむ—たれたの空白けむ（伊）たのみけむ（松）たれたのみ剣（福・彰A・彰B）たれたのみてむ（北）○えたことになく—したことになく（彰A）

〔整定本文〕 六番　左

11　かく惜しむ秋にし逢はば女郎花移ろふことは忘れやはせぬ

右

12　長き夜に誰頼めけむ女郎花人まつ虫の枝ごとに鳴く

〔現代語訳〕 六番　左

11　（恋の相手に飽きられ忘れられる秋に逢うのではなく）このようにまで行くのを惜しむ秋に逢うのなら、女郎花よ、おまえも色あせて散ることを忘れたらよいではないか。

右

12　秋の長い夜に、誰が頼みにさせたのだろうか。女郎花は、人を待つ虫—松虫がその枝ごとに鳴いているよ。

〔語釈〕 11**○かく惜しむ秋にし逢はば**　今この宮中に集って女郎花合を催しているが、このようにも行くのを惜しむ秋に逢うのなら、の意。中国漢詩には「悲秋」はあるが「惜秋」は見えず、「惜秋」は、漢語「惜春」に倣って生まれた日本的季節感に由来する言葉であると言われている（太田郁子「『和漢朗詠集』の「三月尽」・「九月尽」」『国文学　言語と文芸』91号・昭和五十六年三月）。和歌では、『陽成院歌合』（延喜十三年九月九日）が「惜秋意」題で開かれ、「年ごとにとまらぬ秋と知りながら惜しむ心のこりずもあるかな」（一）など四十六首が詠まれている。「かく」は、この惜秋の意を踏まえ、皆が女郎花合をして「行く秋」を惜しんでいるということを、この場に参加している女郎花自身もわかっていることとした表現である。「秋」に「飽き」の人事的意味を掛けることを前提としていることで、「逢はば」の仮定が効いていることについては、補説①参照。**〇女郎花移ろふことは忘れやはせぬ**　三句「女郎花」は、女郎花への呼びかけである。「移ろふ」は花が色あせ、散る意。「やは〜ぬ」は、勧誘や希望を表す表現である。「ことならば咲かずやはあらぬ桜花みる我さへに静心なし」（古今集・春下・八二・紀貫之）などの例がある。「忘れやはせぬ」は、忘れて欲しい、忘れたらよいではないか、の意。恋の詞である「忘る」の意が響く。

12**〇長き夜**　秋の夜は、『万葉集』から「秋の長夜」（巻十・二三〇二）と詠まれている。「八条院にて琴弾くをききて詠める」の詞書をもつ「長き夜の秋のしらべをきく人はをごとに君を千年とぞなる」（貫之集・六九八）など。**〇誰頼めけむ**　誰が頼みにさせたのだろうか、の意。下二段活用の「頼む」で、下句に「待つ」とあるので、来るとあてにさせる意になる。**〇女郎花人まつ虫の枝ごとに鳴く**　枝ごとに松虫をとまらせて鳴かせている女郎花を来るはずの人をあてにして待っている女性に喩えている。「松虫」に「人を待つ」を掛けた例は多い。「秋の野に人まつ虫の声すなり我かとゆきていざとぶらはむ」（古今集・秋上・二〇二・読人不知）「夕されば人まつ虫の鳴くなへに一人ある身ぞ恋ひまさりける」（貫之集・六四五）など。

〔他出〕

12『新撰万葉集』下・女郎歌・五三六

長宵緒《ながきよを》　誰待兼《たれまちかねて》　女倍芝《をみなへし》　人待虫之《ひとまつむしの》　毎秋丹鳴《あきごとになく》

『夫木和歌抄』秋二・女郎花・四二三二

同（昌泰元年亭子院歌合、女郎花）　同（読人不知）

長き夜にたれたのめけん女郎花人まつむしのえだごとになく

【補説】① 11番歌に関して、「秋に逢ふ」「移ろふ」は、人事の文脈において、「飽きられる」「心が離れて移ってしまう」といった意味に用いられる。例えば「しぐれつつもみづるよりも言の葉の心の秋にあふぞわびしき」（古今集・恋五・八二〇・読人不知）「世中の人の心は花ぞめのうつろひやすき色にぞありける」（古今集・恋五・七九五・読人不知）など。とすれば、「秋に逢ふ」ことは恋の相手に忘れられることであり、女性に擬えられた女郎花にとっては、厭われることであろう。しかし、秋は一方では好季節ゆえに惜しまれるものでもある。現に今このようにも皆で行く秋を惜しんでいるではないか。厭う季節ではなく惜しむ季節だと見直したとしたら、女郎花も秋を好きになって、散ってしまうのをやめたらいいのではないか、忘れられる季節ではなく、移ろうことを忘れる季節としたらいいのではないか、と女郎花を説き伏せている歌だと考えられる。「秋にしあはば」について、新編全集注は、頭注に「あはば」は「あへば」の意かとし、「これほどまでも過ぎるのが惜しまれる秋の好季にあったのだから」と現代語訳するが、右のように解すれば未然形「あはば」の本文のままで解釈することができよう。

② 12番歌では、新編全集注は、「松虫がその人を待つつもりで、秋の夜長をおみなえしの茎ごとに鳴いているよ」と、待っているのは松虫として解釈している。しかし、ここでは女郎花を主人公とした歌として解すべきであろうから、女郎花が茎ごとに松虫をいわば鳴かせている情景として解釈した。

13

左　忠岑

古今　ひとのみることやくるしきをみなへしあきゝりにのみたちかくるらむ

右

14　とりてみれは、かなからむやをみなへしそてにつゝめるしらつゆのたま

〔校異〕　二・黒・書B・内・松・伊・福・彰A・彰B・北は、13番歌を六番右、14番歌を七番左とする。

13○ナシ―七番（二・黒・書B・内・松・伊・福・彰A・彰B・北）○ひとのみる―ひとのみむ（二・黒・書B・内・松・伊・福・彰A・彰B・北）

14○左―左ち（二・黒・書B・内・松・伊）○とりてみれは―とりてみは（書A・二・黒・書B・内・松・伊・福・彰A・彰B・北）○ゝ《は》かなからむや―花なからむや（二・黒・書B・内・松・伊）

〔整定本文〕　七番　左　　忠岑

13　人の見ることや苦しき女郎花秋霧にのみ立ちかくるらむ

右

14　取りて見ればはかなからむや女郎花袖につつめる白露の玉

〔現代語訳〕　七番　左　　壬生忠岑

13　人が見ることがつらいのだろうか。それで、女郎花は秋霧にかくれてばかりいるのだろう。

右

14　手に取って見るとあっけなく消えてしまうのだろうなあ。女郎花が袖に包んで大切にしている白露の玉は。

〔語釈〕　13**○人の見ることや苦しき**　女郎花は、人が（自分を）見るのをつらいと思っているのだろうか、の意。当該歌は、「らむ」で結ぶ三句以下で現在の事象を述べ、その理由について、係助詞「や」を伴う疑問文（第一、二句）で想定する。これにより、一、二句を「らむ」が連文的に包摂しているという構造をもつ。「むかしへや今も恋しきほととぎすふるさとにしも鳴きて来つらむ」（古今集・夏・一六三・壬生忠岑）。「苦しき」は、ひどくつらい状態。「下にのみ恋ふれば苦し玉の緒の絶えて乱れむ人なとがめそ」（古今集・恋三・六六七・紀友則）。**○秋霧にのみ立**

ちかくるらむ　「のみ」は、～ばかり、の意。「立ちかくるらむ」にまでかかる。霧のせいではっきりみえない女郎花を、部屋の奥に隠れて出てこない女性に喩えて、隠れてばかりいるようだと詠んだ。女郎花が霧で見えないさまは、6番歌にも「さやかにも今朝は見えずや女郎花霧の籬に立ちかくれつつ」と詠まれる。〔補説〕②参照。

14 **〇取りて見ればはかなからむや**　手に取って見るのは、露の置いた女郎花。〔補説〕③参照。「はかなから＜はかなし」は、あっけない。ここでは、女郎花に置いた露を手に取ってしまうとすぐに落ちて消えてしまうということ。水滴が消えることを「はかなし」という例として「波のうつ瀬見れば玉ぞ乱れける拾はば袖にはかなからむや」（古今集・物名・四二四・在原滋春）がある。**〇女郎花袖につつめる白露の玉**　女郎花に置く白露を、白玉に見立てた。「袖につつめる」は、袖に包んで大切に持つということ。「荻の葉における白露玉かとて袖につつめどとまらざりけり」（寛和元年内裏歌合・七）。女郎花と露、また露を白玉に見立てる例としては、7番歌に、「白露のおけるあしたのをみなへし花にも葉にも玉ぞかかれる」とあり、女郎花と袖を詠む歌には、3番歌「秋の野をみなへしるとも笹わけに濡れにし袖や花と見ゆらむ」がある。

〔**他出**〕

13『古今和歌集』秋上・二三五

（朱雀院のをみなへしあはせによみてたてまつりける）　ただみね

人の見る事やくるしきをみなへし秋ぎりにのみたちかくるらむ

『新撰万葉集』下・女郎歌・五一一

公丹見江牟《きみにみえむ》　事哉湯湯敷《ことやゆゆしき》　女陪芝《をみなへし》　霧之籬丹《きりのまがきに》　立隠覧《たちかくるらむ》

『忠岑集』三五

すざくゐんのをみなへしあはせに

人の見ることやわびしきをみなへしきりのまがきにたちかくるらん

『忠岑集』（西本願寺本）一二一

あきのののをみなへしをみて

人のみることやくるしきをみなへしきりのまがきにたちかくるらん

『古今和歌六帖』巻六・女郎花・三六七八

ただみね

人のみることやくるしきをみなへしきりのまがきに立ちかくるらむ

〔**補説**〕① 十巻本の作者名「忠岑」については、萩谷歌合大成は補入とするが、写真版では判断不能。

② 13番歌の第四句「秋霧にのみ」は、他出では「霧の籬に」とするものが多い。二十巻本などには「きりのまかきとも」と注記する。なお、「霧の籬」については、6番歌の注を参照。

③ 14番歌の初句「取りて見れば」を、新編全集注は「とりて見ば」と校訂している。二十巻本本文は「とりてみは花なからむや」である。

15

左　みつね《躬恒》

を《古今》みなへしふきすきてくるあきかせはめにはみえねとかこそしるけれ

右

16

ひさかたのつきひとをとこをみなへしおひたる《あまたある》のへは《を》すきかてにみゆ《する》《ものあきはかりうつろふなゆめ》

〔**校異**〕 二・黒・書B・内・松・伊・福・彰A・彰B・北は、15番歌を七番右とし、16番歌を八番左とする。

○ナシ―八番（二・黒・書B・内・松・伊・福・彰A・彰B・北）

15○躬恒―ナシ（書A・彰B・北）よしのふ（二・黒・書B・内・松・伊・福・彰A）○かこそ―今そ（彰A）
16○あまたあるのへを―この秋許（二・黒・書B・内・松・伊・福・彰A・彰B・北）○すきかてにする―うつろふなゆめ（二・黒・書B・内・松・伊・福・彰A・彰B・北）

〔整定本文〕　八番　左　　躬恒

15 女郎花吹きすぎてくる秋風は目には見えねど香こそしるけれ

右

16 ひさかたのつきひとをとこ女郎花あまたある野辺を過ぎがてにする

〔現代語訳〕　八番　左　凡河内躬恒

15 女郎花を吹き渡って来る秋風は、目には見えないけれど花の香りがはっきりとしていることよ――だから女郎花を吹き渡ってきたということがはっきり分かるよ。

右

16（ひさかたの）空に照る月は女郎花がたくさん咲いている野辺を（花の美しさに心惹かれて）通り過ぎるのをためらっていることよ。

〔語釈〕　15 **○女郎花吹きすぎてくる**　女郎花の花を吹き渡ってくるということ。「吹きすぎてくる」という表現は稀であるが、『新撰万葉集』には「秋風にふき過ぎてくる女郎花目には見えねど風のしきれる」（女郎歌・五二〇）がある。『新撰万葉集』においては当該歌を五二四番歌として載せるので（〔他出〕参照）二首を別の歌として認識しているが、用語・発想ともに近似している。**○秋風は目には見えねど香こそしるけれ**　目に見えない風を視覚以外の感覚で認識することは、「秋きぬと目にはさやかに見えねども風の音にぞおどろかれぬる」（古今集・秋上・一六九・藤原敏行）などと詠まれる。「しるし」は、はっきりと顕著であること。「梅の花にほふ春べはくらぶ山やみに越ゆれどしるくぞ有りける」（古今集・春上・三九・紀貫之）。当該歌の主旨は、女郎花は今目の前に見えないけれど、風が女郎花の香りを運んでくるので、風上に女郎花の咲いていることがはっきり分かるということ。眼前にない花の香りを風が運んでくるという発想は、「かすみたつ春の山辺は遠けれど吹き来る風は花の香ぞする」（寛平御時后宮歌合・二九、古今集・春下・一〇三・在原元方、新撰万葉集・二九）などある。見えなくても香りで判別できると詠む歌は、「春の夜の闇はあやなし梅の花色こそ見えね香やはかくるる」（古今集・春上・四一・凡河内躬恒）などが有名。ただし多くは梅の香で、女郎花の香を詠むことは珍しい。

16**○ひさかたのつきひとをとこ**　「ひさかたの」は「月」に掛かる枕詞。「月人男」は月を擬人化した表現。『万葉集』には「秋風の清きゆふへにあまのがは舟こぎわたる〈月人壮子《つきひとをとこ》〉」（巻十・二〇四三）など「月人男」の例は複数見られるが、当歌合の頃には『躬恒集』に「ひさかたの月人男ひとりぬる宿にさしいれり人のなたてに」（一〇五）とある他は見当たらない。ここでは「女郎花」を女性に見立てて詠む対として、あえて月を男性と重ねて表現したもの。**○過ぎがてにする**　通り過ぎるのをためらっているということ。「夜やくらき道やまどへる郭公我が宿をしもすぎがてにする」（寛平御時后宮歌合・六五）。月を男性に、花を女性に見立てる当該歌にあって、たくさんの女郎花が美しく咲いているその上空を月が渡っていく様子を擬人化して、月が花に心惹かれて通り過ぎるのをためらっていると詠むのである。

【他出】

15『朱雀院女郎花合』二

右　　定文朝臣

女郎花吹きすぎてくる秋風は目にも見えねど香こそしるけれ

『古今和歌集』秋上・二三四

（朱雀院のをみなへしあはせによみてたてまつりける）　（みつね）

女郎花ふきすぎてくる秋風はめには見えねどかこそしるけれ

『新撰万葉集』下・女郎歌・五二四

女倍芝《をみなへし》　往過手来《ゆきすぎてくる》　秋風之《あきかぜの》　目庭不見砥《めにはみえねど》　香許曾験介礼《かこそしるけれ》

『古今和歌六帖』第六・女郎花・三六七四

女郎花ふきすぎてくる秋風は目にはみえずてかこそしるけれ

『躬恒集』（承空本）一五〇

（朱雀院ノヲミナヘシアハセニ）

ヲミナヘシフキスキテクルムサシノ《秋風トモアリ》ハメニコソミエネカコソシルケレ

『躬恒集』（内閣文庫蔵本）一五〇

（朱雀院の女郎花合によみて奉りける）

女郎花吹過てくる秋風はめには見えねど香こそしるけれ

16

『新撰万葉集』下・女郎歌・五四二

夕方之《くれがたの》　月人男《つきひとをとこ》　女倍芝《をみなへし》　生砥裳野辺緒《おふとものべを》　難過丹為《すぎがてにする》

〔補説〕① 15番歌の作者を十巻本は躬恒とするのに対し、二十巻本は「よしのぶ」とする。歌人として「よしのぶ」は、大中臣能宣が有名ではあるが、延喜二年（九二二）の生まれで当歌合の開催（八九八年）と重ならず当たらない。十巻本に載る後宴歌には未詳歌人の名が多く見え、この「よしのぶ」も大中臣ではないそうした歌人の一人であったかもしれないが、このような異同が生じた原因は不明と言わざるを得ない。さらに、『朱雀院女郎花合』二十巻本断簡には同じ歌が載るが、作者を「定文朝臣」としており、当該歌には実に三人もの作者が伝えられている。15番歌は、用語を他に探すと、第三句「吹きすぎてくる」は用例が非常に少なく、院政期以前においては〔語釈〕に挙げた『新撰万葉集』の他には『躬恒集』に「目にみえで心にしむはむめの花ふきすぎてくる香にぞありける」（二二五）のみである。この歌は「花をふきすぎてくる風がもたらす香」という発想も当該歌と共通する。こうした状況を踏まえると、当該歌は躬恒との関係が強いように見える。
② 16番歌の下句は書き入れが全く異なる本文を見せる。特に十巻本においては校訂の過程が複雑で、「おひたるのべはすぎがてにみゆ」→「あまたあるのべをすぎがてにする」→「このあきばかりうつろふなゆめ」と経た後、再び「あまたあるのべをすぎがてにする」に戻している。逆に、二十巻本は下句が「この秋許うつろふなゆめ」とあって、「あまたあるのへをすきかてにする」の本文を書き入れとして持つ。

左　　　興風

17　後撰 あきのゝつゆにおかるゝをみなへしはらふひとなみぬれつゝやふる《やわたらむ》

右

18　あたなりとなにそたちぬるをみなへしなそあきのゝにおひそめ《はしめ》にけむ

【校異】二・黒・書B・内・松・伊・福・彰A・彰B・北は17番歌を八番右、18番歌を九番左とする。但し、彰Bは八番右を八番左と記す。
○ナシ—九番（二・黒・書B・内・松・福・彰A・彰B・北）一九番（伊）
17○興風—ナシ（二・黒・書B・内・松・伊・福・彰A・彰B・北）○をみなへし—おみなめし（彰A）○はらふひとなみ—そてひとなみ（二・黒・書B・内・松）そてひとなみに（伊）○ぬれつゝやふる—ぬれやわたらむ（二・黒・書B・内・松・伊・福・彰A・彰B・北）
18○あたなりと—あたなれと（二・黒・書B・内・松・伊・福・彰A・彰B）○なにそたちぬる—なにこそたちぬる（松・伊）なにこそたちぬれ（福・彰A）名に社たてれ（彰B）名こそたちぬれ（北）○なそあきのゝに—なとあき

の、に（二・黒・書B・内・松・伊・福・彰A・彰B・北）○おひそめにけむ―おもひそめけむ（松・伊・福・彰A・彰B・北）

〔整定本文〕 九番　左　　　　興風

17　秋の野の露におかるる女郎花はらふ人無み濡れつつやふる

　　　右

18　あだなりと名にぞ立ちぬる女郎花なぞ秋の野に生ひそめにけむ

〔現代語訳〕 九番　左　　　藤原興風

17　秋の野で露に置かれている女郎花は露を払う人がいないので濡れたまま過ごしているのだろうか。

　　　右

18　「あだ」であると評判が立ってしまった女郎花はどうして秋の野に生い初めたのだろうか。

〔語釈〕 17 **○露におかるる**　女郎花の立場から、置かれている、といった。菊の例では「いたづらに露におかるる花かとて心もしらぬ人やをりけん」（後撰集・秋下・四三一・読人不知）がある。**○はらふ人無み**　「無み」は形容詞「無し」の語幹「な」に原因理由を示す「み」がともなったもの。ないので。「露を払う人」は、女郎花の歌としては、秋の野に花摘みに来る人をいう。〔補説〕①参照。

18 **○あだなりと名にぞ立ちぬる**　「あだ」は移り気、浮気なさまをいう。「浮気者」と評判になってしまっている女郎花。「あだなりとなにこそたてれ桜花年にまれなる人もまちけり」（古今集・春上・六二・読人不知）。**○なぞ秋の野に生ひそめにけむ**　そもそもなぜ、「飽き」と通じる「秋」の野に生い初めたのかと尋ねる気持ちである。〔補説〕②参照。

〔他出〕

17『後撰和歌集』秋中・二七五

（おなじ御時のをみなへしあはせに）　よみ人しらず

秋の野の露におかるる女郎花はらふ人なみぬれつつやふる

『古今和歌六帖』第六・女郎花・三六八九

おきかぜ

秋のの露におかるるをみなへしはらふ人なみぬれつつやへん

『興風集』一二

秋ののつゆにおかるるをみなへしはらふ人なみぬれつつやふる

18

『新撰万葉集』下・女郎歌・五二二

泛成砥《あだなりと》　名丹曾立塗《なにぞたちぬる》　女陪芝《をみなへし》　那砥秋露丹《なぞあきつゆに》　生添丹兼《おひそひにけむ》

〔補説〕①　17番歌は「露におかれている」という受け身表現や「経る」という人事的な表現を用いることから、女郎花と人間の女を二重映しにしている詠法であることが、新大系『後撰和歌集』脚注で指摘されている。

②　18番歌では女郎花も生い初めた時は「あだ（浮気もの）」といわれる花ではなかったろうにという気持ちである。「秋（飽き）の野」に生えたばかりにそうなったのなら、「秋の野」でなかったらよかったのに。美しい花に「あだ」という名が立ったことを惜しむ気持ちか。左歌とともに、女郎花に寄せる心がやさしい歌である。新編全集注は「なぜこの美しい秋の野に咲いて私たちを誘惑するのだろうか」とするが、いかが。「生ひ初め」というところに「あだ」と言われなかった時を思い遣る意を込めた詠と取りたい。当歌合47番歌にはここから発展したような、女郎花を「あだ」とする詠がある。47番歌〔補説〕①参照。

③　十巻本では作者「興風」は補入されていると萩谷歌合大成にある。萩谷氏は、『興風集』において18番歌（興風集一二番歌）の前後に載せられる、

をるからにわがなはたちぬをみなへしいざおなじくは花ごとにみむ（一一）

をみなへし花のこころのあだなれば秋にのみこそあひわたりけれ（一一三）

を当歌合の歌として「本文補遺」に挙げる。『興風集』（冷泉家時雨亭叢書『平安私家集　十一』所収「興風集」七十四首本〈『新編国歌大観』底本の書陵部本（五〇一・一一五）の親本〉）では、一〇番歌「み山よりおちくるみづの色みてぞ秋はかぎりとおもひしりぬる」を「おなじ御時に、うたたてまつれとおほせられければ、たつたがはもみぢばながるといふうたかきて、のちにおなじ心を」という詞書で載せ、続けて、当該女郎花歌三首が載せられる。「寛平御時后宮歌合」や貞康親王主宰の「后宮五十賀」の屏風歌を載せる同集では、詞書はなくとも、この三首が当歌合のために詠まれた歌であった可能性は高いだろう。

④　18番歌の「名にぞ立ちぬる」については、二十巻本系諸本に「名こそ」「名にこそ」とする異同が多い。「なぞ秋の野に生ひそめにけむ」も「など秋の野に思ひそめけむ」とする本が多いが、「（女郎花は）どうして秋の野で恋し始めたのか、飽きられるばかりなのに」という意か。

左

19　をみなへしうつろふあきのほとをなみねさへうつしてをしむけふかな

右

20　うつらすはふゆともわかしをみなへしときはのえたにさきかへらなむ

〔校異〕　二・黒・書B・内・松・伊・福・彰A・彰B・北は、19番歌を九番右、20番歌を十番左とする。また、二・黒・内・松・伊・福は、20番歌と「十一番」の間に「右」、書Bは「十一番」の下に「右」とあり、さらに、福・彰A・彰B・北は、「右」と記した後に「うつし植て」歌一首（〔補説〕②参照）を補う。

○ナシ―十番（二・黒・書B・内・松・伊・福・彰A・彰B・北）
19○左―左ち（二・黒・書B・内・松・伊）　○ほとをなみ―はとをなみ（彰A）　○ねさへ―ねさし（二・黒・書B・内・松・伊・福・彰A・彰B・北）　○をしむけふかな―おらむ今日かな（松・伊・福・彰A・彰B）
20○えたに―色に（北）　○さきかへらなむ―さきかゝらなむ（二・黒・書B・内・松・伊・福・彰A・彰B・北）

〔整定本文〕　十番　左

19　女郎花移ろふ秋のほどを無み根さへ移して惜しむ今日かな

右

20　移らずは冬とも分かじ女郎花常盤の枝に咲きかへらなむ

〔現代語訳〕　十番　左

19　女郎花が色あせて散ってしまう秋の末までもう間が無いので、花だけでなく根までもこの宮中に移して惜しむ今日であるよ。

右

20　女郎花よ、もし枝がいつも緑の葉があって移ろわなければ冬だともわからないだろう。年中緑色で枯れない常盤の枝になってもう一度咲いておくれ。

〔語釈〕　19**○女郎花移ろふ秋のほどを無み**　「移ろふ」はこの場合、花が色あせ散ってしまうこと。女郎花は秋の花であり、秋が終われば散ってしまうという観念のもとに詠まれている。その女郎花が次第に色あせてゆく秋も末になり女郎花との別れが迫っているというのが「ほどを無（み）」である。「ほど」は時間の意、「み」は原因理由を表す。**○根さへ移して**　野にある女郎花を根から掘り採って移植してまでの意。「さへ」は、花だけでなく根までも根こそぎ採る、という添加の意。賞美するために植物を移植する歌合の例には、「大将どののなでしこあはせに、右」の詞書を持つ「ももしきに移し植ゑてぞとこなつに世をへてたえぬいろも見るべき」（元真集・五八）などがあり、女郎花に関しては、「嵯峨野に前栽ほるとて」の詞書を持つ「ももしきに移し植うとも女郎花わが訪ねこし心忘るな」（元真集・一三三）がある。根こそぎとまでいう例には、「根こじにも掘らば掘らなん女郎花人におくる名をば残さじ」（和泉式部集・秋・四三）がある。「移ろふ秋のほど」という句は、当歌合50番歌でも使われている。

○惜しむ今日かな　「今日」は歌合当日を指す。「惜しむ」対象は女郎花である。

20 **○移らずは冬とも分かじ**　「移る」は植物の花や葉が色あせたり、散ったりすること。もし、葉の色が色褪せたり散ったりしなかったら、と仮定している。「分く」は判別する意。花は、季節を冬だと判別できないだろうというのである。下句の、移らない「常盤の枝」にもし咲くのであれば、と想像している。**○常盤の枝に咲きかへらなむ**　「常盤の枝」は常緑の意。「咲きかへる」は、花がその時季を過ぎたのに再び咲くことで、「山桜またさきかへるかたみかは花の跡よりかかるしら雲」（蓮愉集・一〇四）は、白雲を山桜がまた繰り返し咲くことを示す形見なのかと見ている例である。20番歌では女郎花が咲くはずのない冬でもまた咲くことを意味する。三句以下は、女郎花よ、常に色が変わらない常緑樹の枝にまたもう一度咲いておくれ、と望む意。

〔他出〕

19『新撰万葉集』下・女郎歌・五一四

女倍芝《をみなへし》　移秋之《うつろふあきの》　程緒見手《ほどをみて》　根障遷手《ねさへうつりて》　露曾折鶴《つゆぞをりつる》

〔補説〕①　20番歌の初二句を、新編全集注が「色が変わらなければそれまでだったが、枯れはじめたので冬の近づいたのが分った」と解しているのは誤りであろう。歌合席上眼前の晴れの場の女郎花を「枯れはじめた」と詠むことは不適切である。また、19番歌でもそうであったが、季節は暦月として把握されており、女郎花の様子から類推するというものではない。初句「移る」の主語は、女郎花ではなく、女郎花が花をつける枝と考えられる。もしその枝が枯れたりしなかったら、女郎花は今が冬だとは思わないだろう、という意味であろう。「分かじ」の主語は女郎花である。冬、神無月になれば女郎花が枯れてしまうに違いないのをなんとかして留めたいという切なる思いを詠んだ歌と解したい。

② 十巻本は、20番歌に続けて、21番歌（御製）22番歌（后宮）を掲出する。しかし、二十巻本系統の諸本は、五番左以後右へ一首ずらせて書写した結果、20番歌の直後に「右」という本文が残ってしまった（但し、萩谷歌合大成の二十巻本翻刻には「右」の記載は無い）。諸本のうち、福・彰A・彰B・北は、五番左9番歌の欠落を、十番右として「うつしうへてけふ見るからにをみなへしさかの、冬はことしわすれよ（福は「さかの、色」）」の一首を補って帳尻を合わせている。福井市図本は、「十番右／右」と「右」を重ねて書いた後に、歌を載せる。福・彰Aは、「或本」とことわった上で、9番歌の欠落の補入をしている。彰Bと北は、9番歌の補入もしないまま、「うつしうへて」歌をもとからあった歌のように扱っている。

「うつしうへて」歌の他出はない。福井市図本の本文「さかの、色」では歌意がとりにくいので、「移し植ゑて今日見るからに女郎花嵯峨野の冬は今年忘れよ」と本文を整定する。歌意は「歌合のためにここ宮中に移し植えて皆が今日お前を見るにつけても、女郎花よ、お前のいた嵯峨野に来る冬を今年は忘れなさいよ（宮中に来た限りは移ろわないで美しく咲き続けなさいよ）」となろう。嵯峨野は京都市右京区嵯峨、桂川の左岸一帯の称で、古くから、秋草や虫の名所として知られる。女郎花はそこから移し植えられたものとして詠んでいる。歌合の享受過程で、右歌の無いことを不審に思った書写者などが、創作して増補した歌であろうか。

左　ほて　こせい御製

21 をみなへしこのあきまてそまはるへきつゆをもぬきてたまにまと《か》はせ

右　きさいのみや

22 きみによりのへをはなれしをみなへしひとつ《おなし》こゝろにあきをとゝめよ

はなはみきおとり　うたはみきかちにけり

〔校異〕　○ナシ—十一番（二・黒・書B・内・松・伊・福・彰A・彰B・北）

21○左—ナシ（黒・内）右（書B）○ほて—ナシ（書A・二・黒・書B・内・松・伊・福・彰A・彰B・北）○御製—そせい（松・伊・福・彰A）ナシ（彰B・北）○あきまてそ—秋までに（内）○まはるへき—まさるへき（二・黒・書B・内・松・伊・北）またるへき（福・彰A・彰B）○ぬきて—わきて（二・黒・書B・内・松・伊）○たまに—たまと（書A・彰B）○まとはせ—まとはむ（二・黒・書B・内・松・伊）たとはせ（彰A）

22○きさいのみや—かう御宮后宮（二・黒・書B・内・松・伊）かうこ宮（福）かしこ宮（彰A）ナシ（彰B・北）○のへを—うへを（彰A）○歌はみき—歌は左（二・黒・書B・内・松・伊・福・彰A・彰B・北）○かちにけり—かちけり（彰B）かちにせり（北）

〔整定本文〕　十一番　左　最手　　御製

21　女郎花この秋までぞまばるべき露をもぬきて玉にまどはせ

　　右　　后の宮

22　君により野辺をはなれし女郎花同じ心に秋をとどめよ

　　花は右劣り、歌は右勝ちにけり

〔現代語訳〕　十一番　左　　御製

21　女郎花よ、今日この日までは（おまえのことを）しっかり見つめていよう。（だから、その晴れ舞台でおまえも期待に応えて）露を糸に貫いて玉に見間違えさせてみなさい。

　　右　　后の宮

22　わが君のために（生い育った）野辺を離れた女郎花、（私たちと）同じ心で秋を引き止めておくれ（秋をとどめるよう咲き続けておくれ）。

花は右が劣り、歌は右の勝ちであった。

〔語釈〕　21**○御製**　宇多院の詠。**○最手**　ほて。歌合の最後の番。本来は、相撲の節に召し出された相撲人のなかで最上位の者のこと。相撲の節では、最初の取り組みを占手、最後を最手といい、それを歌合に流用した。2番歌に「けふの占手を待つ女郎花」とある。**○この秋までぞまばるべき**　「この秋」は、歌合の行われたその日を指す。11番歌にも「かく惜しむ秋にし逢はば女郎花移ろふことは忘れやはせぬ」とあり、歌合の日を「秋」と詠む。「まばる」は、目を見張って注視する、じっと見ること。『類聚名義抄』（観智院本）、『色葉字類抄』（黒川本）には「矚」などに「マハル」の訓があり、『金光明最勝王経』や『大般涅槃経』などの経典類でも「瞻」を「マハル」と訓じている。歌や物語ではなじみの薄い語であるが、訓点には散見する語である。「この御足跡《みあと》　まばりまつれば　足《あ》跡《と》ぬしの　たまのよそほひ　おもほゆるかも　見るごともあるか」（仏足石歌）、「猴《さる》、之を愛でて喚び入れ、床に居ゑて瞻《まば》りて言はく」（日本霊異記・上・第十八・憶持法華経現報示奇異表縁）。また、『新撰万葉集』（下・女郎歌・五二八）に「女倍芝《をみなへし》　此秋而已曾《このあきのみぞ》　巳瞻杵緒玉砥《きをたまと》　貫手見江南《ぬきてみえなむ》」とあり、諸本とも第三句から第四句は文字が足りない状態であるが、第三句に「瞻」の字があることからも当該歌のことであると思われる。「べし」は、強い意志を表す。女郎花を見つめようということ。**○露をもぬきて玉にまどはせ**　露を、糸で貫いた玉に見間違えさせよということ。「ぬく」は「貫く」、穴に通すこと。「萩の露玉にぬかむと取れば消《け》ぬよし見む人は枝ながら見よ」（古今集・秋上・二二二・読人不知）。「まどはす」は、混乱させる、区別を付かなくさせる。当該歌では、露と玉を見間違えさせるということ。〔補説〕②参照。

22**○后の宮**　藤原温子のこと。宇多院の女御。「人物考証」参照。**○君により**　わが君のために、の意。「に」「より」はともに格助詞で、動作の原因や理由を表す。「君によりちとせの春はつむべきを若菜のたねは野辺に残さむ」

（伊勢集Ⅱ・四九三）「君により風もよきつつ散りがてにまつめる花の折りなすぐしそ」（公任集・二三）。「君」は、女郎花合の主催者である宇多院のことを指す。**○野辺をはなれし女郎花**　女郎花を擬人化し、この女郎花合のために、野辺を離れて宮中にやってきた女郎花ということ。**○同じ心に秋をとどめよ**　この女郎花合に出席している私たちと同じ気持ちで、ということ。「同じ心」は、「よそにして恋ふればくるし入れ紐の同じ心にいざむすびてむ」（古今集・恋一・五四一・読人不知）などのように、人と同じ心になる（する）ということ。新編全集注は、「野辺に咲いていた時と同じ心で」とするが、従えない。宇多院の女郎花合に出るために、生まれ育った地から離れ、女郎花合の場にきた女郎花なのだから、私たちと同じ気持ちになって、秋がゆくのを引き留めてほしいということ。女郎花が秋をとどめるということは花を咲かせ続けるということ。〔補説〕③参照。

○花は右劣り、歌は右勝ちにけり　歌合全体に対する判定。女郎花の美しさは左が優れていたが、歌としては右がまさっていたということ。〔補説〕④参照。

〔他出〕

21『新撰万葉集』下・女郎歌・五二八

女倍芝《をみなへし》　此秋而已曾《このあきのみぞ》　巳瞻杵緒玉砥《きをたまと》　貫手見江南《ぬきてみえなむ》

22『新撰万葉集』下・女郎歌・五四八

君丹依《きみにより》　野辺緒離手《のべをわかれて》　女倍芝《をみなへし》　心一丹《こころひとつに》　秋緒認濫《あきをとむらむ》

〔補説〕①　21番歌の第三句は、底本では「まばるべき」とあるが、二十巻本などには「まさるべき」、福井市図本などでは「またるべき」とある。これらは「まばる」を難解として書き換えたか、誤写したものであろう。〔語釈〕にも触れたとおり、『新撰万葉集』の第三句にも「瞻」の字があることから「まばる」が本来の形と考える。

②　37番歌に「名にし負へばあはれと思ふを女郎花たれを憂しとかまだき移ろふ」、45番歌に「女郎花山野の草とふりしかどさかゆくときもありけるものを」と衰える女郎花が詠まれる。21番歌で「この秋までぞ」と限定するの

は、後には衰えていくとしても、今は盛りで歌合の晴れ舞台なのだから、この日まではしっかり見守っていようということ。このように、人が期待を込めて見つめているのだから、女郎花もその期待に応え、露を消えない玉と見間違えさせてみなさい、つまり、露をまとって美しく咲いていなさいと詠む。二十巻本では、「女郎花この秋までぞまさるべき露をもわきて玉にまとはむ」とある。あるいは、「まどはむ」の可能性もあろうが、いずれにしろ難解である。

③　22番歌の「秋をとどめよ」は、単なる惜秋ではない。11番歌「かく惜しむ秋」、21番歌「この秋」と同様、女郎花合の行われたその日が「秋」であり、その女郎花合が終わってしまうのを惜しむということである。

④「花は右劣り、歌は右勝ちにけり」は、判詞というよりは、勝負を記録したもの。冒頭の文章に対応したものであろう。萩谷歌合大成は、「寛平御時菊合の如く、物合に歌は景物としてそえられたのみといったようなものではなく、物合に附随せる歌合の典型を示し、花は花、歌は歌で、それぞれに左右勝負の判定があったもののようである。但し、勝負付けはない」とする。

以下は十巻本と書陵部本にあるが、二十巻本とその系統の諸本にはない。

これはあはせぬうたとも

をみなへしといふことをくのかみしもにてよめる

をるはなをむなしくなさむなを丶しなてふにもなしてしひやとめまし

〔校異〕 特ニナシ

〔整定本文〕 これはあはせぬ歌ども

「をみなへし」といふことを句のかみしもにてよめる

23 折る花をむなしくなさむ名を惜しなでふにもなしてしひや留めまし

〔現代語訳〕 ここから以下の歌は、歌合で合わせなかった歌々である。

「をみなへし」といふ言葉を句の上と下に置いて詠んだ歌々。

23 手折った女郎花をむなしく枯らしてしまうという評判が立つのが惜しいことよ。この花を帖に仕立ててしいて留めておいたらよいだろうか。

〔語釈〕 **○「をみなへし」といふことを句のかみしもにてよめる** 各句の上と下に一文字ずつ文字を配置して「をみなへし」という言葉になるようにしたということ。沓冠歌である。

23 **○名を惜しな** 「名」は、「きて帰る名をのみぞ立つ唐衣したゆふひもの心とけねば」（後撰集・恋五・九四八・読人不知）のように、悪評や特に浮き名のこと。ここでは、初句に言う「花」つまり女郎花に女性を重ねているので、花を枯らすという評判に加えて浮き名が立つことを惜しいと思うということ。同様の発想の歌として、「名を惜しむ」とは詠まないが「名にめでて折れるばかりぞをみなへし我おちにきと人にかたるな」（古今集・秋上・二二六・遍昭）があり、女郎花を折ることに女性に心惹かれることを重ねてその噂が流れることを危惧する詠である。「惜しな」の「な」は、文末にあって詠嘆を表わす終助詞。「花の色はうつりにけりないたづらにわが身世にふるながめせしまに」（古今集・春下・一一三・小野小町）。**○でふにもなして** 「てふ」を新編全集注は「蝶」と解して、「この花を蝶に変えて、無理にでも引き止めようかしら」と訳している。しかし、蝶にすることで引き止めることが可能になるとは如何。ここでは別案として「てふ」を「帖（でふ）」と解してみた。帖は折本など冊子体の書物や屏風のこと。和歌に詠む例は少ないが、「今の世の色紙は帖にしためる、これはいにしへの色紙のやうに見えて……」

（栄花物語・御裳ぎ）や「延喜六年つきなみの屏風八帖がれうのうた四十五首……」（貫之集・三詞書）など、一般の言葉としての例は見える。当該歌で「帖にもなして」とは、女郎花を絵に描き、それを帖に仕立てることを言うのであろう。絵に描いた花は枯らしてしまう心配もなく、美しさを保つことができる。屏風の絵の花を詠んだ「咲きそめし時よりのちはうちはへて世は春なれや色の常なる」（古今集・雑上・九三一・紀貫之）にも、屏風に描いた花が美しさを保つという発想が見える。あるいは、当歌合30番歌のように、押し花にすることをいうか。**〇しひや留めまし** 「強《し》ひ＜強ふ」は、無理にことをする、しいておこなうの意。「まし」は、ためらいの意志を示す助動詞で、係助詞「や」と呼応して用いられる。～したらよいだろうか。「春くれば雁帰るなり白雲のみちゆきぶりにことやつてまし」（古今集・春上・三〇・凡河内躬恒）。

〔補説〕① 前書に「をみなへしといふことを句のかみしもにてよめる」とあるように、23番歌から三首は歌の各句の始めの文字と終りの文字に「をみなへし」の各文字を置いて沓冠歌としている。ただし、23番歌は「をむなてし」、24番歌「をみなてし」、25番歌「□むなてし」とあり厳密には「をみなへし」とは少し異なるが、これらは許容範囲として女郎花と認識でき、女郎花合の場を盛り上げたり、この場にふさわしい歌としてもてはやされたりしたのであろうか。同様の例は、同じく宇多院の下で行われた『宇多院物名歌合』にも見える。例えば「紅梅花」を物名に詠み込んだ歌として「逢ひがたき人をばさらに見しころはいのはなれては寝られざりけり」（七）「忘れにし人をぞ夢になほ来むはいのはなやかに寝られてぞ見る」（八）があるが、いずれも「ころはいのはな」「こむはいのはな」とあって厳密には「こうはいのはな」ではない。『宇多院物名歌合』においては他にも同様の例が見え、当時の歌合の場において、厳密な言葉の一致がなくともそれと認識できる範囲であれば物名歌として認められた様子がうかがえる。

24

をるひとをみなうらめしみなけくかなてるひにあて丶しもにおかせし

〔校異〕　特ニナシ

〔整定本文〕

24　折る人をみなうらめしみなげくかなてる日にあててしもに置かせじ

〔現代語訳〕

24（大切な女郎花だから）折る人を皆が恨めしく思って嘆くことよ。日の光に当てて霜に置かせないでおきたい。

〔語釈〕　24 **○てる日にあててしもに置かせじ**　女郎花に霜が置かないようにすることは、霜に当たって枯れることを防ぎ、長く鑑賞するため。「いかになほかくしてを見ん女郎花あきはてぬとも霜におかせじ」（順集・双六盤歌・九六）。それをより積極的に「照る日に当てて」と詠むのは、女郎花を大切に思う心の現れである。

〔補説〕①　当該歌も各句の始めにも終わりにも「をみなへ（て）し」を一文字ずつ置いて沓冠歌としている。しかも、女郎花を愛でる心として無理のない歌に仕上げている。

25

空白　むつれなつれむなそもあやなてにとりつみてしはしかくさし

〔校異〕　特ニナシ

〔整定本文〕

25　空白　睦れな連れむなぞもあやな手にとり摘みてしばしかくさじ

〔現代語訳〕

25（折り取った女郎花の花は）側に置いて愛でたい、一緒にいようと思うものだ。それなのに人はどうしてまあ、花を手にとって摘んで、しばらくは隠さないでいるのだろう（しばしもかくさないでいるよ）。

〔語釈〕 25○空白　底本は初句欠字であるが、「をみなへし」の沓冠歌である（実際は「をむなてし」）というので、「を〜を」で初句をつくるには、23・24番歌の「折る花を」・「折る人を」のごとくになろう。下句の内容から「女郎花」を詠むものと思われるので「折る花を」か。**○睦れな連れむ**　「むつれな」は「睦る」の未然形に、みずからの行為を実現する希望・意志を表す終助詞「な」が接続したもの。「吾妹子が赤裳の裾のひづちなむ今日の小雨にわれさへ濡れな」（万葉集・巻七・一〇九〇）の「われさへ濡れな」に同じ。「連れむ」は、連れ立つ、いっしょに暮らすの意の「連る」＋意志を示す助動詞「む」。睦まじくしたい、一緒にいたい。**○なぞもあやな**　「なぞ」を強めたいい方「なぞも」はいったいどうしての意。「あやな」は「あやなし」の語幹で、筋が通らない、はっきりしないの意。感動、詠嘆表現である。

〔補説〕①「睦れな連れむ」と思う女郎花を摘んでおきながら、しばらくは見とれているのか、早く隠して自分のものにしてしまえばよいのにというのである。

　　これはかみのかきりにすゑたる

をのゝえはみなくちにけりなにもせてへしほとをたにしらすさりける

〔整定本文〕　これはかみのかぎりにすゑたる

26 斧の柄はみなくちにけりなにもせでへしほどをだにしらずざりける

〔校異〕　○さりける―きりける（書A）

〔現代語訳〕　以下は、各句のはじめに「をみなへし」の五文字をおいている歌々

26 斧の柄はみな朽ちてしまった。私は（そのくらい長い時間、女郎花の咲く野で）何もしないで、過ぎた時さえ知らなかったのである。

〔語釈〕　○これはかみのかぎりにするゑたる　折句のこと。各句の頭に「をみなへし」の名を置いている。『八雲御抄』（巻一）では、「毎句上物名を一文字づつをきたるなり」として、「をぐらやまみねたちならしなくしかのへにけんあきをしる人ぞなき」と「をみなへし」の折句を紹介する。
26**○斧の柄**　晋の王質が仙人が囲碁を打つのを見、斧の柄が腐れ落ちるくらい長い時間が経っていたのを知らなかったという故事による（水経注・漸江水）。「ふるさとは見しごともあらず斧の柄の朽ちし所ぞこひしかりける」（古今集・雑下・九九一・紀友則）や「碁うちたるに」の詞書で詠まれた「斧の柄の朽つばかりにはあらねどもかへりみだにも見る人のなさ」（伊勢集・一七四）がある。『寛平御時菊合』の「典拠」F参照。

〔補説〕①　和歌の中では王質の故事しか詠まれていないが、「女郎花」の折句であるので、秋の野で思わぬ時を過ごした歌と解した。

をせきやまみちふみまかひなかそらにへむやそのあきのしらぬやまへに

〔校異〕　○へむやその―つむその（書A）

〔整定本文〕

27　をせき山みち踏みまがひなか空に経むやその秋の知らぬ山辺に

〔現代語訳〕

27（女郎花を探し求めて）をせき山の山道を踏み迷って、落ち着かない気持ちで過ごすことだろうか。その、秋のさかりの不案内な山のほとりに。

〔語釈〕　27**○をせき山**　不詳。女郎花の「を」を詠み込む。41番歌「をぐら山」42番歌「をとこ山」など、「を」がつく山は他にいくらもあるのにこの山を詠むのは、女郎花が群生している山としてのことだろうか。**○みち踏み**

まがひ　行く道を誤って、の意。女郎花を求めてあちこちするうちに、どの道がどこへいくのか、わからなくなったことをいうのであろう。新編全集注は「おみなえしの花に見とれて」としている。女郎花を探し、また見とれて、女郎花のことで夢中になっているうちに道を見失った状態である。「みち」の「み」に女郎花の「み」を詠み込む。**〇なか空に経むや**　なんだか落ち着かない気持で過ごすことだろうか、の意。「中空」は中途半端なさまであるが、精神が不安定な様子、落ち着かない様子をも意味する。「初雁のはつかに声を聞きしより中空にのみ物を思ふかな」（古今集・恋一・四八一・凡河内躬恒）のように恋の文脈で使われることがしばしばあり、ここも、女性に喩えられる女郎花への憧れと、道がわからなくなった気がかりとで「中空」の気持ちになっているというのであろう。「をみなへし」の「な」を三句の句頭に、「へ」を四句の句頭に詠み込んでいる。四句は「経むや」で切れるので、句割れになっている。**〇その秋の知らぬ山辺に**　「その」は、前に述べたことを強く指し示す。「秋」だけでなく「秋の知らぬ山辺」を指示するとみる。「よそにても花をあはれとみるからに知らぬ山辺にまづ入りにけり」（赤人集・三七）「露草に濡れそほちつつ花見ると知らぬ山辺を皆経知りにき」（新撰万葉集・五五四）のように、花ゆえに「知らぬ山辺」に尋ね入る歌があり、27番歌もそのような風流を詠む歌である。なお、『新撰万葉集』の例は「女郎花」の物名歌になっている。「秋の山辺」は例えば「是貞親王家歌合によめる」の詞書をもつ「白露の色は一つをいかにして秋の山辺を千々に染むらむ」（古今集・秋下・二五七・藤原敏行、新撰万葉集・一三二）など紅葉の美しさとともに詠まれることの多い歌語であった。「知らぬ山辺に」の句頭に「女郎花」の「し」を詠み込む。

〔他出〕

『宇多院女郎花合』九

　をとこ山うち越え惑ひなか空に経むやぞ秋の知らぬ野中に

〔補説〕①　当該歌も、歌の表に「女郎花」の語は全く出ていないが、「をみなへし」の折句であり、女郎花合の歌であるから、歌意に「女郎花」が含まれるのは当然であろう。

をりもちてみしはなゆゑになこりなくてまさへまかひしみつきにけり

〔校異〕 特ニナシ

〔整定本文〕

28 折り持ちて見し花ゆゑに名残なく手間さへまがひ染みつきにけり

〔現代語訳〕

28 折り取って手に持って見た花なので、残すところなくすっかり、次々と取るので折り取る動作の途切れ目も紛らわしくなって、女郎花の色が染みついてしまったことよ——女郎花を自分のものにしてすっかり魅了されて忘れられなくなってしまったことだよ——。

〔語釈〕 28 **○折り持ちて見し花ゆゑに** 「ゆゑに」は理由を表す。折り取って自分のものにして手に持って見た花であるために、の意。女郎花を野にあるままで鑑賞したのではなく摘み取って、自分の手中で近々見たというのである。結句「染みつきにけり」に掛かる。女郎花を折ることを詠む例は、当歌合35番歌など多数あるが、女郎花が女性の比喩であることから、女性を手に入れることも意味する場合が多い。当該歌でも女郎花には女性のイメージがある。「をみなへし」の「を」と「み」を詠み込む。**○名残なく** すっかり余すところなく、の意。この句も結句に掛かる。**○手間さへまがひ** 難解。「手間」は、手を使う仕事などで、その手を動かす動作のとぎれめをいうが、ここでは女郎花を摘んで手に入れる動作の合間のことか。「三尾の海に網引く民の手間もなく立ち居につけて都恋しも」（紫式部集・二〇）の「手間もなく」は「手を休めるひまもなく」の意である。当該歌の「まがふ」はわかりにくいが、女郎花を摘む動作の合間があるのかどうか紛らわしいの意か。つまり、次々と続けて女郎花を摘み取っていく様子を言うのではないか。この句も、結句「染みつきにけり」に掛かる。「をみなへし」ならば「へ」を句頭に詠むべきであるが、「て」を詠み込んでいる。**○染みつきにけり** 「染みつく」は色や匂いなどがうつりつくこと。女郎花の色あるいは匂いが袖にうつる例には「手に取れば袖さへにほふ女郎花この白露に散らまく惜しも」（万葉集・巻十・二一一九）などがある。女郎花を女性の比喩とすれば、自分のものとした女性の色香にすっかり心が魅了されたことをいうと考えられる。「をみなへし」の「し」を詠み込む。

〔補説〕① 新編全集注は、「ちょうど時節にあって花盛りのときに見たおみなえしだったので、心おきなく名残を惜しむ間もなく、てだてもはっきりしないうちに、その花の美しさが心にしみついて忘れられなくなってしまった」とする。「をりもちて」を「ちょうどよい時期に。その花の盛りの時に」と解するところから、以下の解釈が導かれているのであるが、無理な解釈のように思われる。「梅花まづさく枝を折りもちてつととなづけて袖をみむかも」（人丸集・一六三）などの例からもわかるように、「をりもちて」は「折り持ちて」の意であろう。

② 初二句、第三句、第四句が、それぞれ結句に連用修飾句として掛かるという構造の歌と考えた。折句という制限からこのような難解さが生じたのであろうか。

29

これはそのひ　みなひと〳〵によませたまふ

みなもとのつらな

わかやとをみなへしひとのすきゆかはあきのくさは、しくれさらまし

〔校異〕特ニナシ

〔整定本文〕これはその日、みな人々に詠ませたまふ

源つらな

29 わが宿をみな経じ人の過ぎ行かば秋の草葉はしぐれざらまし

〔現代語訳〕これは（歌合の）その日に、来た人々皆に詠ませなさった歌

源つらな

29 我が家をだれも通ってくれないだろう。（せめて）人が通り過ぎていくのなら、秋の草葉は時雨れることもないでしょうに――誰も通ってくれないので、女郎花は泣いているのだ。

〔語釈〕 29 **○源つらな** 源連か。「人物考証」参照。**○わが宿をみな経じ** 「わが宿」は、我が家。「をみな経じ」に「女郎花」を隠す。「経」は、～を通っていく。「じ」は打消推量。**○人の過ぎ行かば** 人が過ぎていくのなら。**○秋の草葉はしぐれざらまし** 「秋の草葉」は、女郎花のこと。「しぐれ／＼しぐる」は、「わが袖にまだき時雨の降りぬるは君が心に秋や来ぬらむ」（古今集・恋五・七六三・読人不知）「……寄らむ方なく　かなしきに　涙の色の　紅は　われらがなかの　時雨にて……」（同・旋頭歌・伊勢）などのように、涙に喩えられる。当該歌では、秋の草葉である女郎花が時雨れる、つまり、女郎花が泣くと詠む。〔補説〕②参照。「まし」は、反実仮想。「わが宿」を通過する人がいたら草葉も時雨れないだろうに、実際にはだれも来ないから泣いてしまったということ。

〔補説〕① 初句から第二句に「をみなへし」を隠しながら、歌全体でも女郎花の様子を詠む。

② 新編全集注では、「しぐれ」を「しをる」の誤りかとして、「寒さにしおれたりしないで、その美しさを彼らに見せてやってもらいたい」と訳すが、底本のままで解しうる。

30

むね《致》ゆき《行》

をしめともえたにとまらぬもみちはをみなへしおきてあきのゝちみむ

〔校異〕 特ニナシ

〔整定本文〕

30 惜しめども枝にとまらぬもみぢ葉をみなへしおきて秋の後見む

むねゆき

むねゆき

〔現代語訳〕
30 惜しんでも枝に留まらない紅葉を、すべて押しつけておいて、秋の過ぎた後に見よう。

〔語釈〕 30 **〇むねゆき** 十巻本は「致行」の字をあてる。「人物考証」参照。**〇枝にとまらぬ** 枝にとどまらない、つまり散ってしまうということ。**〇みなへしおきて** 直前の「もみぢ葉を」の「を」から「女郎花」を隠す。「へし／へす」は、押しつける。和歌の例ではないが、『枕草子』に、「二藍《ふたあゐ》、葡萄染《えびぞめ》などのさいでの押しへされて、草子の中などにありける」（過ぎにし方の恋しきもの）とあり、「さいで（布の切れ端）」が「草子」に挟まっている状況を「押しへされ」と表現されている。当該歌では、紅葉を押し葉のようにしておくということか。**〇秋の後見む** 「秋の後」は、秋が終わった後。「歳去歳来聴不変《としさりとしきたりてきけどもへんぜず》、莫言秋後遂為空《いふことなかれあきののちにつひにむなしくなること》」（和漢朗詠集・蟬・一九六）。押し葉にした紅葉を秋の形見として見ようということ。何とか秋の景物を形あるものにして残したいというのは、23番歌に「でうにもなして」とあるのと似た発想である。

〔補説〕① 直前の29番歌と同じく、「女郎花」を物名とするが、当該歌では、歌の内容に女郎花ではなく散る紅葉を詠む。

のちかた

いまよりはなて、おほさむをみなへしときあるあきにあふとおもへは

〔校異〕 特ニナシ

〔整定本文〕 のちかた

31 今よりはなでて生ほさむをみなへし時ある秋にあふと思へば

〔現代語訳〕 のちかた

31　今からはこの女郎花を撫でて（大切に）育てよう。（女郎花合の行われる今日という）秋の佳き日にめぐりあった素晴らしい女郎花なのだと思うから。

〔語釈〕 31 **○のちかた**　未詳。**○なでて生ほさむ**　「なでて生ほす」は撫でながらいつくしんで育てること。「山吹はなでつつ生ほさむありつつも君来ましつつかざしたりけり」（万葉集・巻二十・四三〇二・置始連長谷）。**○時ある秋にあふ**　「時にあふ」とは、物事や時期、特に良い時機にめぐりあって栄えること。「貫之らがこの世に同じくむまれてこのことの時にあへるをなむよろこびぬる」（古今集・仮名序）。ここでは女郎花合の開催された今日という日を指し、開催が秋であったために「時ある秋」と言ったのであろう。女郎花が晴れの場に出て宇多院をはじめ多くの人に愛でられることを指している。同様の発想は2番歌や5番歌などにも見える。

32

すゝく

あきゝりの《に》ゆくへやまとふをみなへしはかなくのへにひとりほのめく

〔校異〕　特ニナシ

〔整定本文〕　すすぐ

32　秋霧にゆくへやまどふ女郎花はかなく野辺にひとりほのめく

〔現代語訳〕　すすぐ

32　秋霧で道が分からなくなったのだろうか、女郎花は。野原に独りぼっちの姿が微かに見えているよ。

〔語釈〕　32 **○すすぐ**　源浣、または、源漑か。「人物考証」参照。**○ほのめく**　姿がほのかに見えること。「かげろふのほのめきつればゆふぐれの夢かとのみぞ身をたどりつる」（後撰集・恋四・八五六・読人不知）。〔補説〕①参照。

〔補説〕①　秋霧が辺り一帯にたちこめて視界を遮る野辺に、女郎花が生える様子を詠んだもの。女郎花を擬人化して、秋霧のために女郎花自身が道に迷ったのかと言い、またその姿について、霧のためにほのかにしか見えない、つまり「ほのめく」と詠んでいる。

33

たつたやまあきをみなへしすくさねはおくるぬさこそもみちなりけれ　　もとより

〔校異〕　特ニナシ

〔整定本文〕

33　龍田山秋をみなへしすぐさねばおくる幣こそ紅葉なりけれ　　もとより

〔現代語訳〕

33　龍田山はまだ秋がすべて終わっていないので、神に手向ける幣はこの紅葉であることよ。　　もとより

〔語釈〕　33**〇もとより**　未詳。**〇龍田山**　龍田山は奈良県北西部、三郷町と大阪府との境にある。紅葉の名所として知られる。龍田神社の祭神龍田姫は秋の女神である。「龍田姫たむくる神のあればこそ秋の木の葉の幣とちるらめ」（古今集・秋下・二九八・兼覧王）は、西へ帰る龍田姫に手向ける他の神がいるので、紅葉が幣のように散ると詠む。**〇秋をみなへしすぐさねば**　初句の終わりから二句にかけて「をみなへし」を詠み込む物名歌。「経し過ぐす」は、経過するということ。「経」「過ぐす」の間に強意の「し」が入ったか。「秋をみなへしすぐさねば」は、秋が最後まで終わり切っていないので、という意。**〇おくる幣こそ紅葉なりけれ**　「幣」は神に祈る時の捧げ物。「（幣を）おくる」は神に幣を手向けること。旅に出る時は、種々の絹布、麻、紙を細かく切って持参し、道祖神の神前でまき散らして手向けた。「朱雀院の奈良におはしましたりける時に手向け山にてよみける」の詞書で、散る紅葉を幣と詠む「このたびは幣もとりあへず手向山紅葉の錦神のまにまに」（古今集・羇旅・四二〇・菅原道真）などがあ

る。〔補説〕①参照。
〔補説〕① 『古今集』で「秋の山紅葉を幣と手向くればすむ我さへぞたび心ちする」（秋下・二九九・紀貫之）と詠まれたように、秋の山は旅の神に道中の無事を祈って、幣を手向けるように紅葉を散らすと考えられた。ここでは、龍田山では秋が終わっていないので、紅葉が残っているというのである。

34

よしかせ
あきゝりをみなへしなひくふくかせをこのひともとにはなはちるらし

〔校異〕 特ニナシ

〔整定本文〕
好風
34 秋霧をみなへしなびくふく風をこのひともとに花はちるらし

〔現代語訳〕
平好風
34 秋霧をみな圧し靡かせて吹く風をこの一本に受けて女郎花の花は散ってゆくらしい。

〔語釈〕 34 **○好風** 平好風か。「人物考証」参照。**○秋霧をみなへしなびく** 初句の終わりから二句にかけて「をみなへし」を詠み込む物名歌である。「へしなびく」は押しつぶす意の「圧《へ》す」に、風に動かされて「靡く」意が加わった。草木がたなびくように、秋霧が流れてゆくこと。「へしなびき吹く風」とあるべきところである。**○ふく風をこのひともとに** 吹く風をこの一本に受けて、ということ。「このひともと」に秋の終わりを感じている気持ちが籠められている。「吹く風にあつらへつくる物ならばこの一本《ひと》はよきよと言はまし」（古今集・春下・九九・読人不知）。**○花はちるらし** 「花」は女郎花のことを言う。物名歌がすべて題を内容に読む込むわけではないが、当該歌の場合は女郎花合の場であり、霧の中の秋の花を詠み込んで内容としても女郎花を描いている。

35

やすき

をみなへしあきの、をわけをりつれはやとあれぬとやてまつむしそなく

〔校異〕　特ニナシ

〔整定本文〕　やすき

35　女郎花秋の野を分け折りつれば宿荒れぬとて松虫ぞ鳴く

〔現代語訳〕　やすき

35　女郎花を、秋の野を分けて行って折り採ったので、自分の家が荒れてしまったといって、松虫が鳴いているよ。

〔語釈〕　35 **○やすき**　源安か。「人物考証」参照。**○宿荒れぬとて松虫ぞ鳴く**　松虫が女郎花を「宿」としているとする。12番歌にも「女郎花人まつ虫の枝ごとに鳴く」とあり、『後撰集』にも「をみなへし色にもあるかな松虫をもとにやどして誰をまつらん」（秋中・三四六・読人不知）とあるように、女郎花の枝や根本に松虫がすだくと詠まれている。女郎花を折り取れば松虫の宿が荒らされることになる。松虫は、右の例でもわかるように「待つ虫」であった。人待つ宿が荒れるから松虫は鳴くのである。

〔補説〕①　十巻本作者名「やすき」について萩谷歌合大成は三字補入とする。

36

あまね

むしのねになきまとはせるをみなへしをればたもとにきりのこりゐる

〔校異〕　○きりのこりゐる—きりのこりぬる（書A）

〔整定本文〕　あまね

36　虫の音になきまどはせる女郎花折れば袂に霧残りゐる

あまね

〔現代語訳〕

36　秋の虫の鳴き声に自分の泣いていることをまぎれてわからなくしている女郎花であるよ。折り取れば袂に（女郎花がそっとそこに隠れてため息をついていた）霧がうっすらと残っているよ。

〔語釈〕

36　**○あまね**　源周か。「人物考証」参照。**○虫の音になきまどはせる女郎花**　女郎花を女性に見立てている。虫は女郎花の枝や根元で鳴いている松虫などであろう。「なきまどはせる」は、女郎花が、虫の声と自分の泣き声を、区別できないようにさせている、の意であろう。「白菊の花をよめる」の詞書を持つ「心あてに折らばや折らん初霜のおきまどはせる白菊の花」（古今集・秋下・二七七・凡河内躬恒）は、初霜が自身の白と白菊の色を見分けがつかないまでに紛らわしくしているという視覚的な用例だが参考になる。ここでは、女郎花も泣き声をたてているものとして、その声を虫の声で紛らわしていると、女郎花の忍び音を詠んでいると思われる。**○霧残りゐる**　袂を濡らす「露」ならば女郎花の涙の比喩となってわかりやすいが、「霧」とあるので難解である。新編全集注は、「袂に露がかかったのを、霧が残ったといったものか」と注するが、その表現の意図については触れない。当歌合で「さやかにも今朝は見えずや女郎花霧の籬に立ちかくれつつ」（6）「人の見ることや苦しき女郎花秋霧にのみ立ちかくるらむ」（13）など、女郎花が霧にかくれるものとして詠まれていることを参考にすれば、当該歌の女郎花も今まで霧に隠れていたものと解しうる。その霧の中から女郎花を折り取ったところ、その霧の名残が袂に残っていた、という意味であると考えられる。また、『万葉集』には、ため息を霧にたとえた「嘆きの霧」（巻十五・三六一六）という表現もある。そのことも背景において、霧に隠れていたと解すれば、上句の「なきまどはせる」の忍び音とも整合する。なお、女郎花が擬人化されていることや、「取りて見ればはかなからむや女郎花袖につつめる白露の玉」（14）などの歌から、「袂」を女郎花のものと解する余地もあるが、「折れば袂に」という詞続きは、「をる袖」「をる袂」という折る人の袖（袂）を言う表現に近く、右のように解するのが自然であろう。

〔補説〕① 新編全集注は「茎にとまった虫に鳴かれて心を乱されているおみなえしであったが、それを折ったところ私の袂が霧のかかったように濡れたのは、その虫の涙のためだったのだろうか」としている。「鳴きまどはす」を「虫の鳴く声におみなえしがまどわされている」と誤解しているためである。ここでは「まどはす」は受身の意ではない。

② 第五句を「霧の凝りゐる」と読む可能性もないわけではない。しかし、後の和歌に「こりゐる露」(大弐高遠集・三八二)という表現や、「虫の音も秋過ぎぬれば草むらに凝りゐる露の霜結ぶころ」(相模集・一八)のように露が霜となると詠む例はあるが、霧が凝固して露になっているという発想の例歌は探し出せない。また、漢語「凝霧」は「濃霧」の意である。「霧の凝りゐる」とするのはためらわれる。

まれよ

なにしおへはあはれとおもふをゝみなへしたれをうしとかまたきうつろふ

〔校異〕 ○おもふを―おもふ(書A)

〔整定本文〕

37 名にし負へばあはれと思ふを女郎花たれを憂しとかまだき移ろふ　希世

〔現代語訳〕

37 女という名前を持っているのだから愛おしいと思うのに、女郎花は一体だれをいやだと思って、早くも色あせてしまうのか。　平希世

〔語釈〕 37 **○まれよ** 平希世。「人物考証」参照。**○名にし負へば** 名前として持っているのだから。「紫野の菊」の題で詠まれた「名にし負へば花さへにほふ紫野ひともと菊における初霜」(寛平御時菊合・三)がある。ここは、

女郎花は女という名を持っているのだからということ。**〇あはれと思ふを**　「あはれ」は、愛おしい。「我のみやあはれと思はむきりぎりす鳴く夕かげの大和なでしこ」（古今集・秋上・二四四・素性）。「思ふを」は、思うのに。「を」は逆接。**〇たれを憂しとか**　だれをいやだと思ってなのか。「五月雨の空もとどろにほととぎす何を憂しとか夜ただ鳴くらむ」（古今集・夏・一六〇・紀貫之）。**〇まだき移ろふ**　「まだき」は、早くも。「うつろふ」は、衰えていくこと、色あせる。『古今集』に「たが秋にあらぬものゆゑ女郎花なぞ色に出でてまだき移ろふ」（秋上・二三二・紀貫之）とあるのと同様に、色あせることに加えて、女郎花（女）の心が移ろうことを重ねる。〔補説〕①参照。

〔補説〕①　多くの草花は秋が深まってから衰えるが、当該歌では女郎花の「女」に女性を重ね、私をはじめ、この歌合にいるだれもがこんなに「あはれ」と思っているのに、その気持ちもくみ取らずお前（女郎花、女）は色あせていくのかと詠む。花を愛しく思う人（男）と、色あせていく女郎花（心変わりする女）の対比のおもしろさを詠んでいる。

38

ちるはるをみなへしはなはあき風のふかむことをはくるしからしな　もとゆき

〔校異〕　〇はるを―はなを（書A）

〔整定本文〕

38　散る春をみな経し花は秋風の吹かむことをば苦しからじな　もとゆき

〔現代語訳〕

38　（他の花が）散る春を経験した女郎花は、秋風の吹くことをつらいとは思わないのだろうなあ。

〔語釈〕

38　**〇もとゆき**　未詳。**〇散る春をみな経し花は**　「散る春」は、花が散ってしまう春。春は梅や桜など、多くの花が咲くが、「花散れる水のまにまにとめくれば山には春もなくなりにけり」（古今集・春下・一二九・清原深養父）「とどむべきものとはなしにはかなくも散る花ごとにたぐふ心か」（同・一三二・凡河内躬恒）などのように、春が終わるとすべて散ってしまうことから、「散る春」といったか。「経」は、時が過ぎる。季節が過ぎると詠む例は、当歌合2番歌に「あらかねの土の下にて秋経しは今日の占手をまつ女郎花」とある。ここは、春という時期を通り過ぎるということ。「散る春をみな経し花」は、他の花が散ってしまう春をやり過ごした花、ということで、女郎花のこと。初句から第二句に「をみなへし」を詠み込む。**〇秋風の吹かむことをば苦しからじな**　「苦し」は、苦しい、つらい。「じ」は打消推量。詠者が、花は苦しいとは思わないのだろうと思量している。「な」は、文末にあって詠嘆を表す終助詞。秋風は「秋風の吹きと吹きぬる武蔵野はなべて草葉の色かはりけり」（古今集・恋五・八二一・読人不知）のように植物を衰えさせてしまう。女郎花は、花が散る運命にあることを知っているので、秋になって自らが咲いて秋風に散ることになっても、つらいとは思わないのだろうと推測している。

〔校異〕　特ニナシ

ときのまもあきのいろをやをみなし《へ》なかきあたなにいはれはてなむ

〔整定本文〕

39　時の間も秋の色をやをみなへし長きあだ名にいはれ果てなむ

〔現代語訳〕

39　わずかな時間でも秋らしい風情をみせてくれるのだな、女郎花は。しかし、一方で飽きた様子をしている女郎花は、（飽きの様子は一時であっても）浮気だという評判は長く言われ続けるだろうよ。

〔語釈〕

39　**〇秋の色をや**　「秋の色」は、紅葉など秋らしい景色のこと。「雨降れば笠取山の秋の色はゆきかふ人の袖さへぞてる」(新撰万葉集・一三五)。ただしここでは、女郎花が秋の景物なので「秋の色」と言うと同時に、「秋」に「飽き」を掛けて「飽きた様子」をも言っている。「をや」は、強い詠嘆を表す語。「白河の滝のいと見まほしけれどみだりに人はよせじものをや」(後撰集・雑一・一〇八六・中務)。**〇長きあだ名**　「あだ名」は、浮気だという評判。「まめなれどあだ名はたちぬたはれじまよる白浪をぬれぎぬにきて」(後撰集・雑一・一一二〇・大江朝綱)。一般に花のはかなく移ろいやすいことを「あだ」と捉えることは多く、特に女郎花は女性を思わせるその名称と、秋に咲く特性のために「飽き」が導き出され、ここではそれを「あだ名」と詠んでいる。〔補説〕①参照。「長き」というのは、初句「時の間」との対比である。**〇いはれ果てなむ**　「〜果て〈果つ〉」は、「年ふれど忘られ果てぬ人のよは心とめてぞ猶きかれける」(伊勢集・四六三)のように、最後まで〜する、すっかり〜すること。「なむ」は、強い推量。

〔補説〕① 女郎花がその名称ゆえに女性として和歌に詠み込まれる例は多い。これに加えて当該歌は、花であるから移ろいやすいとして「あだ」と言い、咲く季節の「秋」に「飽き」を掛ける。同様の発想は、18番歌に「あだなりと名にぞ立ちぬる女郎花なぞ秋の野に生ひそめにけむ」と見える他、47番歌にも「あだ」の語は詠み込まないが「女郎花などか秋しもにほふらむ花の心を人も知れとか」などある。他にも『後撰集』に、寛平御時の女郎花合の歌として「をみなへし花の心のあだなれば秋にのみこそあひわたりけれ」(秋中・二七六・藤原興風)が見える。宇多院周辺や当歌合において共有されていたイメージの一端がここに現れていると言えよう。

〔校異〕　特ニナシ

〔整定本文〕

あきのゝのくさをみなへしゝらぬみははなのなにこそおとろかれぬれ

40 秋の野の草をみなへし知らぬ身は花の名にこそおどろかれぬれ

【現代語訳】

40 秋の野を行き尽くしてはいないから、そこに生える草を全ては知らないこの身にとっては、（「をみなへし」—全て行き尽くした—」という）花の名を聞いて驚いてしまったことであるよ。

【語釈】 40 **〇草をみなへし知らぬ身は** 「草をみなへし」に「をみなへし」を隠す。「へし知ら／へし知る」は用例を見ないが、「をみなへし」という花の名に驚くという当該歌の主旨からすれば、「をみなへし」という花の名に「皆経し」を掛け、そうでない（「皆経し」でない）我が身のことを「皆経し知らぬ身」と言ってその対照を一首の趣向としたのであろう。また、当歌合には「をみなへし」を物名とする歌が複数あるが、29番歌では「女郎花」に「皆経じ」を掛け、33番歌では「皆経し過ぐす」を掛ける。当該歌もこれらと同じ発想と見て、「へししらぬ」を「経し知らぬ」と解した。「経し」の「し」は強意。33番歌参照。**〇花の名にこそおどろかれぬれ** 「花の名」は、物名に詠み込んだ「をみなへし」という花の名。「をみなへし」という花の名を聞いて、行き尽くした（皆経し）という意味があるので驚いたということ。秋の草の名を全部は知らない私は、この名を初めて聞いたが、聞いてみると自分が出来ていない「秋の野をすべて行き尽くす」ということを、この花が既にしていたのだから驚いたという言葉遊びである。

41

をとこやまみねふみわけてなくしかはへしとやおもふしひてあきには

【校異】 特ニナシ

【整定本文】

41 をとこ山みね踏みわけてなく鹿はへじとやおもふしひて秋には

〔現代語訳〕

41 男山の峰を、道を踏み分けて鳴く鹿は、特に秋にはつらくてこの世に過ごしていたくないと思っているのだろうか。

〔語釈〕 41**○をとこ山**　男山は京都府南西部、八幡市にある山。山頂に石清水八幡宮がある。八幡山。「男山」以下、各句の頭に「をみなへし」を置いて折句としている。**○みね踏みわけてなく鹿は**　「踏み分く」は、道のないところを、足で踏んで道を作って進むこと。同じく「をみなへし」を詠み込む折句の歌である「小倉山みねたちならしなく鹿のへにけむ秋をしる人ぞなき」（古今集・物名・四三九・紀貫之）と類似する。この歌は新大系『古今和歌集』では、「小倉山のあの峰をそこに立って踏み平《な》らしながら悲しく鳴く鹿が、過して来たであろう秋の季節の長い年月を本当に分っている人などいないのだ」などと解せられている。秋の鹿の妻を恋う鳴き声については、「奥山に紅葉ふみわけなく鹿の声きく時ぞ秋は悲しき」（古今集・秋上・二一五・読人不知）「秋なれば山とよむまでなく鹿に我おとらめやひとりぬる夜は」（古今集・恋二・五八二・読人不知）のように、妻を恋う鹿自身も、またそれを聞く人も、秋を悲しんでいるものと考えられていた。**○へじとやおもふ**　このまま時を過ごしたくないと思っているのだろうか。「経」は右の貫之歌と同様「（世を）過ごす」「歳月を送る」の意。「へじ」の例としては、「世の中に経じと思ふも君により君によりこそまたもそむかね」（道信集・一一五）「こひわびてへじとぞ思ふ世のなかにあらぬところやいづこなるらん」（好忠集・五三三）など。新編全集注では「へじ」を「行き過ぎまい」と解し、鹿は「景色の美しい秋にはどうしても、その山を行き過ぎまいと思っているのだろうよ」とする。しかし、鹿は妻を求めて鳴くのであり、人もそれに悲愁を感じるというのが和歌の常套的な表現である。鹿が秋の景色をめでるとの解釈は採らない。

〔補説〕①　41番歌の類歌の貫之歌は、語釈にあげた『古今集』では「朱雀院の女郎花合はせの時に、をみなへしといふいつもじを句の頭におきてよめる」の詞書がある。

をくらやまみねのもみちはなにをいとにへてかおりけむしるやしらすや

〔校異〕 特ニナシ

〔整定本文〕

42 小倉山みねのもみぢ葉なにを糸にへてか織りけむしるやしらずや

〔現代語訳〕

42 小倉山の峰の紅葉は何を縦糸にして織ったのだろうか、誰か知っているだろうか、だれも知らないだろうか。

〔語釈〕 42 **〇小倉山** ここでは、京都市右京区、保津川渓谷の出口付近の東岸にある山をいう。紅葉の名所。「紅葉せばあかくなりなん小倉山秋まつほどの名にこそありけれ」（古今集・夏・一三五・読人不知）。「小倉山」以下、各句の頭に「をみなへし」を置いて折句としている。**〇みねのもみぢ葉** 「小倉山峰のもみぢば心あらば今ひとたびのみゆきまたなん」（拾遺集・雑秋・一一二八・藤原忠平）。**〇へてか織りけむ** 「へ∧ふ（綜）」は縦糸を延ばしそろえて機《はた》にかけること。「……あり衣の　宝の子らが　うつたへは　綜《へ》て織る布……」（万葉集・巻十六・三七九一）。何を縦糸に掛けて織ったらこのような紅葉になるのだろうか。〔補説〕①参照。**〇しるやしらずや** 「〜や〜（上の否定）や」と問いかける形である。「名にしおはばいざ事とはむ都鳥わが思ふ人はありやなしやと」（古今集・羈旅・四一一・在原業平）。知っているのか、知らないのか。ここでは、小倉山の紅葉があまりに美しいので、何をもってしてもこのような錦は織れないということを、反語的に誰もその糸の材料を知らないと否定したか。〔補説〕②参照。「浦ちかく波はたちよるさざれ石のなかの思ひはしるやしらずや」（伊勢集・四三四）。

〔補説〕① 紅葉を織物に喩える例は多く、縦糸（経《たて》）横糸（緯《ぬき》）が詠まれることも多い。糸を紡ぎ、機を織り衣装を仕立てる作業が身近であったためか。「竜田河錦織りかく神無月しぐれの雨をたてぬきにして」（古今集・冬・三一四・読人不知）。

②「しるやしらずや」の主語を「小倉山」と解すると、「小倉山はその美しい紅葉が何をもって織られているのか、知っているのか、知らないのだろうか、こんなに美しいのに」となろう。それ以上に、「誰か知っているだろうか」と問いかけるようにして「知らないはずだ」という方が紅葉の美を強調することになるだろう。

ありへてもくちしはてねはをみなへしひとさかりゆくあきもありけり

〔校異〕　特ニナシ

〔整定本文〕

43　ありへても朽ちし果てねば女郎花人離《さか》りゆく秋もありけり

〔現代語訳〕

43　ずっとこのように野にありつづけても、朽ち果てて枯れてしまうのではないから、女郎花には、人が飽きて心離れてゆく秋（心の秋）もあることであったよ。

〔語釈〕　43**○ありへても**　女郎花が、ずっと野にありつづけても、の意。ありつづけ、時を経ることで女郎花が色あせて移ろうことを暗示する。**○朽ちし果てねば**　すっかり腐って枯れ果ててしまうのではないので、の意。「朽ち果つ」は、すっかり腐って原形をとどめないようになってしまうこと。女郎花が「ありへて」おり、咲き続けていても、朽ち果てるということがないので、と、下句に掛かってゆく。**○女郎花**　女性の比喩として詠まれている。**○人離りゆく秋もありけり**　「離《さか》る」は、離れる、遠ざかるの意。「……大和をも　遠くさかりて　岩が根の　荒き島根に　宿りする君」（万葉集・巻十五・三六八八）。「秋」には「飽き」の掛詞がある。飽きて人が離れてゆく秋（心の秋）もあるものだったよ、の意。女郎花はいつも人に愛でられるものと思っていたが、予想に反して人が飽きて去って行く、心の秋という季節もあるものだったというのである。飽きられる前に朽ち果ててしまったなら、人の心の秋にあわなかったのに、の余意がある。
〔補説〕① 秋は女郎花を人が愛でる季節であるが、人が女郎花から離れていく秋（心の秋）もあったのだというところに焦点のある歌であろう。後の歌であるが、『隆信集』に「ありふれば後憂きものと世の中を思ひ知りてや花の散るらん」（二一〇）とあるのが、参考になる。

おほよそになへてをらるなをみなへしのちうきものそひとのこゝろは

〔校異〕 特ニナシ

〔整定本文〕

44 おほよそになべて折らるな女郎花のち憂きものぞ人の心は

〔現代語訳〕

44 通り一遍で、格別の愛情があるわけでもないのに人に折られるなよ、女郎花よ。折り取った後は冷淡なものだよ、人の心というものは。

〔語釈〕 44 **○おほよそになべて** 「おほよそに」も「なべて」も、ものごとの程度が格別なことなく並一通りであることを言う。「たえぬると見ればあひぬる白雲のいとおほよそにおもはずもがな」（後撰集・恋四・八八一・女五のみこ）や「或所にはじめて」の詞書をもつ「いかにしていかにうちいでむかかりとはなべてのことになりぬべきかな」（道信集・三七）などの例がある。類語を重ねて強調している。**○女郎花** 女郎花への呼びかけ。この歌でも、女郎花は女性、人は男性という設定である。**○のち憂きものぞ人の心は** 四、五句は倒置されている。人の心というものは、女性を靡かせて手に入れた後は、情熱が冷めて、薄情なものだよ、と女郎花に忠告しているのである。「男の返事につかはしける」の詞書を持つ「思ふてふ言の葉いかになつかしなのちうき物とおもはずもがな」（後撰集・恋五・九一九・俊子）などが参考になる。

〔他出〕

『宇多院女郎花合』一四

　大空になべて知らるなをみなへしのち憂きものぞ人の心は

〔補説〕① 43・44番歌ともに、人を男性に女郎花を女性に見立て、恋の心の無常を詠む。

45

をみなへしやまの、くさとふりしかとさかゆくときもありけるものを

〔校異〕　特ニナシ

〔整定本文〕

45 女郎花山野の草とふりしかどさかゆくときもありけるものを

〔現代語訳〕

45 女郎花は（今までは）山野の草として年月を過ごしてきたけれど、（今日の歌合の晴れの場にあうように）ますます栄えてゆくときもあるのだなあ。

〔語釈〕 45 **○山野の草とふりしかど**　「山野の草」は、山や野の草。新編全集注では「山の野草」とするが、「……あしひきの　山野さはらず　天離《さか》る　鄙も治むる……」（万葉集・巻十七・三九七三）などの例によって「山野の草」とする。「ふり＜ふる（古る）」は、古くなる、年月を過ごす。**○さかゆくときも**　「さかゆく」は、ますます栄えること。「今こそあれ我も昔はをとこ山さかゆくときもありこしものを」（古今集・雑上・八八九・読人不知）。「さかゆくとき」は、山野にうずもれていた女郎花が、時を得て今日の歌合に登場する栄誉を得たことを指す。**○ありけるものを**　「ける＜けり」は気づきを表す。「ものを」は、強い詠嘆。「たえぬとも何思ひけむ涙川ながれあふせも

ありけるものを」（後撰集・恋五・九四九・平子）。女郎花合の晴れ舞台に出て咲き誇るときがあることに感じ入っているのである。〔補説〕①参照。

〔他出〕

『宇多院女郎花合』四

女郎花山野の草とふりしかとさかゆる秋もありけるものを

〔補説〕① 当該歌は前掲の「今こそあれ我も昔は男山さかゆくときもありこしものを」と下句がほぼ同じである。女郎花と男山は、その名前から、「男山の昔を思ひ出でて、女郎花のひとときをくねるにも、歌をいひてぞなぐさめける」（古今集・仮名序）「女郎花うしと見つつぞゆきすぐる男山にし立てりと思へば」（同・秋上・二二七・布留今道）のように、組み合わせて用いられる。当該歌も「今こそあれ」歌との関係が深い。

をみなへしさけるやまへのあきかせはふくゆふかけをたれかゝたらむ

〔校異〕 特ニナシ

〔整定本文〕

46 女郎花咲ける山辺の秋風は吹く夕影をたれか語らむ

〔現代語訳〕

46 女郎花の咲いている山辺の秋風、その風が吹いて夕方の日差しに揺れる花影のことを（私以外に）誰が語るだろうか。

〔語釈〕 46**〇女郎花咲ける山辺の秋風は** 女郎花が咲いている山辺に吹く秋風。「秋風は」の「は」は、句切れをつくる助詞。上句が表す情景に対する感動を表す。**〇吹く夕影を** 「夕影」は、「我がやどの秋の萩咲く夕影に今も見てしか妹が姿を」（万葉集・巻八・一六二二）のように、夕方の日差しのこと。当該歌では、夕方の日差しのなかの女郎花の花影、姿をいう。夕影の中に咲く花の美しさを詠んだ例としては、「我のみやあはれと思はむきりぎりすなく夕影のやまとなでしこ」（古今集・秋上・二四四・素性、寛平御時后宮歌合・秋・八〇・第三句「ひぐらしの」）などがある。**〇たれか語らむ**　「か」は、反語。誰が語ろうか、誰も語ることができない、の意。「見てのみや人に語らむ桜花手ごとに折りて家づとにせむ」（古今集・春上・五五・素性）のように、そのものの美しさ、すばらしさは実際に見なければ語ることはできない。当該歌は、女郎花が夕日に照り映えて秋風に揺れる情景のこの上ない美しさを自分は見たのですよ、というのである。前掲『古今集』二四四番歌「我のみやあはれと思はむ」と似た状況である。

〔補説〕①　新編全集注では、「おみなえしが咲いている山辺に秋風が吹いているが、風はそのおみなえしを照らす夕日の光を誰と語りあうのだろうか」と訳すが、「たれと語らむ」でなければその訳にはならず、「吹く夕影」が理解できない。なお、本歌によく似た歌として、『後撰集』に、「女郎花花の盛りに秋風の吹く夕暮れをたれに語らむ」（秋中・三四一・読人不知）がある。

47

をみなへしなとかあきしも　らむ《にほふ》はなのこゝろをひともしれとか

〔校異〕　特ニナシ

〔整定本文〕

47　女郎花などか秋しもにほふらむ花の心を人も知れとか

〔現代語訳〕

47　女郎花はどうしてよりによって秋に咲き匂うのだろう。花の心根が「飽き（＝浮気）」だということを人にも知らせようということなのか。

〔語釈〕 47 **○秋しも** 「秋」は「飽き」の掛詞。女性に見立てた女郎花の咲く季節が「秋」であることと、「飽き」つまり浮気であるという性格を重ねて詠んでいる。〔補説〕①参照。**○花の心** 花の心根・本性のこと。「よそにのみ見てややみなむ山桜花の心の夜のま知らぬに」（躬恒集・一三）など、移ろいやすい花の性質を擬人的に表現している。**○知れとか** 「とか」は、～というのであろうか、ということ。「鶯のこゑなつかしく鳴きつるはのちもこひつつしのばなむとか」（宇多院物名歌合・一六）。

〔補説〕① 女郎花を女性として詠み、花の移ろいやすさを浮気な心として詠む例は当歌合に複数見られる。『後撰集』には寛平御時の女郎花合の歌として「をみなへし花の心のあだなれば秋にのみこそあひわたりけれ」（秋中・二七六・読人不知、興風集・一三）が見える。これは十巻本には見えないが、萩谷歌合大成では当歌合の歌として扱われる（補6）。当該歌とまさしく同じ発想の歌であり、同じ場において詠み出された歌とみてよいものであろう。17・18番歌〔補説〕③参照。

てをとらはひとやとかめむをみなへしにほへるのへにやとやからまし

〔校異〕 特ニナシ

〔整定本文〕

48 手をとらば人やとがめむ女郎花にほへる野辺に宿やからまし

〔現代語訳〕

48 おまえの手を取るように手折ったなら人に咎められるだろう。だから（花を賞翫するためには折り取るのではなく）女郎花が咲きにおう野辺に宿を借りようかなあ。

〔語釈〕 48 **○手をとらば** 「手をとら＜手をとる」は、他人の手を握ることであるが、親愛の気持ちを表現したり、特に恋人などの場合は愛情を示したりする行為となる。『万葉集』では「妹が手を取石《とろし》の池の浪の間ゆ鳥がねけに鳴く秋過ぎぬらし」（巻十・二一六六）のように、「妹が手を」は「とる」を導く枕詞として使用される例も見える。「手を取る」という表現は特に女性の手を取るイメージがあったことが想像される。平安朝の歌で「妹が手を取る」と詠む例は見えないが、この『万葉集』歌はやや形を変えて『古今六帖』に「妹が手を鳥この池の波間よりとりの音聞ゆ明けぞしぬらし」（鳥・四三三六・人丸）と入ることから、平安朝にもこのイメージは継承されたものであろう。当該歌は、実質上「（女郎花を）手に折り取ったならば」と言おうとするのではあるが、女郎花を女性に重ねながら、「妹が手をとらば」というイメージの広がりを導き出す効果をもたらしていると考えられる。ここは女郎花を折り取ることと、女性の手を握ることの両方を重ねて詠んでいるのであり、だからこそ二句目「人やとがめむ」と密接に結びつく。新編全集注は「手を」は「手に」の誤りかとするが、上記のことからここはあえて「手にとらば」と校訂せず底本のとおり「手をとらば」のままで解釈した。**〇にほへる野辺に宿やからまし**　折り取って持ち帰ることができないので、花を賞翫するために野辺に宿を借りようというのである。同様の発想は「見てかへる心あかねば桜花さけるあたりに宿やからまし」（亭子院歌合・二一・藤原興風、興風集・六七）にも見える。女郎花の咲きにおう野辺に宿を借りることについては、『寛平御時后宮歌合』で詠まれた「女郎花にほへる野辺にやどりせばあやなくあだの名をやたちなん」（八八・小野美材、古今集・秋上・二二九）がある。

〔補説〕①　女郎花を女性に見立てながら、花を愛する気持ちを詠む歌である。〔語釈〕でも述べたように、女郎花を女性に見立てる詠は当歌合に多く見られる。また、20番歌「女郎花常盤の枝に咲きかへらなむ」、24番歌では「折る人をみなうらめしみなげくかな」など、この女郎花合において、この日に出された女郎花は皆に愛でられ惜しまれる特別な存在として詠まれる。当該歌も同様の発想であり、この場で共有されたイメージの一端がうかがえる。

やをとめのそてかとそみるをみなへしきみをいはひてなてはしめてき

〔校異〕　特ニナシ

〔整定本文〕

49　八乙女の袖かとぞみる女郎花君を祝ひて撫ではじめてき

〔現代語訳〕

49　女郎花は、神に奉仕する八乙女の袖のように見える。帝の御代の長久を祝って（風に靡いて岩を）撫で始めたのだ。

〔語釈〕　49　**〇八乙女**　大嘗会・新嘗祭など天皇が神事として飯を供し食する際に奉仕した八人の采女。また神社に奉仕し、神楽などを舞う少女。五節の舞姫を想像しているか。その現実の舞姫を天女に喩えて当該歌を詠んでいることになる。**〇袖かとぞみる**　ここでは女郎花を乙女の袖に見立てる。「袖」に見立てられるものは、「花見つつ人待つ時はしろたへの袖かとのみぞあやまたれける」（寛平御時菊合・二〇・紀友則、古今集・秋下・二七四）「風ふけば花野のすすき穂にいでて露うちはらふ袖かとぞみる」（六条修理大夫集・二二〇）のように花（菊）、花薄などがある。女郎花の例は稀であるが当歌合3番歌には逆に袖を花と見るという「秋の野をみなへしるとも笹わけに濡れにし袖や花と見ゆらむ」がある。花が袖に喩えられるのは、風に靡くさまが、袖を振るように見えるからであろう。岩を撫でる動作にも連想が繋がっている。八乙女の袖は次項のように、天女の袖として詠まれている。**〇撫ではじめてき**　天女が袖で岩を撫でるとは、三年に一度撫でて、撫でることで岩を尽くすまでの永劫の時をあらわす故事（大智度論・巻三十八）をいう。「きみが世はあまのは衣まれにきてなづともつきぬ巌ならなん」（拾遺集・賀・二九九・読人不知）「うごきなきいはほのはてもきみぞ見むをとめのそでのなでつくすまで」（同・同・三〇〇・清原元輔）。『奥義抄』は『拾遺集』二九九番の和歌を引いて、「経云、方四十里の石を三年に一度梵天よりくだりて、三銖《さんしゅ》の衣にて撫《なづる》に尽《つく》を為二一劫一。うすくかろきころもなり。このころもをよめるなり」という。その袖に女郎花を喩えているのである。

〔他出〕

『古今和歌六帖』第四・祝・二二七四　い勢

やをとめのそでかと見ゆるをみなへし君をいはひてなではじめつる

『夫木和歌抄』秋二・女郎花・四二二八　家集　伊勢

やをとめの袖かと見ゆるをみなへし君をいはひてなではじめけり

うゑなからかつはたのますをみなへしうつろふあきのほとしなけれは

〔校異〕　特ニナシ

〔整定本文〕

50　植ゑながらかつは頼まず女郎花移ろふ秋のほどしなければ

〔現代語訳〕

50　植えておきながら、一方では女郎花を堪能できるとは思っていない。移り変わってゆく秋はわずかばかりしかないので。

〔語釈〕　50**○かつは**　ふたつの動作が平行して行われる時に用いる。「空蝉の世にもにたるか花桜さくと見しまにかつちりにけり」（古今集・春下・七三・読人不知）。女郎花を「植え」て、もう一方では「頼まず」という。**○頼まず**

「頼む」は信頼する、あてにする意。花を充分に鑑賞できることはあてにしない意。女郎花の場合は、「女」の縁語のように「頼まず」を重ねるか。**○ほどしなければ**　時間がないので。〔補説〕①参照。

〔補説〕①　わざわざ女郎花を植えたのは、わが宿で、少しでも長くその美しさを鑑賞するためである。しかし、秋が余りに短く感じられるので、花を観賞できるのもあっという間だろうと思われ、花を堪能するには頼りにできないのである。

いせ《伊勢》

51

のへことにたちかくれつゝをみなへしふくあきかせのみえすもあらなむ

〔校異〕　特ニナシ

〔整定本文〕　伊勢

51　野辺ごとに立ち隠れつつ女郎花吹く秋風の見えずもあらなむ

〔現代語訳〕　伊勢

51（女郎花は）どの野辺でも、風に靡いて草陰に見え隠れしている。女郎花を吹いている秋風は見えないままでいてほしいなあ。

〔語釈〕　51**○野辺ごとに立ち隠れつつ**　野辺は女郎花が咲いている場所。「立ち隠る」は物陰に身を隠すこと。女郎花が草陰に見えなくなっていることを表現している。女郎花が立ち隠れることは、当歌合6番、13番にも詠まれている。**○女郎花**　上句に対しては「立ち隠れつつ」の主語として、また下句に対しては、秋風の吹く目的語として働く。**○女郎花吹く秋風の見えずもあらなむ**　風はそれ自体では見えないので、「吹く風のめに見ぬ」（古今集・恋一・四七五・紀貫之）「めにみえぬ風」（伊勢集・二八九）と詠まれ、当歌合15番歌にも「女郎花吹きすぎてくる秋風は目には見えねど」と詠まれた。三句以下は、見えないものである秋風が、草陰に隠れている女郎花を吹いて、風の姿を現さないでほしい、女郎花を吹かないでほしい、と言っていると考える。「秋風に折れじとすまふ女郎花いくたび野辺に起き伏しぬらん」（後拾遺集・秋上・三二三・慶暹）「あだしのの露ふきみだる秋風になびきもあへぬ女郎花かな」（金葉集・秋・二三七・藤原公実）など、秋風は女郎花を折ったり散らしたりするのである。「〜ずもあらなむ」は、「秋風は吹かずもあらなむ女郎花しるもしらぬも思ふこころは」（保明親王帯刀陣歌合・五・たひらのやすふ）「こひこひてあふ夜はこよひあまの河きり立ちわたりあけずもあらなむ」（古今集・秋上・一七六・読人不知）などの例がある。

宇多院女郎花合

二十巻本断簡a

宇多院歌合

題　女郎花

歌人

一番　左

1　かにめて丶けさそをりつるをみなへしはなにやとれるつゆにぬれつ丶

右

2　秋の丶をみなへし人のかへらねははなてふはなはのこらさりけり

〔校異〕　十巻本・書陵部本では「亭子院女郎花合」（「これはあはせぬうたとも」の前）に混入。

宇多院歌合　題　女郎花　歌人　一番―ナシ（十・書）

2○みなへし―むなてし（十・書）

〔整定本文〕　宇多院歌合

題　女郎花

歌人

一番　左

1 香にめでて今朝ぞ折りつるをみなへし花にやどれる露にぬれつつ

右

2 秋の野をみなへし人のかへらねば花てふ花は残らざりけり

〔現代語訳〕 宇多院歌合

題 女郎花

歌人

一番 左

右

1 香りにひかれて今朝さっそく女郎花を折り取ったことよ。花に置いている朝露にぬれながらも。

2 秋の野を全て行き尽くした人が帰らないので、女郎花の花は一切残っていないことであるよ。

〔語釈〕 1 **○香にめでて** 香りを愛するがゆえにということ。「女郎花吹きすぎてくる秋風は目にも見えねど香こそしるけれ」（亭子院女郎花合・一五、朱雀院女郎花合・二）などの例があるが、女郎花の香りを心惹かれるものとして詠む例は少ない。「名にめでて折れるばかりぞ女郎花われおちにきと人にかたるな」（古今集・秋上・二二六・遍昭）のように、その名前が女性を連想させるために心惹かれると詠む例は多い。〔他出〕に挙げた『新撰万葉集』の初句が「名にめでて」とあるのは、女郎花と言えば「名」に注目するのが一般的であったことによるのであろう。**○今朝ぞ折りつる** 女郎花合に出される女郎花について、当日がもっとも美しく愛でるべきものであると詠むのは典型である。「今朝ぞ折りつる」と詠むことで、今日この日になるのを待っていたことを表現している。

2 **○秋の野をみなへし人** 「秋の野をみなへし人」に「をみなへし」という花の名を隠す。この隠し方は『亭子院女郎花合』にも「散る春をみな経し花は秋風の吹かむことをば苦しからじな」（三八）などと見える。秋の野は女郎花の咲いている場所であり、そこを全て行き尽くすのは、「朝露をわけそほちつつ花見むと今ぞ野山をみなへしりぬる」（古今集・物名・四三八・紀友則）のように、女郎花を求めてのことであろう。**〇かへらねば**　帰らないので。野には花を求める人がいなくなったということで、野に女郎花が残っていないことを暗示している。

〔他出〕

1『新撰万葉集』下・女郎歌・五一〇
名丹饒手《なにめでて》　今朝曾折鶴《けさぞをりつる》　女倍芝《をみなへし》　花丹懸礼留《はなにかかれる》　露丹奴礼筒《つゆにぬれつつ》

2『新撰万葉集』下・女郎歌・五三八
秋之野緒《あきののを》　定手人之《さだめてひとの》　不還禰者《かへらねば》　花之者《はなのは》　不遺介里《のこらざりけり》

〔補説〕①　1番歌に詠まれた「露に濡れる女郎花」や、歌合当日の女郎花を特にもてはやすという発想は、『亭子院女郎花合』に詠まれた歌の傾向と同じである。また、2番歌の〔語釈〕で述べたように、「秋の野をみなへし人」に「女郎花」を隠すのも、『亭子院女郎花合』には三八番歌の他に「秋の野をみなへしるとも」（三）「龍田山秋をみなへしすぐさねば」（三三）などのパターンで用いられている。『亭子院女郎花合』との関係や宇多院周辺での詠歌活動の様子がうかがい知られる。

②　2番歌は一首全体の歌意がわかりにくい。下句「花てふ花は残らざりけり」の理由は、上句でいう秋の野の花を求めて行き尽くした人が、花を見付けて全て持って行ったからということか。〔他出〕の『新撰万葉集』五三八番歌は2番歌と第二、四句が異なり、特に第四句は文字数が不足し、歌意も通らず解釈の助けとならない。なお、参考のため『新撰万葉集』五三八番歌を翻案した五三九番の漢詩を次に引用しておく。「秋野物色都怜《あきののもののいろすべてあはれなり》、路頭遊客花色詠《ろとうのいうかくくわしよくをえいず》。山中狩人柯先吟《さんちゆうのかりゆうどかせんをぎんず》、無遺花上蝶羽匂《のこることなしくわじやうにてふうのにほひ》」。

二番　左

3　さきみたれもを《の》おもふかをみなへしよを秋風のこゝろうけれは

右

4　をみなへしやまのゝくさとふりしかとさかゆるあきは《も》ありけるものを

〔校異〕　十巻本・書陵部本では「亭子院女郎花合」（「これはあはせぬうたとも」の前）に混入。断簡eアリ

3〇二番―ナシ（十・書）〇よを―よそ（断簡e）

〔整定本文〕　二番　左

3　咲き乱れものを思ふか女郎花世を秋風の心憂ければ

右

4　女郎花山野の草とふりしかどさかゆる秋もありけるものを

〔現代語訳〕　二番　左

3　（風に吹かれて）咲きながら乱れるのは心を乱して思い悩んでいるのだろうか。女郎花は、二人の仲を飽きさせる秋風がつらいので。

右

4　女郎花は山野の草として年月を過ごしてきたけれど、（今日の歌合の晴れの場にめぐり合って、このように）栄える秋もあったのだなあ。

〔語釈〕　3**〇咲き乱れものを思ふか**　群生する女郎花が風に吹き乱れることを「咲き乱れ」と表現した。それに人の心が乱れることを重ねる。「ものを思ふ」は、思い悩むこと。「秋の野に乱れて咲ける花の色のちくさにものを思

ふころかな」（古今集・恋二・五八三・紀貫之）。**〇世を秋風の心憂ければ**　「世」は、ここでは男女の仲。「世の中はかくこそありけれ吹く風の目に見ぬ人も恋しかりけり」（古今集・恋一・四七五・紀貫之）。「秋」は「飽き」に通じることから、「秋風」は飽きさせて男女を別れさせる風。「秋風の心」は、秋風が本来持っている性質。「たのめこし君はつれなし秋風は今日より吹きぬ我が身かなしも」（後撰集・秋上・二一九・読人不知）。「憂けれ∧憂し」は、つらい。女郎花を女に見立て、女郎花が秋風をつらいと思うということ。

4　当該歌は、『亭子院女郎花合』四五番歌に「女郎花山野の草とふりしかどさかゆくときもありけるものを」とあり、第四句「さかゆくとき」が、当該歌では「さかゆる秋」となる以外は同じ歌。〔語釈〕は四五番歌参照。

〇さかゆる秋も　「さかゆる∧さかゆ」は、繁栄すること。「茂岡に神さび立ちて栄えたる千代松の木の年の知らなく」（万葉集・巻六・九九〇）「春日野に斎く三諸の梅の花栄えてあり待て帰りくるまで」（同・巻十九・四二四一）。『亭子院女郎花合』二一番歌に「女郎花この秋までぞまばるべき露をもぬきて玉にまどはせ」とあり、歌合の当日を「この秋」と表現している。また、同二一番歌「あらかねの土のしたにて秋へしはけふの占手をまつ女郎花」のように、歌合の晴れ舞台を心待ちにすると詠まれる。これと同様に、当該歌でも女郎花にとって歌合に出されるこの秋を「さかゆる秋」と表現した。

〔他出〕

3　『新撰万葉集』下・女郎歌・五四六

打敷《うちしくに》　物緒思歟《ものをおもふか》　女倍芝《をみなへし》　世緒秋風之《よをあきかぜの》　心倦介礼者《こころうければ》

4　『亭子院女郎花合』四五

女郎花山野の草とふりしかどさかゆくときもありけるものを

二十巻本断簡a

三番　左

5 をみなへしなのぬしとへと《のなからとへと》こたへぬはくちなしいくさのいろとてかもし

右

6 をみなへしをるてにかゝるしらつゆはちくさの花のねたむなみたか

【校異】 ※十巻本・書陵部本では「亭子院女郎花合」（「これはあはせぬうたとも」の前）に混入。

〇三番―ナシ（十・書）

5〇なのぬしとへと―なのからとへと（十・書）

【整定本文】 三番　左

5 女郎花汝《な》の主《ぬし》問へどこたへぬはくちなし草の色とてかもし

右

6 女郎花折る手にかかる白露はちくさの花のねたむ涙か

【現代語訳】 三番　左

5 女郎花、おまえの主は誰かと聞いても答えないのは、くちなし草で染めた色をしているからということなのか、もしかすれば。

右

6 女郎花を折る手にかかる白露は、他の花々が（折られていく）女郎花を妬んで流す涙の露であるのだろうか。

〔語釈〕 5〇**汝の主**　汝（おまえ）の主人。〇**問へどこたへぬ**　当該歌は「山吹の花色衣ぬしやたれ問へどこたへずくちなしにして」（古今集・誹諧歌・一〇一二・素性）と同じ趣向で詠まれる。〔補説〕①参照。山吹色はクチナシの実で染めるため、「口なし」で、答えない、という。十巻本では「汝の主問へど」を「なのからとへと」とするが、文意不通。〇**くちなし草の色とてかもし**　「とてかもし」は「もし（かすると）〜ということなのか」という意で、「女のもとにつかはしける文のつまをひきやりて、返事をせざりければ」という詞書で詠まれる「あともなき葛城山をふみみればわが渡しこし片端かもし」（拾遺集・雑賀・一一九九・読人不知）があり、ここでは「もしかして私の渡した手紙の一片なのか」と使われている。女郎花の黄色は、もしかして、くちなし草で染めた色だから（答えないの）か。「くちなしの色をぞたのむ女郎花花にめでつと人にかたるな」（拾遺集・秋・一五八・藤原実頼）。

6〇**女郎花折る手にかかる白露**　女郎花の露が多いことは「秋の野の露におかるる女郎花はらふ人なみぬれつつやふる」（亭子院女郎花合・一七、後撰集・秋中・二七五・読人不知）とも詠まれている。それを涙と結びつける「女郎花折る手にかかる白露はむかしのけふにあらぬ涙か」（大和物語・第二十九段・藤原定方）は、6番歌とは上句と結句の「涙か」まで一致している。〇**ちくさの花**　「ちくさの花」は、種々の花。女郎花がさまざまな花に交じって咲くさまは「秋の野のちくさの花は女郎花まじりておれる錦なりけり」（貫之集・三四六）と詠まれている。〇**ねたむ涙か**　「ねたむ涙」は和歌には用例が少ない。「ねたむ」は「うらやましく思う」「やきもちをやく」意で用いられている。「つみもなき人をうけへば忘草おのがうへにぞおふといふなるといふを、ねたむ女もありけり」（伊勢物語・第三十一段）。「ねたし」の例は、「わがせこが面影山のさかゐまに我のみこひて見ぬはねたしも」（古今六帖・面影・二〇六二・さかのうへのろう女、同・我が背子・三二〇一・かさの女郎）がある。〔補説〕②参照。

〔他出〕

6『新撰万葉集』下・女郎歌・五五二

女倍芝《をみなへし》　折手丹潤留《をるてにぬるる》　白露者《しらつゆは》　嫉花之《ねためるはなの》　涙成介里《なみだなりけり》

〔補説〕① 5番歌の「主問へど答へぬは……くちなし草の色とて」は、素性歌「山吹の花色衣ぬしやたれ問へどこたへずくちなしにして」と語句の上でも類似し、山吹色がクチナシの実で染色するから、山吹色をしたものは「口無し」で答えないという「しゃれ」が共有されている。このことから、当該歌は素性に近いところで詠まれたものと思われる。

② 当歌合と同時代の『新撰万葉集』には「朱明稍来春花薄《しゆめいやうやくきたりてはるのはなうすし》、青陽暮行公鳥忽《せいやうくれゆきてほととぎすあわただし》。妬涙嫉声霑馥袖《とるゐしつせいかんばしきそでをうるほす》、細雨軽風不起塵《さいうけいふうちりをたてず》」（下・夏・二九二）や「花貌嬾秋風嫉音《くわばうものうくしうふうときおと》、人間寰中寒気速《じんかんのくわんちゆうかんきはやし》。晴河洞中浪起早《せいがどうちゆうなみのたつことはやく》、露白煙《つゆしろくけむり》丹《ににして》妬涙声《ねたむなみだのこゑ》」（下・女郎歌・五五三）などの例があり、『新撰万葉集』五五三番歌は、〔他出〕にも示した6番歌の類歌と並記されている。『新撰万葉集』では、6番歌類歌の下句は「嫉ためる花の涙なりけり」とあって、6番歌の「ちくさの花のねたむ涙か」と同意ではあるが、歌句は6番歌と漢詩（五五三）の「妬涙声《ねたむなみだのこゑ》」が一致している。相互の影響関係が認められるだろう。

二十巻本断簡b

七番　左

7 秋風をうらめしとのみおもふかなちゝのはなさへうつろひにけり

右

8 をみなへしをりとることに松むしのやとはかれぬとなくかゝなしさ

〔校異〕 他本ナシ

〔整定本文〕　七番　左

7　秋風をうらめしとのみ思ふかな千々の花さへうつろひにけり

右

8　女郎花折り取るごとに松虫のやどは離《か》れぬと鳴くが悲しさ

〔現代語訳〕　七番　左

7　秋風をうらめしいとばかり思うことだよ。女郎花に加えてたくさんの花までもが色あせてしまったなあ。

右

8　女郎花を折り取るごとに、松虫が自分の住処がなくなってしまったと鳴くのが悲しいことだ。

〔語釈〕　7**○秋風をうらめしとのみ思ふ**　秋風は、「草も木もふけばかれぬる秋風に咲きのみまさるもの思ひの花」（貫之集・八四七）のように、草木を枯らしてしまうため、「うらめし」と詠む。**○千々の花さへうつろひにけり**「千々の」は種々の。「秋の野にいかなる露の置き積めば千々の草葉の色変はるらむ」（後撰集・秋下・三七〇・読人不知）。「千々の花」はここでは女郎花以外の秋の花をいう。「さへ」は、〜までも。添加の意。他の花までもが、すべて色あせていくということ。

8**○松虫の**　松虫と女郎花の取り合わせは、「長き夜に誰頼めけむ女郎花人まつ虫の枝ごとに鳴く」（亭子院女郎花合・一二）などがある。「松虫」は「待つ」を掛けて詠まれることが多いが、ここでは女郎花に宿る虫として詠まれる。〔補説〕①参照。**○やどは離れぬと鳴くが悲しさ**　「やど」は、松虫の宿る場所、住処。女郎花のこと。「離《か》れ＜離る」は、離れる、遠ざかるの意。「空蝉の世の人言《こと》の繁ければ忘れぬものの離れぬべらなり」（古今集・恋四・七一六・読人不知）。自分の住処である女郎花が折り取られることで、自分から遠ざかってしまう、つまり、なくなってしまうということ。松虫が「やどは離れぬ」と鳴くのが悲しいということ。「いつしかと待乳《まつち》の山の桜花待ちてもよそに聞くが悲しさ」（後撰集・雑四・一二五五・読人不知）。

〔他出〕

8 『夫木和歌抄』秋二・女郎花・四二三二

同（昌泰元年亭子院歌合女郎花）　同（読人不知）

女郎花をりとるごとにまつむしのやどはかれぬとなくがかなしさ

〔補説〕① 8番歌に詠まれた「松虫」は、前掲『亭子院女郎花合』一二番歌「人まつ虫」のほか、10番歌「松虫も風の心もつらければ秋の空には経じと鳴くなり」などのように、人（男）を待つ虫として詠まれる。8番歌では「待つ」の意を表に出さず、女郎花を女に見立てて「待つ」「離る」を縁語とし、言葉遊びの面白さを狙ったものである。

八番　左

9 をとこやまうちこえまとひなかそらにへむやそ秋のしらぬ野中に

右

10 松むしも風の心もつらけれはあきのそらにはへしとなくなり

〔校異〕　他本ナシ

〔整定本文〕　八番　左

9 をとこ山うち越え惑ひなか空に経むやぞ秋の知らぬ野中に

右

10 松虫も風の心もつらければ秋の空には経じと鳴くなり

〔現代語訳〕　八番　左

9　男山を越える山道に迷って、落ち着かない気持ちで過ごすのだろうかなあ。秋の不案内な野の中で。

右

10　（私だけでなく）松虫も、秋風の（飽きるという）心もつらいので、待つ虫というその名の通り人を待ってうわの空の心で過ごすのはやめようと鳴いているのが聞こえる——私も、薄情な飽き風が吹いているのにあの人を待って、心をなかぞらにして過ごすのはやめようと思う。

〔語釈〕　9 **○をとこ山**　男山は山城国歌枕。現在の京都府八幡市にあり、山頂に石清水八幡宮を祀る。例えば、「僧正遍昭がもとに奈良へまかりける時に、男山にて女郎花を見てよめる」の詞書をもつ「女郎花憂しと見つつぞ行き過ぐる男山にし立てりと思へば」（古今集・秋上・二二七・布留今道）のように、「男」の意をこめて使われることがあり、「女郎花」にこめられた「女」の意と関連させて詠まれることがある。この詞書からは実際に男山に女郎花が咲いていたことがうかがえる。〔補説〕③参照。9番歌は、各句の頭に「をみなへし」に相当させて「をうなへし」と詠み込んでおり（亭子院女郎花合二三番歌「をむなてし」、二八番歌「をみなてし」の折句の例がある）、「男山」を詠む必然性があると言える。『亭子院女郎花合』四一番歌も、同様に「男山」を詠み、かつ各句頭に「をみなへし」と置いている。なお、後述するが、類歌である『亭子院女郎花合』二七番歌参照。**○うち越え惑ひ**　越える道に迷って、の意。「九月、志賀の山ごえ」の詞書をもつ「霧も立ち紅葉もちれるうりふ山こえまどひぬるけふにもあるかな」（恵慶法師集・一二）の例がある。**○なか空に経むやぞ**　うわの空の落ち着かない気持ちで過ごすのだろうかなあ、の意。「やぞ」は、文末で推量の助動詞を受け、疑問・詠嘆を表す。「ことさらに見にこそ来つれ桜花道行きぶりと思ふらむやぞ」（躬恒集・七五）など。**○秋の知らぬ野中に**　秋の、不案内な野原の中で、の意。野中は「いにしへの野中のし水ぬるけれど本の心をしる人ぞくむ」（古今集・雑上・八八七・読人不知）などの例がある。

10 **○松虫も**　この初句は、遠く結句の「鳴くなり」につながる。「松虫」は当該歌でも「人まつ虫」であり、「待つ」が掛けられている（8番歌参照）。「も」は添加で、自分だけでなく松虫も、の意。自分も恋の相手を待っているのである。**○風の心もつらければ** 秋の空の風は秋風―飽き風。風の飽きる心もつらいので、の意。**○秋の空には経じ** 「空に経」というのは、「ゆきかへりそらにのみしてふる事はわがゐる山の風はやみなり」（古今集・恋五・七八五・在原業平）のように、「うわのそらに過ごす」の意である。「秋の空」とするのは、吹いているのが秋風であることを表すための措辞。相手の心に飽き風が吹いているので、自分もうわのそらにはならないでおこう、というのである。

〔他出〕

9 『亭子院女郎花合』二七

をせき山みち踏みまがひなか空に経むやその秋の知らぬ山辺に

〔補説〕①〔他出〕に挙げたように、9番歌は『亭子院女郎花合』二七番歌と類歌の関係にあるが、「をせき山」よりも「をとこ山」に地名として女郎花との関連性があることや、第四句が字余りになっていないことなどは、9番歌の方が整っている。折句としては、二七番歌が「をみなへし」と通常の語形を取る。

② 10番歌は9番歌に使われていた「なか空に経む」を受けるように「空には経じ」と詠んでいる。番《つがい》の歌同士に類似の歌句が見られるのは『宇多院物名歌合』などにも見られる傾向である。

③ 女郎花合であるにもかかわらず、この番には左右ともに直接には女郎花が詠み込まれていない。しかし、9番歌は語釈にも記したように、女郎花の女に対照させた男山という名をもち、かつ男山には実際に女郎花が咲いていたらしい。また10番歌に詠み込まれる松虫は、8番歌や『亭子院女郎花合』三五番歌にもあるように女郎花を宿とすると詠まれる虫である。男山も松虫も女郎花を暗示し、強く連想させるがゆえに、女郎花合の歌としてふさわしいとされたと考えられる。

二十巻本断簡c

九番　左

11　しらつゆをぬきにぬかはやをみなへしつねになとかをたちわたるかな

右

12　をみなへしをるわかそてのにほへれはこたてにつゆのおけはなるらし

〔校異〕　他本ナシ

〔整定本文〕　九番　左

11　白露をぬきにぬかばや女郎花つねになどかをたちわたるかな

右

12　女郎花折るわが袖のにほへればこだてに露のおけばなるらし

〔現代語訳〕

九番　左

11　白露を横糸にたくさん貫き止めたいものよ。（それなのに）女郎花はいつもどうして裁ち続けて（それを拒んで）いるのだろうか。

右

12　女郎花を折る私の袖が美しく照り輝くので（わかったよ、こんなにも美しいのは）縦糸に露が置いているからであるらしいよ。

〔語釈〕 11〇**ぬきにぬかばや**　「白露をぬき＜ぬく」とは、女郎花に置く白露を白玉に見立て、それを糸で貫くこと。「女郎花この秋までぞまばるべき露をもぬきて玉にまどはせ」（亭子院女郎花合・二一・宇多院）。「ぬきにぬかばや」の「に」は、同じ動詞を重ねてその動作の様子を強調する語。「あひ見てはいくかも経ぬをここだくも狂ひに狂ひおもほゆるかも」（万葉集・巻四・七五一・大伴家持、古今六帖・恋・二〇〇六）。ここでは「ぬく」を強調し、白露を玉として貫くことを盛んに行うことを言う。また、「ぬき（貫き）」に「緯《ぬき》」を掛け、第五句「裁ちわたる」の縁語となる。「緯」は、織物の横糸。「ばや」は希望を表す終助詞。〇**つねになどかを**　この箇所不審。誤写等があるものか。〇**たちわたるかな**　「わたる」は、動作が時間的・空間的に続いている意。女郎花が「裁ちわたる」とは、横糸を裁ち続けることで、秋の野に生える女郎花に置く白露がすぐに落ちてしまう様を表現したものであろう。〔補説〕①参照。白露の置く女郎花の美しさは、当歌合において一つの典型である。

12〇**折るわが袖のにほへれば**　花を折る袖が照り輝くとは、手折ろうと伸べた袖に花の美しさが照り映えるさま。あふれんばかりの花の美しさを表現している。「折りつれば袖こそにほへ梅の花有りとやここに鶯の鳴く」（古今集・春上・三二・読人不知）。「折る」に「織る」を掛け、第四句「経《たて》」の縁語。第三句「にほへれば」は、下句への続き具合がわかりにくい。ここでは下へ順接の接続をするように見せながら言いさして、その先を明示しないままとしたものと考え、言葉を補って試訳した。萩谷歌合大成は、ここを「にほへるは」の誤りかとする。〔補説〕②参照。〇**こだてに露のおけばなるらし**　「こだて」は、萩谷歌合大成は「木楯」とするが、11番歌第二句目「ぬき（緯《ぬき》）」と同じ発想から、「経《たて》」を詠み込んだものとして試みに解釈した。「経」は、織物の縦糸。〔補説〕①参照。なお、「木楯」は、『角川古語大辞典』によると、敵の矢や鉄砲を避けるために、楯の代わりに身を隠すあり合わせの物のことで、身を隠すための立ち木の陰をいうのが原義という。和歌や平安朝の散文作品での用例は見出せない。「らし」は原因推量の助動詞。手折った私の袖が照り輝くほどの美しさである女郎花、その美しさの原因は、縦糸に露が置くから女郎花にも露が置いて最上の美しさとなっているということ。

〔補説〕① 女郎花の生える秋の野を詠むものではないが、美しい紅葉を織物に見立て「たて・ぬき」と詠む例は、「霜のぬき露のたてこそ弱からし山の錦の織ればかつ散る」（古今集・秋下・二九一・藤原関雄）や、「龍田河錦おりかく神な月しぐれの雨をたてぬきにして」（古今集・冬・三一四・読人不知）など見える。左歌では、横糸（緯）の白露がすぐに落ちてしまって女郎花の美しさを十分に鑑賞出来ないことを詠むのに対し、右歌では、そうはいっても美しい女郎花、縦糸（経）に露が置いているよと気付く応酬のようなおもしろさがここにあるらしい。

② 12番歌第三句「にほへれば」について、萩谷歌合大成が指摘するように「にほへるは」であれば、一首は分かりやすい歌となる。「〜は…らし」という表現は、「〜は」で示した事柄について、その因果関係を「…らし」で推測する。「白雲のこのかたにしもおりゐるは天つ風こそ吹きてきつらし」（大和物語・第百三十二段、凡河内躬恒）。第三句が「にほへるは」であった場合は上句と下句が自然につながり、「女郎花を折る私の袖が美しく照り輝くのは、縦糸に露が置いて女郎花がいっそう美しくなっているからであるらしい」と訳せる。

十番　左

13 あきの丶のむしのやとれるくさむらもをみなへしてふなたにのこらす

右

14 おほそらになへてしらるなをみなへしのちうきものそひとの心は

〔整定本文〕　十番　左

13 秋の野の虫のやどれる草むらもをみなへしてふ名だにのこらず

〔校異〕　他本ナシ

右

14 大空になべて知らるなをみなへしのち憂きものぞ人の心は

〔現代語訳〕 十番　左

13 秋の野の虫のやどっている草むらも（秋が終われば枯れ果てて）、女郎花がここに美しく咲いていたという評判さえも残らないことだ。

右

14 大空にも（恋の顚末は）すべて知られないようにしなさい、女郎花よ。人の心というものは後にだんだんとつらい思いをさせられるようになるものだから。

〔語釈〕 13 **〇秋の野の虫のやどれる草むらも**　秋には虫が宿り、女郎花が咲いた野も。「草むら」と「も」で並列するものは「女郎花という名」で、「残らず」にかかる。**〇名だにのこらず**　秋の野が枯れれば女郎花も枯れるのは当然であるが、その名（噂）も残らないということ。

14 **〇大空になべて知らるな**　すべてを大空に知られないようにしなさい、ということ。「空に知らる」の例には、「空が関知していない」の意で詠まれた「桜ちる木のした風はさむからで空にしられぬ雪ぞふりける」（貫之集・八一八、拾遺集・春・六四）がある。また、「中務にしのびて物いふ夜、ほととぎすの鳴くをききて」という詞書で詠まれた「今宵こそしでの田長も聞きつらめ今は五月の空にしられん」（信明集・一四三）では、当該歌のように「空が知る」ことが、人に広く知られることの意で用いられている。**〇をみなへし**　上句、下句ともに女郎花に呼びかける句になっている。同様の例は「移らずは冬とも分かじ女郎花常盤の枝に咲きかへらなむ」（亭子院女郎花合・二〇）などがある。**〇のち憂きものぞ人の心は**　上句の呼びかけの理由が述べられる。人の心はのち憂きものぞ、の意。恋は、これからどうなっていくかわからないのだからといっている。

〔他出〕

14『亭子院女郎花合』四四

おほよそになべて折らるな女郎花のち憂きものぞ人の心は

〔補説〕① 他出に挙げた『亭子院女郎花合』と当歌合に、同じ和歌の詞を少し変えて出されたものか。

② この番《つがい》では美しく咲く女郎花も、秋が過ぎればすべて枯れ果て、美しさの評判も消え、「女《をみな》」ともてはやした人の心も移ろってしまうことを女郎花のために忠告している趣である。

二十巻本断簡d

左

15 をとこやまこえ《むかし》ては我もならし《く》かに《を》へしよひさしくしるひと《そ》やなき

右

16 かひもなきはなのかにのみはかられて秋の野山をみなへしゝりぬる

〔校異〕 他本ナシ

〔整定本文〕 左

15 をとこ山むかしは我も鳴く鹿を経し世久しくしる人ぞ無き

右

16 甲斐もなき花の香にのみ謀られて秋の野山をみな経知りぬる

〔現代語訳〕 左

15 男山に鳴く鹿のように、昔は私も若い男で、妻が恋しくて泣いていたなあ。人生の長い時が経ってそのことを知る人ももういないことだ。

右

16 その甲斐もない花の香に騙され惑わされてばかりで、秋の野山をすべて分け尽くし、知り尽くしてしまったことよ（香に誘われて右往左往したが、満足に花に巡り会うことはできなかったよ）。

〔語釈〕 15**○をとこ山** 9番歌参照。女郎花の咲く山。当該歌は、各句の頭に「をむなへし」と詠み込む。**○むかしは我も鳴く鹿を** 異文については後述。第一、二句からは、「今こそあれ我も昔は男山さかゆくときもありこしものを」（古今集・雑上・八八九・読人不知）同様の嘆老の思いが連想される。昔は私も男山ではないが男として、の意があると考える。「昔は我も鳴く鹿を」はわかりにくい詞続きだが、「を」を文末の間投助詞として解する。「鳴く鹿」は、妻恋いの哀れを表す秋の景物で、男山の鹿の例は『亭子院女郎花合』四一番歌にある。鹿と自分を重ね合わせる歌は「あきなれば山とよむまでなくしかに我おとらめやひとりぬるよは」（古今集・恋二・五八二・読人不知）「をぐら山おぼつかなくもあひぬるかなくしかばかり恋しきものを」（順集・四七）「しきたへのつまをまちまちなくしかにきみまつ人はおとらざるらん」（宇津保物語・菊の宴）などがあり、当該歌もそれである。昔は私も妻を恋うて鳴く鹿だったものよ、の意であろう。**○経し世久しく** 「経し世」は、昔から今まで経てきた人生をいう。「世に久しく経る」という詞続きの例には「かかる世に久しく経しと思ひしを目だに心にかなはぬぞうき」（中務集・二九二）がある。今まで生きてきた人生が長い時間が経っていて、の意。**○しる人ぞ無き** 昔の我を知る人がいない、という孤独の思いを述べた句と解する。若い頃の恋の思い出を共有する友がもういないということか。

16**○甲斐もなき花の香にのみ謀られて** 花の香は、花のありかを知らせて誘うものである。「花のかを風のたよりにたぐへてぞ鶯さそふしるべにはやる」（古今集・春上・一三・紀友則）。「甲斐もなき」とあるのは、香りを頼りに訪れてみたが、花のありかがわからなかったからであり、それを「花の香」に「謀られて」と表現している。「のみ」

は強調。その甲斐もないのに花の香に騙されてばかりで、の意。花の香に誘われても甲斐がなかったと詠む例には、「花のかをたづねてきつるかひもなくにほひにあかでわれやかへらん」（宇津保物語・春日詣）がある。**〇秋の野山をみな経知りぬる**　女郎花の花を探して、秋の野山をすみずみまで行き尽くし知り尽くしてしまったことだ、の意。「をみなへし」を隠して詠み込む。底本には「へしゝりぬる」とあるが、「ゝ」は衍字とみて校訂した。

〔補説〕①　萩谷歌合大成に増補された番《つがい》である。15番歌について、並列表記されている異文を萩谷氏が採用しているのを踏襲する。もうひとつの本文では「ならしかを」の部分の解釈が特に困難である。16番歌については、萩谷氏によれば、「はなのか」は「はなのよノ如クヨミ得ル」よしである。これも、歌意の上から「はなのか」と校訂されているのを踏襲して解釈した。

朱雀院女郎花合

二十巻本

左　　躬恒

1 つまこふるしかそなくなるをみなへしおのかすむの、花としらすや

右　　定文朝臣

2 をみなへしふきすきてくる秋風はめにもみえねとかこそしるけれ

〔校異〕 他本ナシ

〔整定本文〕 左　　躬恒

1 妻こふる鹿ぞ鳴くなる女郎花おのがすむ野の花としらずや

右　　定文朝臣

2 女郎花吹きすぎてくる秋風は目にも見えねど香こそしるけれ

〔現代語訳〕 左　　凡河内躬恒

1 妻を求める鹿の鳴いているのが聞こえることだ。あの鹿は、女郎花が自分の住んでいる野の花だと知らないのだろうか――女性はその野にいるのになあ。

右　　平定文

2 女郎花を吹き渡って来る秋風は、目にも見えないけれど花の香りがはっきりとしていることよ――だから女郎

花を吹き渡ってきたということがはっきり分かるよ。

〔語釈〕　1○**妻こふる鹿ぞ鳴くなる**　鹿は妻を求めて鳴くものとして和歌によく詠まれ、古くは『万葉集』から「よなばりのゐかひの山に伏す鹿の妻よぶ声を聞くがともしさ」（万葉集・巻八・一五六一・大伴坂上郎女）など多くの例が見られる。「鳴くなる〈鳴くなり〉」の「なり」は、伝聞推定を表わす助動詞で、ここでは鹿の鳴き声がきこえて来たことを表現している。○**女郎花おのがすむ野の花としらずや**　鹿に対して疑問を呈したもの。鹿が妻を求めて鳴くと和歌に詠む場合、「秋萩の散りゆくみればおほほしみ妻ごひすらしさをしか鳴くも」（万葉集・巻十・二一五〇）のように、その花妻として萩を当てるのが一般的である。しかし、当該歌は女郎花合であるので、萩と同じく女郎花が野に咲く花であり、しかも女性を象徴することを上手く取り入れ、妻を求めて山野で鳴く鹿に対して「女性は同じ野にいるではないか」と戯れるのが一首の趣向である。

2　当該歌は『亭子院女郎花合』一五番歌に重出。〔語釈〕〔他出〕はそれに委ねる。

〔他出〕

1『古今集』秋上・二三三

（朱雀院の女郎花合によみてたてまつりける）　みつね

つまこふるしかぞなくなる女郎花おのがすむのの花としらずや

『古今和歌六帖』第六・女郎花・三六七五

つまこふるしかぞ鳴くなる女郎花おのがすむのの花としらずや

『躬恒集』（承空本）一四九

朱雀院ノヲミナヘシアハセニ

ツマコフルシカソナクナルヲミナヘシヲノカスムノノハナトシラスヤ

〔補説〕①　2番歌は『亭子院女郎花合』一五番に重複しているが、それぞれ別の歌と番えられているので異なる歌合と判断できる。このため、萩谷歌合大成では当歌合について「撰歌合であったのかもしれない」と指摘している。一方で『古今集』に当歌合の歌三首は『亭子院女郎花合』の歌と一括して「朱雀院のをみなへしあはせによみてたてまつりける」と入集する。わずか三首分の断簡が伝存するばかりで不明な点の多い当歌合には重要な資料である。

3

ひとりのみなかむるよりはをみなへしわかすむやとにうゑてみましを

〔校異〕 他本ナシ

〔整定本文〕

3 ひとりのみながむるよりは女郎花わが住むやどに植ゑて見ましを

〔現代語訳〕

3 ひとりでぼんやりと物思いにふけってばかりいるよりは、女郎花を私の住んでいる家の庭に植えてじっくり見たいものだなあ。

〔語釈〕 3 **○ひとりのみながむるよりは** 「ながむる＜ながむ」は、ぼんやり物思いにふけって見ること。「ひとりのみながめふるやのつまなれば人を忍ぶの草ぞ生ひける」（古今集・恋五・七六九・貞登）「起きもせず寝もせで夜を明かしては春のものとてながめ暮らしつ」（同・恋三・六一六・在原業平）。**○わが住むやどに植ゑて見ましを** 自分の家の庭に植えて、自分のものとして見たいということ。「見る」は、「いかでこのかぐや姫を、得てしがな、見てしがなと、音に聞き、めでて惑ふ」（竹取物語）のように、自分のものとして見る、の意。女郎花を女性に見立てる。第二句の「ながむる」と対比させ、自分のものにできたらいいのにということ。「まし」は、不可能と分かっていながら持つ希望。「見る人もなき山ざとのさくら花ほかのちりなむのちぞさかまし」（古今集・春上・六八・伊勢）。

〔他出〕

3

『古今和歌集』秋上・二三六

（朱雀院のをみなへしあはせによみてたてまつりける）　（ただみね）

ひとりのみながむるよりは女郎花わがすむやどにうゑて見ましを

宇多院物名歌合

十巻本

宇多院歌合　もの〻名をよむ

子日

左　　　　　　　　　　　貫之

1 ほの〳〵とみねのひめ《の》まつさしつれはむすはぬはるのゆきそとけ〻る

右勝　　　　　　　　　　友則

2 かたゆ《こ》ひをするかのふしのやまよりもむねのひのまつもえまさるかな

〔校異〕　○ナシ―十二番　一番（二）

1 ○みねのひのまつ―ねの日の松の（二）　○さしつれは―ふしつれは（書）

2 ○かたこひを―また恋を（二）　○むねのひのまつ―ねのひの松も（二）

〔整定本文〕　一番　子日

左　　　　　　　　　　　貫之

1 ほのぼのとみねのい、ひのまづさしつればむすばぬ春の雪ぞとけける

右勝　　　　　　　　　　友則

2 片恋をするがの富士の山よりもむねのい、ひのまづ燃えまさるかな

〔現代語訳〕　一番　子日

左　　紀貫之

1　ほんのりと陽が峰に最初に射したので凍りついていない春の雪が溶けたことだ。

右勝　　紀友則

2　片恋をする（が）ということで燃える駿河の富士の山よりも、私の胸の火の方が先に勢いまさっていることだ。

〔語釈〕　**○子日**　「ねのひ・ねのび」。干支（かんし）で日を表す際、十二支の子（ね）に当る日。特に正月の初子の日をいい、さらに第二、第三、二月の子の日には遊宴が行われた。若菜が供される。また、野遊びとして若菜を摘み小松を引き、延齢の祝をする（角川古語大辞典）。屏風歌の歌題として、『伊勢集』『貫之集』などに見える。「亭子院六十御賀京極の宮す所つかうまつりたまふ御屏風の歌　子日したるところ松のいとちひさきに」（伊勢集・七四詞書）「（延喜十七年の冬なかつかさの宮の御屏風の歌）子日」（貫之集・九一詞書）。

1　**○ほのぼのと**　夜明けのぼんやりと明るいさま。「ほのぼのと明石の浦の朝霧に島がくれ行く舟をしぞ思ふ」（古今集・羇旅・四〇九・読人不知）。**○みねのひのまづ**　歌題「ねのひ」を隠し、「まづ」（真っ先に）に子日の縁語「松」を掛ける。「子日」題であるが、実際は左右歌ともに「子の日の松」を隠している。「みねのひ」は峰にさす陽。「峰の日や今朝はうららにさしつらん軒のたるひの下の玉水」（続詞花集・春上・六・曾禰好忠）。**○むすばぬ春の雪**　結露、結氷などの漢語から「むすぶ」は自然現象が生じることを言う。「こほりだにまだ山水にむすばねどひらのたかねはゆきふりにけり」（資経本恵慶法師集・一一四）。「むすばぬ雪」は、固く凍ってはいない春の雪。「春立ちて猶ふる雪は梅の花さくほどもなくちるかとぞ見る」（拾遺集・春・八・凡河内躬恒）のようにすぐに溶けるという。

2　**○片恋をするがの富士の山**　「片恋をする」と「駿河の富士」の掛詞。「人しれぬ思ひをつねにするがなる富士の山こそわが身なりけれ」（古今集・恋一・五三四・読人不知）。活火山の様が、隠しても現れる、燃える思いに堪えきれない恋の例えとされた。**○むねのひの**　続く「まつ」とのなかに「子の日の松」を隠す。「むねのひ」は胸で燃える恋の炎。「人にあはむ月のなきには思ひおきて胸はしり火に心やけをり」（古今集・俳諧歌・一〇三〇・小野小町）。また『古今六帖』に「夏の夜はともす螢の胸の火を緒しも絶えたる玉とみるかな」（螢・四〇一二、当歌合・24）とあり、作者表記は「貫之」である。当歌合「子日ををしむ」題にも貫之、忠岑の二例が見える（23、24）。「胸火燃《むねのひのもえ》来誰敢滅《くるはたれかあへてけさむ》、紅深袖涙不応干《くれなゐふかきそでのなみだまさにかわかすべからず》」（新撰万葉集・上・恋・二〇〇）の例もあるが、『新撰万葉集注釈 巻上（二）』によれば、「〔胸火〕」は心中に宿る恋慕の情。和語「むねの火」「むねのほむら」などからの造語か」とあり、同集七〇にも「胸燃」のような類例があるが、本来は仏教語であり、それが一種の俗語的表現として仏教と関係なく用いられたという。「思ひ（火）」の「燃ゆ」例は、「夏虫をなにかいひけむ心から我も思ひに燃えぬべらなり」（古今集・恋二・六〇〇・凡河内躬恒）などがある。**〇まづ燃えまさるかな** 先に燃えさかることだ。「まつ」を詠み込もうとしたためとはいえ、「富士の山よりも」に続く表現として「まづ」と「まさる」が重なるのは強調が過ぎる。二十巻本傍書に本文「まづも燃ゆるか」が書かれたゆえんか。〔補説〕②参照。

〔他出〕

2 『続後拾遺和歌集』物名・五〇七

　　亭子院の歌合に、子日のまつ　　紀友則

　かた恋をするがの富士の山よりもわがむねの火の先ももゆるか

『夫木和歌抄』雑一・火・七九四八

　　寛平御時歌合、ねのび　　友則

　片恋をするがのふじの山よりもわがむねの火のまづもゆるかな

〔補説〕① 当歌合は物名歌合で、「子日（の松）」から始まり、「子日ををしむ」までの間に春の植物題を配した全十二番。底本とした十巻本の本文について、萩谷歌合大成は「廿巻本の本文に比して、頗る整頓し理解しやすくなっている……甚だしい改訂を加え、通意に便な本文を整頓したものである」と指摘する。一番の場合も、二十巻本文の場合は「ほのぼのとねの日の松のさしつれば」（1）、「富士の山よりもねの日の松も」「もえまさる」（2）とあって意味が通らない。

② 二十巻本傍書では「また恋をするがの富士の山よりもわが胸の火のまづも燃ゆるか」（また恋をして煙を上げる富士の山よりも、私の胸の火の方が先に燃えることだ）となる。

春花《事》花

左持　貫之

3 としかはるのはなほことになりぬらしかのこまたらにゆきもけにけり

右　忠岑

4 しらゆきのきえてみとりにかはるのはなかれていろのうつらさらなむ

〔校異〕 〇ナシ―二番（二）
3〇持―ナシ（二）
4〇うつらさらなむ―かはらすもかな（二）

〔整定本文〕 二番　春花

左持　貫之

3 年かはる野はなほ異《こと》になりぬらし鹿の子まだらに雪も消《け》にけり

右　忠岑

4　白雪の消えて緑に変はる野はながれて色のうつらざらなむ

〔現代語訳〕　二番　春の花

左持　　紀貫之

3　新年になった野は、いっそう（春らしくなって）すっかり様子が変わったらしい。雪も鹿の子まだらに消えていることだよ。

右　　壬生忠岑

4　白雪が消えて（白から）新芽の緑に変わる野は、（雪消の水が）流れて、緑色が色あせないでほしいものだ。

〔語釈〕　○春花　「はるのはな」。春に咲く花。『古今集』仮名序にも、「…いにしへの世世の帝、春の花のあした、秋の月の夜ごとに、侍ふ人人を召して……事に付けつつ歌を奉らしめ給ふ」とあるように、春の美しい景物の代表である。ただし、「物名」としての題であって、歌の内容はそれとは異なる。内容はむしろ、十巻本書写者がいったん書き直した「春雪」に関連する。〔補説〕②参照。

3　○年かはる　年が改まる。新年になる。「み立たしの島をも家と住む鳥も荒びな行きそ年変はるまで（万葉集・巻二・一八〇）。「野」に掛かる連体形。初句から二句にかけて「はるのはな」を句跨がりで詠み込む。○なほ異になりぬらし　「なほ」はいっそう。「異に〈異なり〉」は他と同じでない様子、格別な様子をいう。年が変わった野はいっそう格別にそれらしく変化した様子になったらしい、の意。「思ふことありて鳴かねど秋来つとことに鳴きける虫の声聞け」（西宮左大臣集・六七）。これは「立秋」になって、虫の声が、夏とは異なる格別の様子になったことを詠んでいる。「らし」は、ここでは、下句の事柄を根拠として、上句の事象「野はなほ異になる」が成立ずみのようだという意味。○鹿の子まだら　鹿の子の毛のように茶色に白い斑点のあるさま。ここでは雪のむらぎえを喩えている。「時知らぬ山は富士の嶺いつとてか鹿の子まだらに雪の降るらむ」（伊勢物語・第九段）など。○雪も消にけり　「も」は他の同類のものがあることを暗示して、一例を提示する用法。「野はなほ異になる」ことが、雪の消え方以外にもあるのである。「消にけり」の「消（け）」は、動詞「消ゆ」の連用形「消え」が変化したもの。「残りたる雪にまじれる梅の花はやくな散りそ雪はけぬとも」（万葉集・巻五・八四九）など。

4 **〇白雪の消えて緑に変はる野**　冬の間白雪が覆って白一面だった野が、雪が消えることによって芽吹いた草の緑色に変わることをいう。「緑」はもとは新芽を意味したが、その色をも表すようになった語で、ここは両義に解しうるが、白から緑という色彩の変化に趣向があるものと思われる。「春はもえ夏は緑に紅のまだらに見ゆる秋の山かも」（万葉集・巻十・二一七七）と『万葉集』にも山の色彩の変化を詠んだ歌がある。「わが背子が衣はるさめ降るごとに野辺の緑ぞ色まさりける」（古今集・春上・二五・紀貫之）も、野辺の緑の変化に着目している。**〇ながれて色のうつらざらなむ**　消えた雪が水になって流れて、野の緑色が変わらないでほしい、色褪せたりしないでほしい、の意。「色のうつる」は、「花の色はうつりにけりないたづらにわが身世にふるながめせしまに」（古今集・春下・一一三・小野小町）のように、色が変化する、褪せること。雪に関して「流る」といった例には、「我が袖に降りつる雪も流れゆきて妹が袂にい行き触れぬか」（万葉集・巻十・二三二〇）などがある。漢詩には色が変わりゆくことを示す「移色」の例がある。「山逐時移色《やまはときをおひていろをうつし》、江随地改名《かうはちにしたがひてなをあらたむ》」（白居易「江州赴二忠州一至二江陵一已来舟中示二舎弟一五十韻」）「濯雨梅香散《あめにあらひてうめはかうをさんじ》、含風柳色移《かぜをふくみてやなぎはいろをうつす》」（周思鈞「晦日重宴」）。「なむ」は、ある状態や他者の行動の実現を希望する意の、誂えの「なむ」。

〔補説〕①　中島論文では「各番の二首が、それぞれ優劣を競い合うというのではなく、基本的に右歌が左歌の用語や内容を受けてよまれている」「3は「年変はる野はなほ」変化したらしい、「鹿の子斑に雪も消えけり」とよみ、4は「白雪の消えて緑に変はる野は流れて……」と、同じ語句を繰り返し用いて、「白雪」が完全に消えて「色」が「緑」一色に変わった、3よりも少し先の段階の野原の様子をよむ。「白」と「緑」の対比、一色と3の「斑」の対比もある」という指摘があり、さらに「別の番いの歌を受けて後の歌がよまれている」例もあると1から2、3、4への影響を例示する。直前の歌の連想が次の歌に働いているというこれらの指摘は、萩谷歌合大成同様、この歌合が「当座即詠」かという見解のもとに述べられており、題に関しても、「題の設定にもある程度の即興性があったのなら」という発言がある。萩谷歌合大成は「方人即歌人」の可能性から「当座即詠」の「息詰まる場面」を想像しているにすぎない。しかし、物名題としては難解な出題が揃う歌合に当座題や即詠は想定しがたい。解説参照。

② 校異に関して補足すれば、十巻本の題「春花」は当初の「春花」の「花」を見せ消ちにして右に「雪」とし、さらに「雪」を見せ消ちにして「春」の下に「花」と訂正している。書陵部本は、雪を傍記しており、十巻本の校訂の途中の姿がうかがえる。

③ 二十巻本では4番歌の下句は「流れて色のかはらずもがな」とあり、さらに傍記が「流れて色のかへらざらなん」とある。それぞれ「〈白雪が消えて新芽の緑に変わる野は、〈雪消の水が〉流れて、緑色が〉変わらないで欲しい」、「緑色があせないでほしい」となるか。

梅花

左勝　　　　貫之

5 そきとほくさくらく《らには》いて、かつきみ《て》むめのはなひかは《きて》うちよせよなみ　本のまゝ

右　　　　定文

6 かせふかはいさく《う》らこと《に》いて、みむめのはなひきてなみによるやと《うちやよすると》

〔校異〕 ○ナシ—三番（二） ○左勝—左（二）
（「なみによるやと」の見せ消ちした訂正本文「うちやよすると」をさらに見せ消ちしているので本行のままとなる。）

5〇そきとほく—そらとほく（二）　〇さらにはいて、—さくらもいて、（二）　〇かつきてむ—かつき見む（二）
〇めのはなひきて—むめの花かひ（二）　〇うちよせよなみ—うちよせなむ（二）
6〇めのはなひきて—梅の花かひ（二）

〔整定本文〕　三番　梅花

左勝　　　　　　貫之

5　そき遠くさらには出でてかづきてむめのはなびきてうち寄せよ波

右　　　　　　　貞文

6　風吹かばいざ浦ごとに出でて見むめのはなびきて波に寄るやと

〔現代語訳〕　三番　梅花

左勝　　　　　　紀貫之

5　遠く離れて、浦からさらに沖にでて潜って海藻を採ろう。海藻の葉がなびくように、うち寄せてくれ、波よ。

右　　　　　　　平貞文

6　風が吹いたら、さあ、浦ごとに出て行って見てみよう。海藻の葉がなびいて波に打ち寄せられているかと思って。

〔語釈〕　**〇梅花**　「むめのはな」。梅は落葉高木。中国原産とされ、奈良時代には渡来し、『万葉集』にも梅を詠んだ歌が多く入集する。「春の野に霧立ちわたり降る雪と人の見るまで梅の花散る」（巻十・八三九）など、花の色を雪に見立てて色の白さが詠まれる。『古今集』になると、「色よりも香こそあはれとおもほゆれたが袖ふれしやどの梅ぞも」（春上・三三・読人不知）「君ならでたれにか見せむ梅の花色をも香をも知る人ぞ知る」（同・三八・紀友則）など、香りがよく詠まれるようになる。物名として詠まれた歌には、「あなう目につねなるべくも見えぬかな恋しかるべき香はにほひつつ」（古今集・物名・四二六・読人不知）がある。

5 **〇そき遠く**　「そき」は、遠く隔たったあたり。離れた果て。「……敵《あた》まもる　筑紫にいたり　山のそき　野のそき見よと　伴《とも》の部《へ》を　班《あか》ち遣はし……」（万葉集・巻六・九七一・高橋虫麻呂）「山河のそきへを遠みはしきよし妹をあひ見ずかくや嘆かむ」（同・巻十七・三九六四）と詠む例がある。下句との関係も難解だが、遠く離れた「海に潜る」ための距離感を表したか。**〇さらには出でて**　そこからさらに出て行って、の意。下句から考えて、海辺に出るということ。**〇かづきてむ**　「かづき〈かづく」は、水中に潜り、魚貝などを捕ること。「伊勢の海士のあさなゆふなにかづくてふみるめに人を飽くよしもがな」（古今集・恋四・六八三・読人不知）「濡れかへり玉藻かづけど飽かなくに頼みし海松《みる》のたえてなければ」（伊勢集・三〇〇）。**〇めのはなびきてうち寄せよ波**　直前の「かづきてむ」の「む」から歌題「むめのはな」を隠す。「めのはなびきて」は難解。「め」は、海藻、海布。「海藻の葉なびきて」あるいは「海藻の花ひきて」とよめるが、第五句に「うち寄せよ波」とあるので、「花ひきて」よりは「葉なびきて」とするのがよいか。中島論文で「海布の葉靡きて」とするのに従う。「めの葉」「めの花」の用例は見いだしがたいが、海藻を「葉」と表現する類例としては、『和名類聚抄』海菜類「大凝菜」に「凝藻葉〈古留毛波、俗用心太〉」、また『延喜式』（祝詞・祈年祭）に「沖つ藻葉辺《へ》つ藻葉にいたるまでに」などとあるように「藻葉」が見いだせる。〔補説〕①参照。なお、「め」は食用にする海藻の総称、「も」は海藻全般をいう。海藻を詠んだ歌としては、「磯に立ち沖へを見れば海藻《め》刈り舟海人こぎづらしかもかける見ゆ」（万葉集・巻七・一二二七）がある。「なびき」は、風や波などの力におされて横倒れに揺れること。「水底に生ふる玉藻のうちなびき心はよりて恋ふるこのころ」（同・巻十一・二四八二）。ただし、「なびきて」では四段活用の自動詞となり、葉が自主的になびく意となってしまい、第五句「うち寄せよ波」との関係が明瞭ではない。「おほかたはたが見むとかもぬばたまの我が黒髪をなびけてをらむ」（万葉集・巻十一・二五三二）のように「なびけて」であれば、下二段活用の他動詞となり、海藻の葉をなびかせるように、波にうち寄せてほしいと願っていることになり、波に対して「うち寄せよ」という理由がはっきりする。

6 **〇風吹かば**　風が吹いたとしたら。未然形＋「ば」で順接仮定条件を表す。もし〜なら。「東風吹かばにほひおこせよ梅の花あるじなしとて春を忘るな」（拾遺集・雑春・一〇〇六・菅原道真）。**〇いざ浦ごとに出でて見む**　「いざ」は思い立って自らに発している語。さあ。「潮干のみつのあまめのくぐつもち玉藻刈るらむいざゆきてみむ」（万葉集・巻三・二九三）。さあ、あちらの浦にもこちらの浦にも出ていって見よう。**〇めのはなびきて波に寄るやと**　直前の「見む」の「む」から続いて歌題「うめのはな」を隠す。海藻の葉がなびいて、波に打ち寄せられているかと思って、の意。上の句で、「風吹かばいざ浦ごとに出でて見む」と詠んだ理由を述べる。風が吹けば海藻がなびいて波に寄っているかもしれないから見に行ってみようということ。

〔補説〕①「めのは」については、『枕草子』（里にまかでたるに）に、「さて、など、ともかくも御返りはなくて、すずろなる布《め》の端《は》をば包みて賜へりしぞ。あやしの包み物や」と「布の端」（海藻の切れ端）の例が見えるが、5、6番歌の内容には合わない。やはり、「は」は「葉」とするのが妥当と思われる。海藻について「葉」という例は、『和名類聚抄』のほかに、源為憲の『口遊』に「田居《たゐ》に出で　菜摘む我をぞ　君召すと　求食《あさ》り追ひゆく　山城のうち酔へる子ら　〈毛波《もは》〉干せよ　え舟かけぬ」（たゐにの歌）とあり、「毛波」（藻葉）の例が見える。また、『日本国語大辞典』には、山形県・島根県・山口県・福岡県・佐賀県・長崎県・熊本県の「藻」の方言として「めのは（葉）」を挙げる。

② 十巻本では、左歌（5番歌）が、海藻を採るために潜ってみるから、その海藻がなびくように波にうち寄せてほしいと詠むのに対して、右歌（6番歌）は、その波に海藻がなびいているのか見てみようと切り返す歌になっている。これに対し、二十巻本は、左歌「空遠くさらずは出でてかづき見む梅の花貝うち寄せなむ」、右歌「風吹かばいざ浦ごとに出でて見む梅の花貝波に寄るやと」とあり、両歌ともに「梅の花貝」を詠む。二十巻本の形は、歌題「梅の花」が「梅の花貝」にそのまま詠み込まれ、題が隠されていない。梅の花貝は、浅い内湾の砂泥地に生息するツキガイ科の二枚貝。球形で、梅の花びらに似た貝殻であることからこの名がある。「貝は、うつせ貝、蛤、いみじう小さき梅の花貝」（枕草子・三巻本系統諸本逸文「貝は」）、長久元年（一〇四〇）に行われた「斎宮良子内親王

貝合」の「たづねくる春のしるしやここならむむべ《（ママ）》もれる梅の花貝」（一三・梅の花貝）の他にも『散木奇歌集』（一三六九詞書）にも例が見える。

紅梅花

左　貫之

7 あひ《集になし（押紙）》かたき人をはさらにみしころはいのはなやかに《れては》ねられそみる《さりけり》　本のまゝ　或本右歌

右勝

8 わすれにし人な《をそ》ゆめにもなほゆ《こ》むはいのはなれて《やかに》はねられぬもの《てそみる》を

〔校異〕　○ナシ—四番（二）
7○みしころは—みしこむは（二）みしこいは（書）○いのはなれては—ゝ《（は）》なや（二）○ねられさりけり—ねられすそみる（二）
8○人をそゆめに—人なゆめにも（二）○なほこむは—なほこむは（二・書）○いのはなやかに—いのはなれては（二）いのはれやかに（書）○ねられてそみる—ねられぬ物を（二）

〔整定本文〕　四番　紅梅花

左　貫之

7 逢ひがたき人をばさらに見しころはいのはなれては寝られざりけり

右勝

8 忘れにし人をぞ夢になほ来むはいのはなやかに寝られてぞ見る

〔現代語訳〕　四番　紅梅花

左　　紀貫之

7 なかなか逢えない人と改めて逢った頃は、（あの人と）離れていては全く寝られないものであるよ。

右勝

8 私のことを忘れてしまった人が、それでも夢に来てくれるということは、つまり眠ってしまった時にだけあの人をはっきりと見るということなのだよ――結局、現実では会えないのだなあ。

〔語釈〕　**○紅梅花**　「こうばいのはな」。紅梅が日本にもたらされるのは平安時代に入ってからのこと。文学作品においては、天長四年（八二七）に成立した『経国集』に収められる漢詩の題に「七言賜看二紅梅一探得二争字一応令一首」（一三四・紀長江）と見えるのが早く、この頃には賞翫されていたらしい。和歌の題材として採り上げられた例で年代のわかる早いものとしては、『兼輔集』の「宿近く移しうゑてしかひもなく待ちどほにのみにほふ花かな」（四、後撰集・春上・一七）で、詞書に「兵衛の司はなれてのちに、前に紅梅を植ゑて、花の遅く咲きければ」とあるので、兼輔が兵衛を離れた延喜十年（九一〇）の詠作と知られる。歌そのものに紅梅を詠むものは「雪とのみあやまたれつつ梅の花くれなゐにさへかよひけるかな」（貫之集・三五八）があり、これは詞書から承平七年（九三七）の屏風歌である。当歌合の成立については諸説あるが、当該歌は物名歌ながら、紅梅を題材とした和歌として早い例である（解説参照）。

7 **○さらに**　殊更に、改めて。「ふみ分けてさらにやとはむもみぢばのふりかくしてし道と見ながら」（古今集・秋下・二八八・読人不知）。「さらに見し」と言うことで、なかなか逢えない人と逢ったことの珍しさを表現したもの。

○見しころはいのはなれては寝られざりけり　「こうばいのはな」を読み込んでいるはずの箇所なので、「見しころは」ではなく「見しこうは」とあるべきところではあるが、それでは意味を成さない。二十巻本のように「みしこむは」であれば「こうばい」の「う」を「む」と表記した物名となるが、やはり文意は通らず、また二十巻本は続く第四句が混乱しているので従いがたい。ここは底本とした十巻本のまま「見しころはいのはなれては」とした。〔補説〕①参照。第四句「いのはなれては」は、「いの」「はなれては」のそれぞれが第五句「寝られざりけり」に掛かっていく構造となっている。「いの」の「い」は「寝」で、「いの寝《ぬ》」のように「寝《ぬ》」とともに用いられる。「ほととぎすいたくな鳴きそひとりゐていのねらえぬに聞けば苦しも」（万葉集・巻八・一四八四・大伴坂上郎女）や「手もふれで月日へにけるしらま弓おきふしよるはいこそねられね」（古今集・恋二・六〇五・読人不知）のように、「いの寝らえぬ」「いこそ寝られね」などの用例がある。「はなれて」は、ここでは恋人と離れ離れの状態を指す。「武庫の浦の入り江のすどりはぐくもる君をはなれて恋に死ぬべし」（万葉集・巻十五・三五七八）。なかなか逢えない恋人に久しぶりに逢った後は、離れているのがそれまで以上につらくなるのである。

8**〇忘れにし人をぞ夢に**　「忘れにし人」は、「忘れにし人をぞさらにあふみなるおいその森と思ひいでつる」（古今六帖・思ひいづ・二八九三）のように、私のことを忘れてしまった人ということ。一首の構造は、第二句「忘れにし人」が直ぐ下の第三句「来むは」に掛かるとともに、「忘れにし人をぞ」「見る」として第五句にも掛かる。**〇いのはなやかに寝られてぞ見る**　第三句「来むは」と合わせて「こむはいのはな」つまり「紅梅花」を隠している。「いの」は7番歌の第三句と同様に「寝の」で、第五句「寝られて」に掛り、「はなやかに」は第五句「見る」に掛かる。「はなやか」は、はっきりと鮮明、また顕著であること。「これは十五日の暁なりけり。日はいとはなやかにさし上りて、野辺の露も隠れたる隈なくて」（源氏物語・御法）。『万葉集』には「はなやかに見る」と続ける例が、「紫のまだらのかづら〈花八香尓《はなやかに》〉今日見し人にのち恋ひむかも」（巻十二・二九九三）と見える。

〔補説〕①「紅梅花」を物名歌にした二首であるが、「こうばいのはな」を詠み込むことと一首の意味の両方を十分に成立させることに成功してはいない。昌泰元年（八九八）に開催された『亭子院女郎花合』には「これはあはせぬ歌ども」として、「秋霧をみなへしなびく吹く風をこのひともとに花は散るらし」（三三二）など、「をみなへし」を物名として詠み込んだ歌が複数ある。その並びには物名ではないが「をみなへしといふことを句のかみしもにて詠める」、つまり各句の始めと終りの字に「をみなへし」を隠した、次のような歌が載る。

を｜る花を‖ む｜なしくなさむ‖ な｜をしな‖ て｜ふにもなして‖ し｜ひやとめまし‖ （二三）

を｜る人を‖ み｜なうらめしみ‖ な｜げくかな‖ て｜る日にあてて‖ し｜もに置かせじ‖ （二四）

「をみなへし」を折句・沓冠・物名などとしたはずであるが、実際には「をむなてし」「をみなてし」となっている。昌泰元年頃は隠した物の名称が厳密に正しいものでなくとも、場の人々にそれと認識できる共通理解があれば許容されたのであろうか（『亭子院女郎花合』解説参照）。当歌合にはこの7・8番歌の他にも、23・24番歌「子の日を惜しむ」題において「ねのひをしも」と詠み込むことで物名とした歌が載る。このようにやや不完全な形であっても物名歌として許容されていたとすれば、『亭子院女郎花合』に近い時期、『古今集』より前の、諸説の中ではより早い時期の成立が有力となるであろう（解説参照）。『宇多院物名歌合』と『亭子院女郎花合』は判明するだけでも躬恒・興風・忠岑の三名の歌人が重複し、出詠歌人の高い共通性も想定されるところがある。

② 十巻本では、7番歌と8番歌の下句はそれぞれ書き入れによって訂正されている。7番歌の訂正前の本文は8番歌の訂正後と類似し、8番歌の訂正前の本文は7番歌の訂正後と似通っている。これは、左右の入れ違い等の混乱があったことによるものか。7番歌の「或本右歌」という注記は、二首がそのように混乱していたことを示すものであり、本文の訂正を入れることでその混乱が解消した結果、注記は不要となり見せ消ちされたのであろう。二十巻本の8番歌はこのままでは意味を取りづらい箇所があるが、十巻本の書き入れ前の本文と非常に近い。

9

桜花

左持　　興風

わかそのへいさかへりなむに《あ》さかは《ほ》のひとはなさくらのはなりにけり

10
右
はるはきぬたねにもす《まく》へきいねは《な》さくらのはなや《へ》におろしはてゝき《よ》

〔**校異**〕 ○ナシ―五番（二）

9○左持―左（二） ○興風―ナシ（二） ○ひとはなさくら―ろとはなさくら（書） ○のはなりにけり―はなちりにけり（二）

10○右―右ち（二） ○はるはきぬ―はたねにも（二） ○たねにまくへきいねはな―すへきいねは（二） たねにもまくへきいねは（書） ○おろしはてゝよ―おろしいてゝに（二）

〔**整定本文**〕 五番　桜花

左持　　　興風

9 我が園へいざ帰りなむあさがほのひとはなさくら野はなりにけり

右

10 春はきぬたねに蒔くべき稲はなさくらのはなへに降ろし果ててよ

〔**現代語訳**〕 五番　桜花

左持　　　藤原興風

9 私の邸の庭へさあ帰ろう。野原の様子は、朝顔の一花が咲くようになってしまったよ。

右

10 春が来た。種に蒔くはずの稲は〈なさくらのはなへに〉降ろしてしまえよ。（歌意不通）

〔**語釈**〕 **○桜花** 「さくらのはな」。屏風歌の歌題としてみえる。「（同じ年三月うちの御屏風のれうの歌廿八首）さくらのはな」（貫之集・四七四詞書）。

9 **○我が園**　自邸の庭園をいう。「梅の花ちらまく惜しみわが園の竹の林に鶯なくも」（万葉集・巻五・八二四）「わが園のすももの花か庭にちるはだれのいまだ残りてあるかも」（万葉集・巻十九・四一四〇、古今六帖・すもも・四二七二）のように「梅」「竹」「李」などの樹木や「鶯」を詠む。「あさがほ」の例は見出せない。**○あさがほのひとはな**　朝顔の一つの花。朝顔の花は『万葉集』には「朝顔は朝露おひて咲くといへど夕影にこそ咲きまさりけれ」（巻十・二一〇四）など五首見え、秋の七草と歌われるが、実体は未詳。桔梗説、槿という説もある。現在の朝顔は薬用として渡来した「牽牛子」とされる。「一花が咲く」から続く「野はな」に題の「さくらのはな」を隠す。「ら」は歌意には関わらない。**○野はなりにけり**　「野」に生育する草花や自然の風物を捉え、野辺が変化したさまをいう。「秋ちかうのはなりにけり白露のおける草葉も色かはりゆく」（古今集・物名・四四〇・「きちかうの花」・紀友則）「春はきてきのふばかりをあさみどりいろは今朝こく野は成りにけり」（古今六帖・さこく・三九一三、当歌合・19・紀貫之）。

10 **○たねに蒔くべき稲**　稲の「種」として蒔くということ。『万葉集』から「ゆ種蒔くあらきの小田を求めむと足《あ》結《ゆ》ひ出て濡れぬこの川の瀬に」（巻七・一一一四）「水を多み上《あげ》に種蒔き」（巻十二・三〇一三）「青柳の枝伐り下ろしゆ種蒔きゆゆしき君にこひわたるかも」（巻十五・三六〇三）の例が見える。**○（稲）はなさくらのはなへに**　「稲」以下は解釈不能。「さくらのはな」を隠すために綴られた歌句である。中島論文は「稲はなさ／蔵の端辺《はなへ》に／（降ろし果ててよ）」と漢字を宛てる。また、浅田徹氏からは「稲は無さ／蔵のは苗に（下ろし果ててよ）」かという案をご教示いただいた。**○降ろし果ててよ**　例えば「蔵」などの場所にか、「苗」としてか、いずれにせよ、降ろし終えてしまえ、という意。

〔他出〕

9　『夫木和歌抄』春部四・花・一四一八

亭子院歌合、花桜　おきかぜ

わかのうらへいざかへりなんあさがほのひと花ざくらうつろひにけり

〔補説〕① 〔他出〕『夫木和歌抄』の本文は、初句、結句が十巻本とも二十巻本とも異なっている。初句は十巻本「わが園」からの転化かと思われる。また、結句「うつろひにけり」は二十巻本の「はなちりにけり」の意を受けたかたちか。

② 萩谷歌合大成は9番歌に、「頭ニ「集になし」ト押紙シテ註」とするが、現在は押紙には「なし」とのみ認められる。

樺桜花

左　　貫之

11 はるかすみた《集なし他歌有（押紙）》に《ち》みつを見てにはかにはさくらのはなるとおもひけるかな

右勝　　忠岑

12 はるかにはさくらのはなは《と》みえつれと《ゆれとも》いりてのそきはひろくそありける

〔校異〕 ○ナシ—六番（二）

11○たちみつをみて—たになを見て（二） ○にはかには—にはかきは（二） ○さくらのはなと—さくらのはると（二）

12○勝—ナシ（二） ○はるかには—にはかには（二） ○さくらのはなと—桜花は（二） ○みゆれとも—見えつれと（二） ○いりてのそきは—いりてのうきは（書） いりてのかきは（二）

〔整定本文〕 六番　樺桜花

左　　貫之

11 春霞立ち満つを見てにはかにはさくらの花と思ひけるかな
右勝　忠岑
12 遥かにはさくらの花と見ゆれども入りてのそきは広くぞありける

〔現代語訳〕　六番　樺桜花

左　紀貫之

11 春霞があたりいっぱいに立つのを見て、とっさには桜の花だと思ったことだったよ（見間違いだったなあ）。

右勝　壬生忠岑

12 遠くからは、狭《さ》く—さくらの花と見えるけれど、訪ねていって入り込んでの遠い所は広いことであったよ。

〔語釈〕　○樺桜花　「かにはざくらのはな」。『本草和名』に「桜桃　一名朱桜胡子〈略〉一名麦桃　和名波波加乃美　一名加爾波佐久良乃美」とある。上溝桜《うわみずざくら》の古名ともいわれる。物名歌の題となった例として、「潜けども浪のなかにはさぐられで風吹くごとに浮きしづむ珠」（古今集・物名・四二七・紀貫之）「吹かれくる香には桜ぞ添ひてくる春をおくれる匂ひなるべし」（近江御息所歌合・四）などがある。

11 ○春霞立ち満つ　春霞が一面にたちこめる、の意。「君により我が名は花に春霞野にも山にも立ち満ちにけり」（古今集・恋三・六七五・読人不知）の例がある。○にはかには　急には、とっさには、の意。「思ひけるかな」にかかる。○と思ひけるかな　と思ったことだったなあ、の意。思い違いに気づいて発せられる詠嘆。たとえば、「山高み降りくる雪を梅の花散りかもくると思ひけるかな」（赤人集・一四〇）では、実際には雪が降ってきたのを梅の花が散ってくるのかと思ったことだった、ということである。一種の見立ての表現。11番歌では、春霞が立つのを見て、桜の花が咲いたのだと一瞬思い違いをしたというのである。それとは逆に桜を霞に見誤る例には「春霞たちまふ山とみえつるはこのもかのもの桜なりけり」（人丸集・二七二）がある。

12 ○遥かにはさくらの花と見ゆれども　遠くからは桜の花と見えるけれども、の意。ここに「かにはさくらのはな」を詠み込んでいるのだが、「桜の花」の部分は隠されていない。上句は下句の「広くぞありける」に逆接で掛かる形だが、どのような意味で逆接になっているのかわからない。試みに、二句の「さくらのはな」に、「狭《さ》く〈狭《さ》し」の詞を詠み込んだものとして解釈する。「広し―狭《さ》し」の対を詠む例は、「貧窮問答歌」に、「天地は　広しといへど　我がためは　狭《さ》くやなりぬる」（万葉集・巻五・八九六・山上憶良）とある。〔補説〕①参照。なお、二十巻本には「にはかには」に異文「ははか」とあり、「ははか」は、前掲『本草和名』にもあるように、樺桜花の異名であるが、これでは本文としては意味が通じない。当歌合5番歌に「そき」の例があるので、「そき」が遠く離れた所の意と解しているが、語法的に無理がある。**○入りてのそき**　難解である。中島論文は、「入りて覗きは」であるとすると、「いりてのそき」は、遥かに出かけて行って入りこんだ遠い所、上句で遥かに見ていた所に実際に近づいて入ってみた所の意となる。『和漢朗詠集』にも入る白居易の「遥見人家花便入《はるかにじんかをみてはなあればすなはちいる》、不論貴賤与親疎《くゐせんとしんそとをろんぜず》」（春・花・一一五）の影響があるか。

〔補説〕①　物名を詠んでいるまさにその箇所にさらに重ねて掛詞を設定するということは、後世にも例が見当たらない。一方で、「桜の花」の箇所は、物名として隠されてはいない。言葉の操作に目覚め、物名を隠して詠み込むことを苦心して練習しているように見受けられるこの歌合においては、このような素朴さもあり、過剰とも思える言葉の重ね合わせもあったかと思われる。

②　12番歌の物名を詠み込んでいる箇所について、十巻本では、「にはかには」を「はるかには」と変化させているが、二十巻本では「にはかには桜花はみえつれどいりてのかきはひろくぞありける」と、11番歌の詠み込み方をそのまま使って、特に変化させていない。二十巻本12番歌の歌意は、「とっさには、桜の花は見えたけれど、入り込んでの垣の中はなんと広いことよ」となるが、この場合も上句と下句の関係は十巻本同様に難解である。人家の垣内の桜は「我が背子が古き垣内の桜花いまだ含めり一目見に来ね」（万葉集・巻十八・四〇七七）「誰が宿も垣根の桜散りぬれど我ぞ訪ふ人や音する」（出羽弁集・三二）などの例がある。また、人家の「垣」の本文の方が、白居易

の詩句との関連性は高い。

③　12番歌十巻本本文「そき」は、「き」を見せ消ちにしている。それを訂正した「け」を削っていることから萩谷歌合大成には「削ッテきヲ生カス」としている。「き→(け)→き」という書写の経過を辿っていることがうかがえる。

④　萩谷歌合大成は12番歌に「頭ニ「集になし」ト押紙シテ註」とするが、現在は「なし」とのみ認められる。

欵冬花

左　　定文

13　はなをらてわれそや丶まふきのはなるつゆをたまにてけたしとおもへは

右勝

14　いつこともわかすはるさめふりやまふきのはなへても丶えにけるかな　本のまま

〔校異〕　○ナシ―七番（二）　○欵冬花―山ふきの花（二）

13○定文―さたふ（二）　○はなをらて―はなをして（二）　○けたしとおもへは―けたしおもへは（書）

14○右勝―右（二）　○いつことも―いつらとも（二）　○きのはなへても丶えにけるかな―きの花はなへてもはにけるかな（二）きのはなへても丶ひにけるかな（書）

〔整定本文〕　七番　款冬花

左　　貞文

13　花折らでわれぞや止まふきの葉なる露を玉にて消たじと思へば

右勝

14 いづこともわかず春雨降り止まふきの葉なべても萌えにけるかな

〔**現代語訳**〕 七番 款冬花

左 平貞文

13 花を折り取らないで、私はそっとそのままにしておくよ。木の葉に置いた露を玉のままで消すまいと思うので。

右勝

14 どこをも区別せず春雨は降り止み、降り止みするので、木の葉が一面に芽吹いたことだよ。

〔**語釈**〕 **○款冬花** 「やまぶきのはな」。十巻本の「欵」は「款」の異体字。『和名類聚抄』「款冬」に、「本草云、款冬、一名虎鬚、一本冬作㆑東也。和名、夜末不々木。一本、夜末布木。万葉集云、山吹花」とある。「款冬」は、冬を款《よろこ》ぶの意で、冬に咲く花。本来はふきやつわぶきのことである。『芸文類聚』（薬香草部・款冬）には「呉氏曰、款冬十二月花、花黄白」とある。一方、山吹は、バラ科の落葉低木で、八重咲きと一重咲きのものがあり、春に黄色五弁の花をつける植物である。『万葉集』に「山吹の咲きたる野辺のつぼすみれこの春の雨に盛りなりけり」（巻八・一四四四・高田女王）と、春の雨とともに詠まれ、『古今集』でも山吹の歌群は春下の終わり付近に配される。日本では款冬を山吹としていたと考えられる。『万葉集』では、「かくしあらば何か植ゑけむ〈山振《やまぶき》〉のやむときなくも恋ふらく思へば」（巻十・一九〇七）のように「山振」「〈山吹《やまぶき》〉をやどに植ゑては見るごとに思ひはやまず恋こそまされ」（巻十九・四一八六）のように「山吹」、または一字一音で表記される。

13 **○花折らで** 花を折り取らないで、の意。**○われぞや止まふ** 「止まふ」から次の「きの葉な」に歌題「やまぶきのはな」を詠みこむ。「ぞや」は、係助詞「ぞ」と間投助詞「や」で詠嘆的強調を表す。「止まふ」は、「止む（やむ）」に、継続・反復の意をあらわす助動詞「ふ」が下接したもの。助動詞「ふ」は『万葉集』では「二上に隠らふ月の惜しけども」（巻十一・二六六八）や「月は日は変らひぬとも」（巻十三・三二三一）など、さまざまな動詞に付くが、平安時代に入ると、移ろふ、語らふ、住まふなど、一部の語にのみ用いられるようになる。ここでは、花を折り取りたい気持ちはあるが、その気持ちを何度も押しとどめ続けるということ。**○きの葉なる露を玉にて消たじと思へば** 「きの葉」は、「木の葉」。ここは「やまぶきのはな」を詠みこむために、「このは」ではなく「きのは」と詠んだ。「なる」は、～にあるの意。「露を玉にて」は、露を玉としての意。「消たじ」は、「消つ」の未然形に打消意志の助動詞「じ」が付いたもの。消すまい、の意。

14 **○いづこともわかず春雨降り止まふ** 「いづこともわかず」は、場所を区別しないで、どこでも、の意。「わく」は、区別するということ。「白雪のところもわかず降りしけばいはほにも咲く花とこそ見れ」(古今集・冬・三二四・紀秋岑)。「止まふ」の「ふ」は、13番歌と同じく継続・反復の助動詞と見ておく。春雨が降っているのか止んでいるのかわからない状態をいうか。中島論文は、この歌でも「止まふ」を「止まぬ(ず)」に通用させているとし、「降り止まないことだよ」と訳するが、根拠は示されていない。**○きの葉なべても萌えにけるかな** 直前の「止まふ」から「きの葉な」に歌題「やまぶきのはな」を隠す。「なべて」は、一面に、一体にの意。「梅の花それとも見えず久方の天霧る雪のなべて降れれば」(古今集・冬・三三四・読人不知)。「萌え∧萌ゆ」は草木などの芽が出る意。ここは、春雨によって、一面の木の葉が芽吹いたということ。春雨によって草木が芽吹く例は、「春雨に萌えし柳か梅の花ともに後れぬ常のものかも」(万葉集・巻十七・三九〇三)がある。

〔補説〕① 左右の歌とも、「やまぶきのはな」の詠みこみ方は同じである。しかし、左歌では「止まふ」を自分の動作として詠み、花を折り取るのを止めておくのは、葉に触れれば、露が落ちて消えてしまうためであり、少しでも留めて置くためにそのままにしておき、更に玉にして消さないでおきたいと願っている。右歌では、春雨が「止まふ」として、その春雨のために木の葉が萌え出て、季節が一気に進む様子を詠む。

躑躅花

左　定文

15 かりかねにおもひけ《か》つゝしのはなむあまつそ《ら》なるわか身なりとも

右

16 うくひすのこゑなつかしくなきつるはのちもこひつゝしのはなむとか

〔校異〕　○ナシ―八番（二）

15○かりかねに―かりかねの（二）　○わか身なりとも―我みなりせは（二）

16○のちもこひつゝしのはなむとか―のちもこひてしはなむとか（書）

〔整定本文〕　八番　躑躅花

左　貞文

15 かりがねに思ひかけつつしのばなむあまつそらなる我が身なりとも

右

16 うぐひすの声なつかしく鳴きつるはのちも恋ひつつしのばなむとか

〔現代語訳〕　八番　躑躅花

左　平貞文

15 雁の声に思いをかけて偲んでほしい。（あなたへの思いのために心が上の空で、雁と同じく）大空にある我が身なのだということも。

右

16 鶯が魅力的な声で鳴いているのは、春が終わった後にも（自分のことを）恋しく思って偲んでほしいというのであろうか。

〔語釈〕 **○躑躅花**　「つつじのはな」。つつじの花を詠む歌は「……いかにあらむ　年月日にか　〈茵花《つつじはな》〉にほへる君が　鳰鳥の　なづさひこむと　たちてゐて　待ちけむ人は……」（万葉集・巻三・四四三）等、『万葉集』から見られる。ただし表記には「茵花」「乍自」「管仕」などあるが、「躑躅」は見られない。漢詩において「躑躅」は複数見え、なかでも白居易の「晩葉尚《ばんえうなほ》　開《ひらけたり》　紅躑躅《こうてきちょく》、秋芳《しうはう》　初《はじめて》　結《むすぶ》　白芙蓉《はくふよう》」（「題二元八渓居一」）は『和漢朗詠集』（躑躅・一三七）にも入り、日本で親しまれたものと知れる。『新撰字鏡』では「羊躑躅」に「毛知豆々自《もちつつじ》」と和訓がある。平安朝の和歌においては、『古今集』の「思ひいづるときはの山のいはつつじ言はねばこそあれ恋しきものを」（恋一・四九五・読人不知）が有名。初期歌合では当該歌合の他、『近江御息所歌合』に「いはつつじ」「みつつじのはな」を題とした歌がある。

15 **○かりがね**　雁の鳴き声。また鳴き渡る雁をもいう。『万葉集』以来、秋を知らせるものとして詠まれる。また、「あき風に初雁がねぞ響くなるたが玉章をかけて来つらむ」（寛平御時后宮歌合・七八・紀友則、古今集・秋上・二〇七）では玉章をもたらすものとして詠まれ、「待つ人にあらぬものから初雁の今朝なく声のめづらしきかな」（古今集・秋上・二〇六・在原元方）では雁の声に恋人を連想している。ここでも、こうした連想から「かりがね」をよすがとして「しのばなむ」と自然につながるのである。**○思ひかけつつしのばなむ**　ここに「つつじのはな」を隠す。「思ひかく」は、心にかけること。また、「色に出でて今ぞしらする人しれず思ひかけつる深き心を」（本院侍従集・一）のように思いを寄せることをいう。「（思ひかけ）つつしのぶ」は、「あふことのかたみのたねをえてしかな人はたゆともみつつしのばむ」（素性集・三三）において「見つつしのぶ」が形見を見ることで眼前にない人を偲ぶことを言うように、雁の声に思いをよせることで、眼前にない人（当該歌では自分）を偲んでほしいということ。「なむ」は他への願望を示す終助詞。**○あまつそらなる我が身**　「あまつそら」は、大空のこと。また、心の状態をさして言う場合もあり、「立ちて居てたどきも知らずあが心あまつそらなり土はふめども」（万葉集・巻十二・二八八七）では心がうわの空の状態であることをいう。当該歌でも、恋人への思いで心がいっぱいになってうわの空でいることを「あまつそらなる我が身」と言ったもの。**〇なりとも**　ここでは「葦引の山におひたるしらがしの知らじな人をくち木なりとも」（後撰集・雑一・一〇八四・凡河内躬恒）のように、「〜ということも」の意で、第三句「しのばなむ」の内容について言及している。雁の声を聞いた時には、大空を渡る雁のことを思うだけでなく、雁とおなじく「あまつそら」である自分のことも思ってほしいというのである。

16**〇うぐひす**　『万葉集』以来、春を告げる鳥、春を代表する鳥として和歌に詠まれる。「春きぬと人はいへどもうぐひすのなかぬかぎりはあらじとぞ思ふ」（古今集・春上・一一・壬生忠岑）など。**〇声なつかしく**　「なつかし」は、心惹かれる様子であること。「春の野にすみれ摘みにとこしわれぞ野をなつかしみ一夜ねにける」（万葉集・巻八・一四二八・山部赤人）。**〇のちも**　鶯の鳴く季節である春が終わった後もということ。**〇とか**　〜というのであろうか。「秋の月山辺さやかに照らせるは落つるもみぢの数を見よとか」（古今集・秋下・二八九・読人不知）。

〔補説〕①　二首は内容として、15番歌が人事の恋を詠み、16番歌が鶯を詠むが、語句としては15番が秋を代表する鳥である「雁」、16番が春を代表する鳥である「鶯」を、ともにその鳴き声に着目して詠み込んでおり、「つつじのはな」を隠すために、「〜つつしのばなむ」と同じ語句を使用しているなどの類想が指摘できる。

雁靡字可尋（押紙）

雁比《靡》花

左持　　貫之

17

かたをかにひのはなれつゝ《はなに》にみえつるはこのもかのもにたれかつけゝむ《つる》

18　右　　　友則

集になし（押紙）
わたつみのおきなかにひのはなれいて、もゆとみゆ《ゆ》るはあまつほしかも

〔校異〕　ナシ―九番（二）　○雁靡花―ナシ（二）　○左持―左（二）
17○ひのはなに―ひのはなれつゝ（二）　○たれかつけつる―たれかつけゝむ（二）

〔整定本文〕　九番　雁靡花

左持　　　貫之

17　片をかに火のはなばなに見えつるはこの面《も》かの面《も》に誰かつけつる

右　　　友則

18　わたつみの沖なかに火のはなれ出でて燃ゆと見ゆるは天つ星かも

〔現代語訳〕　九番　雁靡花

左持　　　紀貫之

17　片岡に火がひとつひとつ花のように見えたのはあちらこちらと誰かが火を点けたのだろうか。

右　　　紀友則

18　大海のはるか沖に火が出て燃えていると見えるのは空の星なのだなあ。

〔語釈〕　**○雁靡花**　「かにひのはな」。十巻本は「雁靡花」とあり「雁靡字尋」の押紙がある。「比」を「靡」に見せ消ちにしているのだがいずれにしても「がんぴの花」か。「かにひの花」は、ジンチョウゲ科の雁皮とも、ナデシコ科の岩菲ともいうが、未詳。『枕草子』の「草の花は」の段に「かにひの花、色は濃からねど、藤の花とよく似て、春秋と咲くがをかしきなり」（三巻本）とあるが、堺本には「がんぴのはな」、能因本では「かるひのはな」とある。春秋と咲くところはなでしこと似るが、「藤の花」との関連は未詳。「がんぴ」や「かにひ」は「かみひ

（紙斐）」の転じたものともいわれる（古語大辞典）。「かにひの花につけて」の詞書で「花のいろのこきをみすとてこきたるをおろかに人はおもふらんやぞ」（伊勢集・四六五）とある。

17○**片をかに**　「かに」から第二句に続けて「かにひのはな」を隠す。「片をか」は片側が急で一方はなだらかな丘。『八雲御抄』巻五名所部「山」に「かたをか〈清輔抄　名所といへり　若只かたをかの山歟　可尋〉」とある。「霧立ちて雁ぞなくなる片岡の朝《あした》の原は紅葉しぬらむ」（古今集・秋下・二五二・読人不知）に詠まれる「朝の原」があるのは奈良県北葛城郡の丘陵であり、また「郭公こゑまつほどはかたをかのもりのしづくにたちやぬれまし」（新古今集・夏・一九一・紫式部）が詠まれた京都市賀茂別雷社の小山をいう歌枕でもあるが、『八雲御抄』が考えるように普通名詞「丘」を雅語として用いる時の形でもある。○**火のはなばなに見え**　「はなばなに見」は、「をるからにわがなはたちぬ女郎花いざおなじくははなばなに見む」（後撰集・秋中・六七五・藤原興風）について、工藤重矩『後撰和歌集』（和泉古典叢書3）では、「それぞれの花の意」に「派手にの意」を添えたとみるが、ここでも「ひとつひとつの花」「花毎」に「華やかに。明るく」の意を重ねたか。○**この面かの面に**　こちら側とあちら側。あっちこっち。「山風のふきのまにまにもみぢ葉はこのもかのもに散りぬべらなり」（後撰集・秋下・四〇六・読人不知）。

18○**沖なかに**　岸からはるかな海上をいう。「沖中にこがれわたれど冬なれば浪ぢをさむみいそぐ舟人」（好忠集・三二六）。○**天つ星**　天にある星をいう。「久方の雲のうへにて見る菊はあまつ星とぞあやまたれける」（古今集・秋下・藤原敏行）。海上の火を「星」と詠んだ例に「晴るる夜の星か河辺の螢かもわが住むかたの海人のたく火か」（伊勢物語・第八十七段）「いさり火のくるればうかぶかげをこそあまつ星とはいふべかりけれ」（能宣集・九四）がある。

〔他出〕

17『古今和歌六帖』第六・かにひ・三九一〇

かたをかに日のはるばるにみえつるはこのもかのもに誰かつげけん

18『古今和歌六帖』第六・かにひ・三九〇九

わたつうみのおきなかにひのはなれいでてもゆとみゆるはあまのいさり火
『拾遺和歌集』物名・三五八
かにひの花　　伊勢
わたつ海のおきなかにひのはなれいでてもゆと見ゆるはあまのいさりか
『拾遺和歌抄』雑上・四八三
かにひのはな　　伊勢
わたつみのおきなかにひのはなれいでてもゆと見ゆるはあまつ星かも
『伊勢集』（正保版本歌仙家集本）・五〇四
かにひの花
わ《同（拾）》たつみのおきなかにひのはなれ出てもゆるみゆるはあまのいさりか

〔補説〕①　この二首は、「かにひの花」を隠し題にし、左が、「岡の火」を詠む。「片岡」は古歌「あすからはわかなつまむとかたをかの朝の原はけふぞやくめる」（拾遺集・春・一八・人麿）の野焼きの印象があったか。また、右は左と対照的に「海の火」を詠む好一対であり、持となったのも理解できる。

②〔他出〕にあげたように、この二首は『古今六帖』に「かにひ」題にあげられ、18番歌は、結句に異同があるが、『拾遺集』『拾遺抄』にも物名歌として「かにひの花」題で取られている。『古今六帖』では作者名はないが、『拾遺抄』『拾遺集』で伊勢の作となることが不審である。正保版本歌仙家集本『伊勢集』に同歌が載せられるのは『拾遺集』からの補入と思われるが、西本願寺本『伊勢集』には別に、「かにひの花につけて」の詞書で「花のいろの濃きをみすとてこきたるをおろかに人はおもふらんやぞ」（四六五）がある。『古今六帖』で広く知られたこの二首を、「かにひの花」を詠んでいる「伊勢」の作であると誤ったか。『拾遺抄』では18番歌と同じ歌句でありながら「伊勢作」となり、『拾遺集』は作者を同じく「伊勢」として結句を「海人の漁りか」と、『古今六帖』の「海人の

漁り火」に近い歌句で入集させている。

伊勢は宇多院との関わりが深く、歌人としての力量も同歌合に出詠するに何の疑問もなく、遠藤寿一氏「宇多院物名歌合の成立」では、『伊勢集』『拾遺抄』『拾遺集』で伊勢作とあることから、伊勢を同歌合の歌人として取り上げている。しかし、前述のように『伊勢集』伝本の一系統にしか載らず、その個所は巻の勅撰集歌増補部分であることを考慮すれば、『拾遺抄』『拾遺集』の記述だけで伊勢歌とするのは疑問があり、逆に伊勢が歌合出詠歌人であるとすれば、一首に留まることが疑問である。

当歌合の開催時期について、久曾神昇氏は友則歌があるので、友則の没年である延喜五年〈九〇五〉以前とし、萩谷歌合大成は、当歌合から『古今集』への入集がないことから『古今集』成立後推定とするように、友則の生存が本歌合の成立時期推定に大きく関わっていることを思えば、友則歌でないと判断することは早計であろう（解題参照）。

③ 萩谷歌合大成は17番に「頭ニ「集になし」ト押紙シテ註」とするが、現在は押紙の跡のみ認められる。

件花在本草

石解《桜花》花

左　　　　貫之

19 はるきてはきのふはかりをあさみとりなへてけさこくのはなりにけり

右

20 はるさめにしへゆるふらし春のくさこくのはなへてさきみちにけり

〔校異〕　○ナシ—十番（二）　○石解花—さこくの花（二）
19○けさこく—今日こく（二）
20○しへゆる—しつゆる（二・書）　○こくのはなへて—こく（二）ころのはなつ、（書）　○さきみちにけり—のはなりにけり（二）さにみちにけり（書）

〔整定本文〕　十番　石斛花

左　貫之

19 春来ては昨日ばかりを浅緑なべてけさ濃く野はなりにけり

右

20 春雨にしべゆるぶらし春のくさ濃く野はなべて咲き満ちにけり

〔現代語訳〕　十番　石斛花

左　紀貫之

19 春が来たのはほんの昨日であるのに、浅緑だった野は、おしなべて今朝は緑濃くなったことだよ。

右

20 春雨のために花の蘂がゆるんだらしい。春の草も色濃くなって、野はおしなべていっぱいに花が咲いたことよ。

〔語釈〕　○石斛花　「さこくのはな」。今の「石斛《せっこく》」のこと。十巻本は「石觧（解の俗字）花」の字を宛てる。ラン科の常緑多年草。多数の固いひげ根を出して、山中の岩石、老樹の上に着生する。根際から多節、緑褐色の茎を多く生じ、高さ約二〇センチメートルに達する。葉は広線形で革質、暗緑色、長さ三～五センチメートル。古い茎は葉を失う。夏日、古い茎の上部に白色または淡紅色の花を開く。全草を強壮、強精薬とする。『本草和名』に「石斛（略）和名須久奈比古乃久須祢、一名以波久須利」とある。『古今六帖』に19・20番の類歌が入るが（〔他出〕参照）、『古今六帖』にならった鎌倉期の『現存和歌六帖』には「伊勢の海や潮もかなひぬ浦人のあさこぐ船は釣りに出づらし」（一二三九）の物名歌が入る。

19**〇春来ては昨日ばかりを**　「春来る」は暦の上で春になったことをさす。立春の日。「ばかり」は、ほんの…ぐらい、の意。「を」は逆接の助詞。「…きては……を」の形で、季節の始点からの日数と実際の季節や人事の進展を比較して発想する歌の例として、「秋きてはほど経にけるをあやしくもわが松虫のおとづれもせぬ」（保明親王帯刀陣歌合・八・みなもとのさたけ）などがある。**〇浅緑**　薄い緑色。ここは野辺の草の色。三句以下の詞続きは、「さこくのはな」を詠み入れるために恣意的な語順になっており、その結果三句に位置することになった「浅緑」は、どの語句とも係り受けの関係にない独立句となって、昨日の野辺の色を彷彿させる。**〇なべて**　同じ状態が広くいきわたるさま。一面に。おしなべて。「秋風の吹きと吹きぬる武蔵野はなべて草葉の色変はりけり」（古今集・恋五・八二一・読人不知）。**〇けさ濃く野はなりにけり**　ここに「さこくのはな」を詠み込む。「けさ」は今日の朝。夜が明けて見出した新しい発見をいう。二十巻本の「今日」の本文ではこの驚きに乏しい。昨日と対照して詠まれている歌には「昨日まであひみし人の今朝なきは山の雲とぞたなびきにける」（古今六帖・かなしび・二四六三）「昨日見し花の顔とて今朝みれば寝てこそさらに色まさりけれ」（後撰集・春下・一二八・藤原定方）などがある。「濃く」は昨日の「浅」緑と対する。「春はまた浅緑なる野辺の色も降りそむる雨に濃くやなるらむ」（大斎院前の御集・二七）。

20**〇春雨にしべゆるぶらし**　春雨のおかげで花の蘂がゆるんだらしい、の意。「しべ」は雄しべ雌しべをいう。春雨によって開花が促進されることをいっている。次の例は春雨がしべを「結ふ」をしたものである。「降るとしもみえず降りくる春雨は花のしべ結ふ糸にぞありける」（夫木抄・春三・九三九・読人不知）。春雨は14番歌既出。「らし」は推定。三句以下がその根拠。**〇春のくさ濃く野はなべて**　ここに「さこくのはな」を詠み込む。「春の草」は「春草」という形で『万葉集』に詠まれる。**〇咲き満ちにけり**　一面に満開になったことよ、の意。三句以下は春の草の色も濃く、その花も満面に咲いている様子を表現する。

【他出】

19『古今和歌六帖』第六・さこく・三九一三
　春はきてきのふばかりをあさみどりいろは今朝こく野は成にけり

20『古今和歌六帖』第六・さこく・三九一四
　はるさめにしめぞゆふらし花にさこく（ママ）のはなへてさきみちにけり

〔補説〕① 19番歌の題の十巻本本文は、「石解花」を削ってその上に重ねて「桜花」と書き、さらにそれを見せ消ちにして「さこくのはな」と書き、またそれを削って重ねて「石解花」と元に戻している。

② 右歌と左歌の表現の類似が目立つ番である。用語の点では「春」「なべて」「濃く」「野」などが共通している。内容面では、左歌が、春になったばかりなのに草の色が浅緑から濃くなったと詠めば、右歌が、春雨を持ち出して春の草の花が野に咲き満ちるというさらに春らしくなった様子を詠む。やはり野の様子を詠んでいた二番と同様の運びである。

③ 先の番《つがい》に用いられていた言葉が、繰り返して使われている点も注意される。19番歌の「野はなりにけり」は9番歌に、20番歌の「春雨」「なべて」は14番歌に、使われていた。20番歌の「咲き満つ」は、11番歌の「立ち満つ」に類似している。

④ 萩谷歌合大成は19番に、「頭ニ「集になし」ト押紙シテ註」とするが、現在は押紙には「し」のみ形跡が認められる。

藤花

左勝

21 おくつゆのひかりてたまそみえまかふふちのはなからにきえすまゆ《もあら》なむ

22

右　　　　　　　深養父

あ《ま》つそらてりみくもりみゆくつきのふちのはなとはさやけかるらむ

【校異】　○ナシ―十一番（二）

21○たまそ―たまる（二）　○みえまかふ―みしまかふ（二）　みひまかふ（書）　○ちのは―ゝ《ふ》ちのは（二）　○なからに―なかくに（二）

22○深養父―ナシ（二）　○あまつそら―あまのかは（二）　○ふちのはなとは―ふちのはなと空白（書）

【整定本文】　十一番　藤花

左勝

21　置く露の光りてたまぞ見えまがふ茅の葉ながらに消えずもあらなむ

右　　　　　　　深養父

22　天つ空照りみくもりみゆく月の淵の端などはさやけかるらむ

【現代語訳】　十一番　藤花

左勝

21　葉に置く露が輝いて玉と見間違える。茅の葉の上にあるままで消えないでほしいものだ。

右　　　　　　清原深養父

22　空に照ったり曇ったりして行く月であるのに、どうして淵の端々まではっきりと明るいのだろうか。

【語釈】　**○藤花**　「ふぢのはな」。藤は春の終わりから夏にかけて咲く花。「わがやどに咲ける藤浪立ちかへりすぎがてにのみ人の見るらむ」（古今集・春下・一二〇・凡河内躬恒）。マメ科のつる性落葉低木で、薄紫の小花が房状に垂れて咲く。

21 **〇置く露の光りてたまぞ見えまがふ**　「置く露」は、葉に置く露。「たま」は、白玉。真珠のこと。露を玉に喩える例は、「草の糸にぬく白玉と見えつるは秋の結べる露にぞありける」(後撰集・秋上・二七〇・藤原守文)がある。「見えまがふ」は、見間違える、見誤るの意。「わがやどの梅の初花昼は雪よるは月とも見えまがふかな」(後撰集・春上・二六・読人不知)。「たまぞ見えまがふ」は、たまが主語になってしまうため不審。「たまぞ」は「たまとぞ」の意であろう。**〇茅の葉**　直前の「まがふ」の「ふ」から「茅の葉」に歌題を隠す。「ちのは」は、中島論文で「茅の葉」と当てるのに従う。「茅」はイネ科の多年草。ちがや。「茅の葉」は、『古今集』に「あひしれる人の、ややうやくかれがたになりけるあひだに、焼けたる茅の葉に文をさしてつかはせりける」(恋五・七九〇詞書)とある。また、「草のいとにぬく白玉と見えつるは秋のむすべるつゆにぞ有りける」(後撰集・秋上・二七〇・藤原守文)「秋の野の草は糸とも見えなくにおく白露を玉とぬくらん」(同・秋中・三〇七・紀貫之)のように、草が、玉に喩えられた露を貫く糸に見立てて詠まれる例もある点でも、細長い茅の葉がふさわしいと思われる。**〇茅の葉ながらに消えずもあらなむ**　「茅の葉ながらに」は、茅の葉の上にある状態での意。露が枝の上にある状態を詠む。「萩の露たまに抜かむと取れば消ぬよし見む人は枝ながら見よ」(古今集・秋上・二二二・読人不知)の例がある。「消えずもあらなむ」は、消えないでほしいということ。

22 **〇天つ空**　天、空。「久方の天つ空にも住まなくに人はよそにぞ思ふべらなる」(古今集・恋五・七五一・在原元方)。**〇照りみくもりみゆく月の**　照ったり曇ったり。「み」は動詞連用形の下について、対照的な動作が繰り返しおこることを表す。「神無月降りみ降らずみ定めなき時雨ぞ冬のはじめなりける」(後撰集・冬・四四五・読人不知)「河内の国、生駒の山を見れば、くもりみ晴れみ、立ちゐる雲やまず」(伊勢物語・第六十七段)。「ゆく月」は、時間とともに空を移動する月。**〇淵の端などはさやけかるらむ**　歌題を隠す。「ふちのはなとは」は、ひとまず「淵の端などは」ととらえておく。中島論文は「淵の端門」と当てるが、「端門」が難解であり、従えない。「淵」は、水がよどんで深いところ。「世の中は何か常なる明日香川昨日の淵ぞ今日は瀬になる」(古今集・雑下・九三三・読人不知)。

「端」は、はし。「あかなくにまだきも月の隠るるか山の端にげて入れずもあらなむ」（同・八八四・在原業平）のように、周辺、境界を指す語。「さやけし」は、はっきりしている、明るいの意。「ぬばたまの夜渡る月のさやけくはよく見てましを君が姿を」（万葉集・巻十二・三〇〇七）のように、くもりなく明るい月であればよく見えるが、本歌では、第二句に「照りみくもりみ」とある。それにも関わらず、深いところまでまんべんなく「さやけ」しであることに対して、「など」と疑問を呈する。「は」は強意を表す係助詞。疑問詞に「は」が下接することについては〔補説〕①参照。

〔補説〕① 22番歌「などは」のように、「は」が疑問詞に下接する例は少ない。疑問詞と「は」の関係について、山口明穂氏（『日本語を考える』東京大学出版会・二〇〇〇年）は「霜かづく枯野の草のさびしきにいづくは人の心とむらむ」（山家集・冬・五〇八・「枯野草」）「みちのくはいづくはあれど塩釜の浦漕ぐあまの綱手かなしも」（古今集・東歌・一〇八八・陸奥歌）の二例を指摘している。例は少ないものの、先の二首のように、疑問詞＋「は」の例が皆無ではないことから、当該歌でも「などは」と解しておく。

② 当歌合の各番《つがい》は、左右が同じように歌題を隠すものが多いが、この番では異なる隠し方になっている。ただし、両歌とも夜の情景を詠んだものである。左歌で「置く露の光りて」とあるのは、月光に輝く白露であり、そこから右歌が「月」を詠みだしたのだろう。

23

子日をゝしむにて

左　貫之

むねのひをゝしもぬかねはみたれおつるなみたにわれはけちつへらなり《のたまにかつそけちつる》

右勝　忠岑

24

集になし（押紙）

くらきよにともすほたるのむねのひを、しもぬ《と》けたるたまとみるかな《かとそ見る》

此歌依古今中注付其由而相勘年紀之不相叶可尋（押紙）

〔校異〕　○ナシ—十二番（二）　○子日を、しむ—子日（二）

23○なみたのたまにかつそけちつる—なみたれにわれはけちつるなり（二）

24○ぬ《と》けたる—とけたる（書）　○たまかとそみる—たまと見るかな（二）

〔整定本文〕　十二番　子日を惜しむ

左　　貫之

23　むねの火を緒しも貫かねば乱れ落つる涙の玉にかつぞ消ちつる

右勝　　忠岑

24　くらき夜にともす螢のむねの火を緒しも抜けたる玉と見るかな

〔現代語訳〕　十二番　子日を惜しむ

左　　紀貫之

23　自分の胸に燃えている火を、緒で貫くことはないので乱れ落ちてしまう自らの涙の玉のために、一方では消してしまうことであるよ（胸の火も涙の玉も、私自身から発したものであるのに）。

右勝　　壬生忠岑

24　暗い夜に飛び交って明るくともす螢の胸の火を、緒が抜けてしまって乱れ落ちる玉かと見ることであるよ。

〔語釈〕　**○子日を惜しむ**　「ねのびををしむ」。「子日」については1番歌〔語釈〕参照。当該歌二十巻本は「子日」とのみあるが、歌に詠み込まれたのは「ねのびををしむ」であり、底本とした十巻本には「子日を、しむ」とあるのでこれに従った。歌題や歌の内容として「〜を惜しむ」とある場合、多くは「みてのみや立ちくらしてん桜花散るをしむにかひしなければ」（貫之集・七二）のように散りゆく花や、「ふぢの花をみて春をしむ所」（中務集・三詞書）のように過ぎ行く春、『古今六帖』には「名を惜しむ」の項目などあるが、「子日を惜しむ」は珍しい。子日を十分に堪能しまだ飽き足らずにいることを言うものであろう。〔補説〕①参照。

23**○むねの火を**　第二句目「緒しも」と合わせて「ねのびををしむ」を隠す。「緒しも」の「も」と「惜しむ」の「む」を通用させて詠み込み物名としたもの。これは、「み吉野のたのむの雁もひたぶるに君が方にぞよるとなくなる」（伊勢物語・第十段）で有名な「たのむのかり」において、田の表面に下りている雁は「田の面《も》の雁」であるところを「たのむの雁」と詠み、「頼む」の掛詞として成立させられるのと同じ感覚であろうか。「胸の火」は2番歌〔語釈〕参照。胸に燃える恋の炎。この初句は第五句目「かつぞ消ちつる」へつながる構造となっている。**○緒しも貫かねば乱れ落つる涙の玉に**　「緒」は玉を貫いてつなぐ紐のこと。緒や糸が玉を貫くことは、「あさみどりいとよりかけて白露を玉にもぬける春の柳か」（古今集・春上・二七・遍昭）のように様々な比喩をもって和歌に詠まれる。当該歌では涙を玉と見立て、この涙の玉は実際の玉と違って緒で貫いて留めることがないので、乱れ落ちるという。**○かつぞ消ちつる**　「かつ」は、「ふる雪はかつぞ消ぬらしあしひきの山のたきつせ音まさるなり」（古今集・冬・三一・読人不知）では、雪が降っているその一方で雪が消えるというように、一方で起こる事象と対立する事象が同時に他方で発生する意を示す。当該歌では、胸に恋の炎を燃やすのも自分である一方で、恋のつらさに涙を流すのも自分であり、その恋の炎を自らの涙によって消してしまうという矛盾を「かつぞ」と表現している。「胸の火」ではないが、「あひがたみ目より涙はながるれどこひをばけたぬ物にざりける」（民部卿家歌合・二二）のように、「恋（こひ）」に「火」を掛けてその「火」を「涙」で消す（消さない）という発想は和歌に詠まれる。

24**○ともす螢のむねの火を**　「むねの火を」から続く第四句「緒しも抜けたる」にかけて「ねのびををしむ」を隠す。「螢」は『万葉集』では「ほたるなす　ほのかに聞きて　おほつちを　ほのほとふみて　立ちてゐて　行方も知らず」（巻十三・挽歌・三三四四）に「ほのかに」を導き出す語として一例あるのみであったが、当歌合の頃には

「秋くればみやまざとこそわびしけれよるは螢をともしびにして」（是貞親王家歌合・四四）と、はかなく光るものとして詠まれ、また「夕されば螢よりけにもゆれども光みねばや人のつれなき」（寛平御時后宮歌合・夏・六九・紀友則、古今集・恋二・五六二）のように、燃えるものの象徴となっている。一方、「胸の火」は2番歌および23番歌にあるように、胸に燃える恋の炎のことを指す語。先に引いたように螢は燃えるもの・明かりをともすものとして和歌に詠まれ、漢詩では、「螢火《けいくわ》乱飛《みだれとんで》秋《あき》已近《すでにちかし》、星辰《しんせい》早《はやく》没《ぼつして》夜《よは》初《はじめて》長《ながし》」（元稹「夜座」）など「螢火」が螢そのものや螢の光を指して用いられる。当該歌の「螢の胸の火」は、明かりをともすもの・燃えるものとしての「螢」の和歌的な用法に、漢語「螢火」を合わせ、さらに題の「子の日を惜しむ」を隠したために、「螢の胸の火」という言葉続きで螢の光を表現する結果となった。螢が飛び交っていることをいうのである。**○緒しも抜けたる玉と見るかな**　上句にいう螢の光を玉と見立てた表現。ここでの「ぬけたる」の「ぬく」は、23番歌の「貫く」ではなく「抜く」。「ぬきみだる人こそあるらし白玉のまなくもちるか袖のせばきに」（古今集・雑上・九二三・在原業平、伊勢物語・第八十七段）のように、玉を貫いていた緒が抜けてしまって、玉が乱れ落ちることを言う。

〔他出〕

24『古今和歌六帖』第六・螢・四〇一二

夏の夜はともすほたるのむねの火ををしもたえたる玉とみるかな　つらゆき

『夫木和歌抄』夏二・三二六一

亭子院歌合、借（ママ）子日　忠峰

くらきよにともすほたるのむねの火をおしこめもたる玉かとぞみる

〔補説〕①「子日を惜しむ」（十巻本）という歌題は珍しいものであるが、歌合冒頭は「子日」（歌に詠みこんだのは「子の日の松」）から始まっており、最終番も「子日」の関連で、しかも盛会の名残を惜しむ気持ちを込めて「子日を惜しむ」として締めくくったものであろう（解説参照）。

②〔他出〕に挙げた『古今六帖』の歌は24番歌と多少の語句の違いはあるが、別歌とするには歌語・発想ともに類似性が高い。作者名についても貫之の歌となっているのは当歌合で忠岑とするのと異なるが、歌合で番えられた23番歌が貫之歌であることから、『古今六帖』の歌は伝来の過程で表現や作者名に異同・混同が生じた結果を掲載したもの、つまり異伝歌と見るべきであろう。

③〔他出〕に挙げた『夫木抄』は、24番歌と第四句が異なるため「子日を惜しむ」を隠す歌でなくなってしまっている。また歌全体としても、螢のことを「恋の思いを胸にしまって口に出さずにいる魂」として見るという内容となり、24番歌とは大きく異なるものとなる。これは「物おもへば沢の螢をわがみよりあくがれにけるたまかとぞみる」（後拾遺集・神祇・一一六二・和泉式部）などに影響を受け異伝が生じたものであろう。

④萩谷歌合大成は、23番歌、24番歌に「頭ニ「集になし」ト押紙シテ註」とするが、現在は23番歌は、押紙の跡のみ、24番歌に「集になし」と押紙がある。また、24番歌の左上に「此歌依在古今中注付其由而相勘年紀之不相叶可尋」と押紙がある。

二十巻本翻刻

○「寛平御時菊合」

寛平御時歌合

題　菊

歌人

左方　占手の菊は殿上童小立君を女につくりてはなにおもてをかくさせてもたせたり　いま九本をはすはまをつくりてうゑたり　そのすはまのはまはおもひやるへし　おもしろきところのなをつけつゝ　きくにはゆひつけたり

占手　山崎皆瀬菊

1 うちつけにみなせはにほひまされるはをりひとからか花のつね《かけ》かも

二番　嵯峨大沢池菊〈或本これよりはすはま〉

2 ひともとゝおもひしきくをおほさはのいけのそこにもたれかうへけむ

三番　紫野菊

3 なにしおへははなさへにほふむらさきのひともときくにおけるはつしも

四番　大井戸難瀬菊　〈しろかねをよりてたきにおとしたり　いとたかくよりおつれともこゑもせす〉

4 たきつせはた丶けふ許おとなせそきくひとは《も》に《き》なにおもひもそます

五番　摂津国田蓑嶋菊　〈きくのしたに女のひとのそてをかさにてかひひろふかたしたり〉

5 たみのともいまはおもは《もとめ》したちかへりはなのしつくにぬれむとおもへは

六番　奈良棹河菊

6 ちとりゆへさほのかはへをとめくれはみなそこきりてさける花かな

七番　和泉吹居菊

7 けふ〳〵としもおきまさるふゆた丶は《は》はなうつろふとうらみにゆかむ

八番　紀伊国吹上浜菊　　菅原のおと丶

8 秋風の吹上にたてるしらきくは花かあらぬかなみのよするか

九番　伊勢国網代浜菊

9 いそにさくあしろのをきく《を》しほかひは《に》たまとそとら《め》むなみのしたくさ

十番　会坂関菊

10 このはなにはなつきぬらしせきかはのたえすもみよとをれるきくのえ

右方　これも殿上童うちこ藤原重時　あはのかみひろしけかむすこ　[一三]かくてきくともおほすへき《人々す》はまを
いとおほきにつくりて　ひとつにうへたれは　もていつるにところせけれは　おしあはせてはひとつにな
るへくかまへて　わりてわをつけて　ひとたひにおしあはせていたさむとかまへたるを　左方人《のひと》もとつ丶

いたすにおとろきて　たひ〳〵にいたしけれは　あはせはく《て》たれは　いとおもしときところひとつなれと
あはするほとはわれていとかたはなり
占手歌　本文に《も》あると《こと》也
11 山ふかみいりにしみをそいたつらにきくのにほひにいろつきにける
12 のむからにおやこのなかもわかれすときくたにみつをひきてなかせり
13 いまはとてくるまかけてしにははなれはにほふくさはもおひしけりけり
14 すめらきのよろつよまてしませ《さ》から《く》はたまひしたねをうへしきくなり
15 きくのみつよはひをのへすあらませはさともあらさすけふあらましや
16 かく許くものうへたか《のほ》くかけれ、はかけるとりたにあらしとそおもふ
素性
17 古今 ぬれてほふやまちのきくのつゆのまのいつかちとせをわれはへにけむ〈或本いかてか我かちよをへぬらむ〉
18 あきはて、冬はとなりになりにけり《ぬとて》あかぬは花をにほひくはふる
19 よろつよをきくのたねとやまきそめてはなみることにいのりきにけむ
友則或本元方
桜《菊》下待人形造所
20 こきん はなみつ、人まつときはしろたへのそてかとのみそあやまたれける

○「亭子院女郎花合」

合了　亭子院御時女郎花合

昌泰元年

亭子のみかとおりゐさせ給て

又のとしきさきとみかと《后と》、のせ

させたまふる女郎花合なり

一番

左

くさかれの秋すきぬへきをみなへしに　（1）

ほひゆゑにやまつみえぬらむ

右

あらかねのつちのしたにてあきへしは《まちて》　（2）

けふのうち《ら》てをまつをみなへし

二番

左

あきの、に《をみなへしらむと》《るとも》さ《本定》しわけすにぬれに　（3）

しそてやはなとみゆらむ

右　　左大臣

古今
をみなへし秋のゝかせにうちなひき　（4）
心ひとつをたれによすらむ

三番

左

秋ことにさきはくれともをみなへし　（5）
けふまつほ《ま》とのなにこそありけれ

右

さやかにもけさはみえすやをみなへし　（6）
きりのまかきにたちかくれつゝ

四番

左

をみなへしたてるのさとをうちすき《て》　（8）
うらみむつゆにやぬれ《や》わたるらむ

右

しらつゆのおけるあしたのをみなへしはな　（7）
にもはにもたまそおきける

五番

左

あさきりとのへにもれ《む》たるをみなへしあきをすくさすいひもとめなむ　(9)

秋風のふきそめしよりをみなへしいろ　(10)

ふかくのみ、ゆる野へかな

右

かくをらむ《しむ》あきにしあは、をみなへし　(11)

うつろふ色はわすれやはせぬ

六番

左

なかきよは《を》たれたのめけむをみなへし　(12)

人まつむし《に》のえ《え》たことになく

右　　たゝみね

ひとのみむ《る》ことやくるしきをみなへし　(13)

あきゝりにのみたちかくるらむ　きりのまかきにとも

七番

左《ち》

と《を》りてみは花《はか》なからむやをみなへしそ　(14)

そて《に》つ〻めるしらつゆのたま

右　　よしのふ　或本躬恒

をみなへし吹すきてくるあきかせは
めにはみえねとかこそしるけれ（15）

八番

左

ひさかたのつきひとをとこをみなへし
この秋許《アマタアルノヲスキカテニスルトモ》うつろふなゆめ（16）

右

あきの〻のつゆにおかる〻をみなへしそて《はらふ》
ひとなみぬれやわたら《つつやへ》む《ふるとも》（17）

九番

左

あたなれ《り》となにそたちぬるをみなへし
なとあきの〻におひそめにけむ（18）

右

をみなへしうつろふあきのほとをなみ《みな》
ねさ《へ》しうつしてをしむ今日かな（19）

十番

左ち

(20) うつらすはふゆともわかし《て》をみなへし

ときはのえたにさきかゝらなむ

右

十一番　　　　御せい

(21) をみなへしこのあきまてそまさ《も》るへき

つゆをも《ぬ》わきて玉にまとはむ《せ》

右　　　　かう御宮　后宮

(22) 君によりのへをはなれしをみなへし

おなし心にあきをとゝめよ

はなは右おとり歌は左かちにけり

這一巻

（朱印）亭子院女郎花

已上四十一首俊忠卿御筆無紛者也

承応三

十二月廿四日　　　古筆　（琴山印）
了佐　（花押）

右歌合一巻
御子左俊忠卿真跡無疑者也
応那須資礼殿需証之畢殊
櫟材了佐奥書有之可謂珍宝也
天保十四年臘月中旬　　古筆了伴　（琴山印）

○「宇多院物名歌合」

宇多院歌合

十二番

一番　子日

左　　　つら行

1 ほの〳〵とねの日の松のさしつれはむすはぬはるの雪そときける

右　かつ　　　友則

2 また恋をするかのふしの山よりもねのひの松もゝえまさるかな《わかむねのひのまつもゝゆるか》

二番　春花

左　　　つらゆき

3 としかはるのはなほ事になりぬらしかのこまたらに雪もけにけり

右　　　忠峯

4 白雪のきえてみとりにかはるのはなかれていろのかは《へ》らすもかな《さらなむ》

三番　梅花

左　　　つら行

5 そらとおくさくらも《らすは》いてゝかつき見むむめの花かひうちよせなむ

右　　さたふ

6 風吹はいさうらことにいて、見む梅の花かひなみによるやと

四番　紅梅花

左　　貫之

7 あひかたき人をはさらにみしこむは、なやねられすそみる　　本のま、と本にも

右　かつ

8 わすれにし人なゆめにもなほこむはいのはなれてはねられぬ物を

五番　桜花

左

9 我そのへいさかへりなむあさかほのひとはなさくらはなちりにけり

右　ち

10 はたねにもすへきいねはさくらのはなへにおろしいて、に　　本にも本

六番　かは桜の花

左　　つらゆき

11 春霞たにな《河》を見てにはかきはさくらのはる《な》と思ける哉

右　　たゝみね

12 に《は》はかには桜花は見えつれといりてのかきはひろくそありける

七番　山ふきの花

左　さたふ

13　はなをしてわれそや、まふきの花《は》なるかつゆをたまにてけたしと思へは

右

14　いつらともわかす山ふきの《はるさめふり》花はなへてもはにけるかな　本に本

八番　つゝしの花

左　さたふ

15　かりかねの思かけつゝしのはなむあまつそらなる我みなりせは《とも》

右

16　うくひすのこゑなつかしくなきつるはのちも恋ひつゝしのはなむとか

九番

左　つらゆき

17　かたをかにひのはなれつゝみえつるはこのもかのもにたれかつけゝむ

右　とものり

18　わたつみのおきなかにひのはなれいてゝもゆと見ゆるはあまつほしかも《るはあまのゐいさりするかも》

十番　さこくの花

左　貫之

19　春きては昨日許をあさみとりなへて今日こくのはなりにけり

右

20 はるさめにしつゆるふらしはるのくさこくのはなりにけり　本に本

十一番　藤花

左　勝

21 おくつゆのひかりてたまるみし《え》まかふ丶ちのはなかくにきえすもあらなむ

右

22 あまのかはてりみくもりみゆくつきのふちのはなとはさやけかるらむ　（行間同筆補入）

十二番　子日

左　つらゆき

23 むねのひを丶しもぬかねはみたれおつるなみたれにわれはけちつるなり

右　忠峯

24 くらきよにともすほたるのむね《のひ》を丶しもぬけたるたまと見るかな

解説

寛平御時菊合

『寛平菊合』は、十巻本が冒頭に「寛平御時きくあはせの歌」とするように、宇多天皇の主催により内裏で行われた菊合に際し、左右それぞれの菊を提出する趣向の一部として詠まれた歌である。一首ずつを番えることはせず歌の勝敗も記さない。これは、この場が歌を合わせることに主眼のあったものではないこと、この行事が遊戯的なものであったことをもの語り、仮名日記にも菊の洲浜の様子を中心に当日の雰囲気が綴られる。

一、伝本

当歌合の伝本は、十巻本は前田家尊経閣文庫に、二十巻本は東京国立博物館に蔵され、いずれも欠けるところなく現存している。両本は細かな異同はあるものの本文や配列に大きな差はない。両本の異なる点は、冒頭の歌合名の表記が、十巻本は「寛平御時きくあはせの歌」とのみあってすぐに左方の仮名日記となる一方、二十巻本は「寛平御時歌合／題菊／歌人」としてから左方仮名日記へと続ける。また、十巻本は左方の一首目にのみ「占手」とあり他は番号を記さないが、二十巻本は続く歌にも「二番」「三番」……と番号を記す。十巻本は各歌の題に平仮名を多用するが、二十巻本は「山埼皆瀬菊」などと題を漢字のみで記すことなどが大きな相違点である。

現存する転写本は多くが二十巻本系統のもので、校異に採りあげた諸本では書陵部C本のみが十巻本系統の本文をもつ。校異に挙げた二十巻本系統諸本のうち特に、書陵部A本・書陵部B本・鶴舞図本・熊本大北岡本・高松宮A本・同B本の六本は共通する部分が多く、十巻本はもとより二十巻本とも異なる箇所が目立つ。例えばこれら六本は、二十巻本と同じく左歌に番号を付すのみでなく右歌にも「一番」「二番」……と記す。冒頭の歌合名表記を「寛平御時菊合歌」とするのは十巻本に一致するが、これに続けて割書で「左右不読合／十番」と記すのは十巻本にも二十巻本にも見えない。けれどもこれに続けて「題菊／歌人」と記すのは二十巻本と一致する。また、左方の各歌の題となる地名を、二十巻本は漢字のみで記すところをこれら六本は「山崎のみなせのきく」など、漢字と平仮名を混用する。その他、17番歌の詞書をこれら六本は「仙宮にきくをわけて人の到るをよめる　素性法師」（書A本）などと記すが、二十巻本はこの詞書を持たず、詞書を持つのは十巻本である。いずれかの段階で十巻本との接触を経て、また多少の手が加わった本からの転写本であろうか。これに対し、同じく二十巻本系統の本文を持つ北海学園本・三手文庫本・山口図本・松平文庫本の四本はいずれも近世の書写と思われるが、先の六本よりも本文が二十巻本に近い。このうち三手文庫本・山口図本の二本は臨模という程でないが字詰めや行配り、所々の字の特徴のほか、傍記や朱の集付もほとんど一致するので、親子またはそれに近い関係にあるものらしい。

二、歌人

十巻本・二十巻本ともに当菊合を内裏歌合の分類に収め、またいずれの諸本においても「寛平御時のきくあはせの歌」（十巻本）、「寛平御時歌合」（二十巻本）などと名称に「寛平」と冠することから、寛平年間、すなわち宇多天皇の主催により内裏で行われたものである。出席者や和歌の作者については諸本とも逐一記すことはない。『古今集』に入集した四首にのみ、紀友則（2・20）、菅原道真（8）、素性（17）の名が見える。これらの人々と宇多天皇との密接な関係を垣間見せている。なお、紀友則の名が左方の2番歌にも右方の20番歌にも見えることからも、当菊合が後世の歌合とは異なり、左右の歌を一首ずつ合せて対決させるようなものでもなければ歌人たちの研鑽の場でもない様子がうかがわれる。

三、内容と意義

仮名日記には、菊を提出する趣向や洲浜の様子が詳しく記され、和歌は洲浜の菊に添えるもの、つまり菊合の趣向の一部として詠まれたものであるらしい。それゆえに左右の歌を一首ずつ番えることはせず、全体として左右それぞれのテーマを洲浜の趣向とともに表現するものとなっている。このことは、物合と歌が結びついて、歌そのものを合わせる歌合が発展していく過程を示すとともに、一番を「占手」とすることは、相撲節会の要素を取り入れたものとして重視される。宇多天皇のもとで歌を添える物合という新しい催しが生まれる様子がうかがわれる。

しかし、当菊合の和歌は単に洲浜の添え物としてあるのではない。菊を和歌に詠むことも当菊合においては重要なポイントだったようである。菊は漢詩でこそ賞翫して詠まれるもので、既に奈良時代の『懐風藻』にも菊を詠んだ漢詩が複数見える。けれども、それとほぼ同じ頃に成立した『万葉集』に菊を詠む歌はない。これは、菊が重陽の宴という宮廷行事と共に中国から伝えられた花であったことによるらしい。現存する文献によって知られる限り、菊を詠む和歌の初例は『日本後紀』巻六逸文（『類聚国史』）延暦十六年（七九七）十月二十一日の次の記事である。

曲宴。酒酣皇帝歌曰。己乃己呂乃。志具礼乃阿米爾。菊乃波奈。知利曾之奴倍岐。阿多羅蘇乃香乎。賜五位已上衣被。
（曲宴。酒酣《たけなは》にして皇帝歌ひて曰はく、「このごろの　時雨の雨に　菊の花　散りぞしぬべき　あたらその香を」と。五位已上に衣被を賜ふ）

平安朝に入ってすぐの頃、時の天皇は桓武天皇、宴において菊の香を詠んでいる。その後、同じく『日本後紀』巻十六逸文（『類聚国史』）大同二年（八〇七）九月二十一日の記事は、

幸神泉苑。琴歌間奏。四位已上。共挿菊花。于時。皇太弟頌歌云。美耶比度能。曽能可迩米豆留。布智波賀麻。岐美能於保母能。多乎利太流祁布。上和之曰。袁理比度能。己己呂乃麻丹真。布知波賀麻。宇倍伊呂布賀久。尓保比多理介利。群臣倶称万歳。賜五位以上衣被。
（神泉苑に幸す。琴歌間奏。四位已上。共に菊花を挿す。時に、皇太弟頌歌して云はく、「宮人の　その香にめづる　ふぢばかま　君の御物　手折りたる今日」と。上之に和して曰はく、「折り人の　心のままに　ふぢばかま　うべ色深く　にほひたりけり」と。群臣倶に万歳を称し。五位以上衣被を賜ふ[1]）

とある。時の皇太弟（後の嵯峨天皇）と平城天皇の唱和で「ふぢばかま」と詠むが、歌の直前に「共に菊花を挿す」とあることから菊を詠んだものとされている[2]。中国から移入された菊を和歌に詠むにあたって、同じく秋に咲く芳醇な菊科の植物として「ふぢばかま」の名を用いたのであろうか。これとほぼ同じ頃の詠と思われる歌で「菊」と詠み込む歌が、『奈良御集』に、

九月ばかり、菊花を
ももしきにうつろひわたる菊の花にほひぞまさるよろづよの秋（一二三）

と見える[3]。このように、宇多天皇の御代までの時代において菊を和歌に詠む例はごくわずかしか確認されない。

すなわち、この菊合開催時においては菊を和歌の主題として、しかも音読みのままに詠むということ自体が新しい試みなのである。[4] その試みを、左方は地名と取り合わせてそこに咲く菊を詠むことで取り組んだ。これらの地名は菊の名所として知られた地というわけではないようで、地名と菊の組み合わせを如何に表現するかを思案して楽しんだものと思われる。たとえば、2番歌「大沢の池」という地名には、「多し」「さはに」を掛けて「ひともと菊」との対照に面白味を見出すなど、掛詞や縁語を多用する。4番歌では「となせ（の滝）」という地名に「音《と》無瀬（音がない瀬）」を汲み取り、これを理屈として「音《おと》なせそ」と地名を歌句に隠しつつ言葉を続けて見せた。この歌の場合などは、一首の歌としての完成度よりもこの着想に力点があるらしい。あるいは8番の道真歌で「吹上浜の菊」を「花かあらぬか浪のよするか」としたのは、漢語「浪花」に着想を得つつ、浪と同じく白い菊の花という「見立て」の技法を試みたものである。いずれも、新しく和歌に菊を詠む方法を工夫している。

右方は、「本文にあることども」とするように、漢籍の故事を各歌に翻案するような形で取り入れる。仮名日記によれば、右方の洲浜は全体で一つのものであったようで、右方の歌も一首ずつが一つずつの故事をふまえるのではなく、同じ故事を踏まえた歌もあれば、複数の故事を総合的に一首に詠み込むものもある。洲浜と同じく和歌も、右方の十首全体で故事を和歌へ取り込むことを試みたのであった。複数の故事を点綴させて一首を成す右方の詠み方は、日本漢詩においては既に『経国集』に見える。『芸文類聚』の菊が長寿を延ぶる故事（《参考》「菊合の漢籍典拠」A・B）や、菊花を星に見立てる賦（同E）など、まさに当菊合にも様々用いられる故事を複数踏まえた詩がある（《参考》「日本漢詩における菊表現の受容例」参照）。この方法は道真の詩にもまた見えている。右方も左方とは異なる趣向で漢詩の素材であった菊を新しく和歌に詠み込む試みを行ったのである。

左右いずれも、菊や洲浜とともに和歌も合わせる新しい催しに、菊という新しい素材を和歌に詠み込む試みを、中国の故事・漢詩の技法に着想を得ながら、仮名によって可能性が拡がる掛詞や縁語の使用、そこから膨らむ連想を多用して取り組んだ。ここには、仮名の発達を享受する楽しみ、試行錯誤の中にも新しい和歌の世界を切り拓く喜びがうかがえる。その結果、『八雲御抄』に「凡そ菊は万葉には詠まざるか。寛平菊合以後、殊名物とはなれり」（巻三）とされるように、当菊合以降、和歌の素材として菊が定着することとなったのであろう。恐らくは『古今集』に菊歌群が作られる端緒は当菊合そのもので、それゆえ『古今集』の菊歌群十三首のうちに四首がまとまって入集する。当菊合の和歌が、洲浜の添え物でなく、単なる遊戯に留まるものでなく、新しい歌の世界を開き得た証であると言えよう。

四、成立

諸本に開催年次の記載はなく年次を決定する資料に乏しい。萩谷歌合大成は、右方の仮名日記「阿波守藤原ひろしげ」について、「ひろしげ」は「ひろかげ」の誤とし、さらに「阿波守弘蔭を現在称と認める限り、そしてまた、宇多天皇在位中を意味する寛平の御時という呼称も参酌して、他に確たる反証のない限りは、姑く本歌合を、仁和四年乃至寛平三年の間の某年秋の成立と仮定しておく」としている。

もう少し詳しく当時の状況を鑑みつつ成立年を探ってみよう。十巻本や二十巻本またその他の写本や目録において当歌合の呼称に共通する「寛平」は、八八九年四月～八九八年五月であるから、この間の開催ということであり、上限は八八九年となる。「寛平」を宇多天皇の在位期間を指すとすれば、仁和三年（八八七）八月に光孝天皇崩御、十一月に宇多天皇が即位したが、菊合開催の時期として九月もしくは秋の開催が一般的と考えられるので、翌仁和四年（八八八）が上限となる。「寛平」に限定すればさらに翌年が寛平元年（八八九）となるので、成立上限は仁和四年または寛平元年と言える。

下限については寛平末年よりも早い時期を想定できる状況がある。宇多天皇が主催または開催に関与する歌合のうち、『寛平御時后宮歌合』や『是貞親王家歌合』などはこれを土台として『新撰万葉集』を編み、さらには『古今集』の編纂へと繋げていくという大きな流れに位置づけられる。しかし、当菊合は『寛平御時后宮歌合』等のように大規模で整った歌合とは全く異質で、十番二十首という規模、歌は左右を番えることなくあくまで菊に添えたもので主眼は菊にある。いわば歌合としては『寛平御時后宮歌合』等の整った形式をいまだ持たない発展途中の様子を見せると考えられるし、少なくとも、そうした『古今集』へとつながる大きな取り組みの埒外にある。このため『寛平御時后宮歌合』や『是貞親王家歌合』より以前ということになろう。これらの歌合も成立年は確定されるものではないが、『新撰万葉集』（上巻序文によれば寛平五年九月）へ歌が採られることという流れからして、これよりも前の開催である。すると、当菊合は『新撰万葉集』成立以前に開催された『寛平御時后宮歌合』等よりもさらに前、すなわち寛平三年（八九一）が下限と推測される。このように、当菊合そのものを当時の歌合の開催事情と考え合わせた場合でも成立は仁和四年～寛平三年となり、萩谷歌合大成が藤原弘蔭の阿波守在任期間から推測するのと結局は重なる。

宇多天皇は歌会や歌合のみならず詩宴もまた多く開催したことが知られている。(5) このうち重陽宴は当菊合と同じく菊を賞翫し詩を賦すもので、公宴として重視され宮廷行事に位置づけられていた。当菊合が成立したと推測される仁和四年～寛平三年の宇多天皇の文壇の様子を重陽宴や菊題での賦詩に注目してみると、次のような状況である。

仁和四年　八月二十六日　重陽停止決定（日本紀略）
寛平元年　九月九日　東宮　重陽宴「鐘声応霜鳴」（田氏家集・菅家文草・日本紀略・新撰朗詠集）
九月十日　「九日後朝」（田氏家集）
九月某日（二十五日）公宴「惜秋翫残菊～応制」（日本紀略・本朝文粋）
九月二十九日　「九月晦日」（田氏家集）
寛平二年　九月九日　重陽宴「仙潭菊」（日本紀略）
閏九月一日　「閏九月作」（田氏家集）
閏九月九日　「後九日到菊花」（田氏家集）
閏九月十二日　殿上「召儒士於禁中、令賦未旦求衣賦、霜菊詩等」（日本紀略・菅家文草）
閏九月二十九日　密宴「閏九月尽灯下即事」（日本紀略・菅家文草）
寛平三年　九月九日　重陽宴？（「不御南殿、親王以下、著平座」（日本紀略））
九月十日　詩宴「秋雁櫓提声来」（日本紀略・菅家文草）
「重陽後節題秋叢、応製一首」（田氏家集）

仁和四年（八八八）は、先帝の周忌が近いために重陽宴は停止（『日本紀略』八月二十六日条）。この年の十一月二十二日は大嘗祭が行われている。八月末に重陽停止を決定した秋から冬にかけて、宇多天皇や宮中は多忙であったことがうかがえる。この仁和四年は重陽以外でも宮廷での詩宴の記録は少ない。翌寛平元年（八八九）は、九月九日東宮にて重陽宴、翌十日には重陽後朝宴が行われた（『田氏家集』・一四一）。九月某日（二十五日か）にも「惜秋翫残菊」題での公宴の記録が見える（『日本紀略』等）。寛平二年（八九〇）は、九月九日重陽宴を実施。この年は閏九月があり、『日本紀略』には閏九月十二日に「召儒士於禁中、令賦未旦求衣賦、霜菊詩等」と見え、この日の詩は『菅家文草』（三三二）にも見える。閏九月二十九日には菊を題とはしないが閏九月尽の密宴が行われ、閏九月を翫ぶ様子が見える。さらに『田氏家集』にはどのような場での作かは不明ながら、寛平二年閏九月の詠に「閏九月作」（一五九）・「後九日到菊花」（一六〇）が見える。寛平三年（八九一）も九月九日重陽宴、翌十日には詩宴、『田氏家集』（一六八）によれば重陽後宴も行われている。

こうして見ると、寛平元年から三年の間は詩宴が盛んに行われ、重陽宴以外にも菊への関心が高まっていた様子がうかがえる。ここには示さなかったが寛平四年以降の菊を題とする詩宴の様子と比較してもやはりこの三年間の記録が目立つ。菊を詩に詠むことへの意識の高まりが、菊を和歌でも詠むという試みを実施に至らせたのではないか。特に寛平二年は、前年からの菊題への関心の高まりと実作の経験を重ねていた。

加えてこの年は閏月が九月にある。菊合ではなく後の例ではあるが、閏九月のあった天暦九年（九五五）には内裏で紅葉合が行われ和歌が詠まれているし、『和漢朗詠集』には閏三月の項目があり「帰谿歌鶯《たににかへるかあうは》、更逗留於孤雲之《さらにこうんのみちにとうりう》路《す》。辞林舞蝶《はやしをじするぶてふは》、還翩翻於一月之花《かへつていちぐゑつのはなにへんぱんたり》」（六〇・源順）「さくらばな春くははれる年だにも人の心にあかれやはする」（六一・伊勢、古今集・春上・六一）など、閏三月には花や春の景物をもう一ヶ月長く賞翫できるものとしてもてはやす。つまり、閏九月の存在は通常よりもさらに菊を楽しむという発想が起こりうる。九月九日は重陽宴を宮廷の年中行事として行わなければならないが、閏九月はそのような規定からは自由であって、九月の期間も長い。右に挙げたように、『田氏家集』に見える菊の漢詩も閏九月に詠まれており、特に閏九月九日の「後九日到菊花」（田氏家集・一六〇）には晋の盧諶「菊花賦」や陶潜の故事による「白衣」の語など、当菊合右方が歌に詠み込んだ故事と多くの一致を見せる（《参考》「日本漢詩における菊表現の受容例」参照）。このように、菊合を開催する状況として暦の上でも人々の関心においても寛平二年がもっとも整っている。和歌を詠む私的な菊合も閏九月であれば開催できたのではないか。ちなみに、寛平二年閏九月二十九日の密宴は、宮中における九月尽日詩の早い例とされる。九月尽日詩は残菊を題材として惜秋を詠む菅家の私的なものであった。(6) この宮中での開催も、閏九月であったからこそ可能となったのであろう。

さらに、菅原道真の存在も注視される。宇多天皇の歌合は、『新撰万葉集』序文が「後進之詞人、近習之才子、各献四時之歌、初成九重之宴」（後進の詞人、近習の才子、各々四時の歌を献じ、初めて九重の宴を成す）と記し、『亭子院女郎花合』には宇多院の近親者らしき名が見えるごとく、身近な人々を中心に集められたらしい。道真は阿衡紛議をきっかけに宇多天皇に重用されるようになる。道真歌が見えることから、当菊合の成立は阿衡紛議を経た八八八年以降と考えられる。また、道真の讃岐在任は八八五年～八八九年で、寛平二年（八八九）春には解由を待たずに帰京している。道真の出詠という点においても帰京した寛平二年という年は、当菊合の開催年次において重要な年と言える。萩谷歌合大成も「道真の参加ということを考慮に入れるならば、讃岐守の任期満ちて帰京して以降、寛平二・三年の秋に限定することも可能となる」としている。

よって、宇多文壇の菊への関心の高まり、詩宴の多数開催、宇多天皇の道真重用時期、道真の帰京を考え合わせると、当菊合の開催は寛平二～三年の秋頃、特に閏九月のあった寛平二年が最も有力と考えられる。そして、その様子は、先に引用した『新撰万葉集』序文のような、あるいは寛平二年閏九月二十九日の密宴の詩序に「近習者侍臣五六、外来者詩人二三而已」（『菅家文草』三三六）と記すような、宇多天皇にごく近しい者たちが集まった格式張らず、文芸的に自由度の高い場であったことが想像される。

注

（1）『日本紀略』の引用は、『新訂増補国史大系第十巻　日本紀略』（吉川弘文館・一九四〇年再版）による。ただし訓読は岸本が試みに付したもので、和歌の部分には適宜漢字を当てた。

（2）芦田耕一「嵯峨天皇の菊の歌について―彼帝における漢詩と和歌の問題―」（『島大国文』一〇・一九八一年一二月）など。

（3）この歌の作者を『奈良御集』は記さず、桓武天皇のものかどうかは不明。山口博氏はこれを嵯峨天皇の作とする。（「嵯峨御集の想定」（『国語と国文学』五二―一一・一九七五年一一月）

（4）中村佳文「『寛平内裏菊合』の方法―和歌表現の再評価―」（『国文学研究』一五八・二〇〇九年六月）に詳しい。中村氏はこれを、宇多天皇による「和漢対峙」という時代的な意義を生み出していく布石となるべき公的行事と位置づける。

（5）滝川幸司『天皇と文壇　平安前期の公的文学』（和泉書院・二〇〇七年）

（6）菅野礼行『平安初期における日本漢詩の比較文学的研究』（大修館書店・一九八八年）

（岸本理恵）

亭子院女郎花合

『亭子院女郎花合』は、十巻本目録には『亭子院歌合〈女郎花　昌泰元年〉』とある。内題はなく、『寛平御時菊合』最後尾から数行分の空白のあと歌日記から始まる。昌泰元年（八九八）に、宇多院主催で行われた、物合としての女郎花合に付随する形で行われた歌合である。

一、伝本

十巻本系統と二十巻本系統との本文の大きな違いは、一つは、十巻本系統には、歌合十一番のあとに、「これはあはせぬ歌ども」として、「をみなへし」の沓冠の歌と折句の歌、さらに、「これはその日、みな人々に詠ませ給ふ」と後宴の歌も記されていることである。第二の違いは、十巻本系統には、十一番の歌合のあとに、「某年秋宇多院女郎花合」の冒頭三番の六首の歌が、見せ消ちにされた状態で、混入している点である。特に第一点は、冒頭の歌日記とともに歌合開催の具体的な様子がうかがえる重要な情報である。

各系統の諸本について概略を述べる。底本とした尊経閣文庫蔵十巻本歌合の写本としては、宮内庁書陵部に転写本がある（書陵部Ａ本）。これは、底本の見せ消ちを消去しているが、混入歌については見せ消ちにせず、本文のごとくに書写している。転写の過程で、作者名を落としたり、誤写している箇所が数カ所みられる。

二十巻本は、旧森川如春庵蔵、行方不明であったが、徳川美術館・名古屋蓬左文庫企画展「美しきかな」（二〇一七年一月四日～二月五日）に出品された。萩谷歌合大成は二十巻本原本を底本として翻刻しているが、比較すると、異なる点がいくつか見出される。現状を報告するとともに、改めて原本を翻刻して掲載する。翻刻にあたっては、徳川美術館四辻秀紀氏の御配慮を忝うした。萩谷氏によれば、森川家には陽成院歌合も蔵せられていた由であるが（「廿巻本「類聚歌合巻」の研究」『短歌研究』昭和十四年二月）、展示されていた亭子院女郎花合は当該歌合単独の軸一巻であった。なお、原本の冒頭から8番歌まではすでに『古筆学大成』21巻にモノクロの影印が収められているが、右展覧会目録「美しきかな」には、冒頭から5番歌までのカラーの影印が掲載されている。また、『古筆学大成』21巻には、13、14番歌部分が模写の断簡として収載されている。

現在は独立した一軸となっている当歌合の二十巻本原本巻末には、「這一巻／亭子院女郎花／以上四十一首俊忠卿御筆無紛者也／承応三／十二月廿四日　古筆了佐（花押）（琴山印）」という加証奥書がある。「這一巻」と「亭子院女郎花」の行間は、切り継ぎされたあとがあり、その継ぎ目上部には朱印が押されている。これは、後述するが、この間に「陽成院歌合」という一行があったものを、「亭子院女郎花合」のみの軸に仕立てるときに、切り取られたと推せられる。この奥書は、「陽成院歌合」十番二十首と、「亭子院女郎花合」十一番二十一首（五番左欠）の合わせて四十一首があったことを証していると考えられるからである。二十巻本では、五番左の歌を、おそらく同筆で行間に小さく補っているのだが、古筆了佐極めは、これについては、判断の外だったのではないか。さらに、この奥書の後、最後尾に古筆了伴による奥書が付加されている。「右歌合一巻／御子左俊忠卿真跡無疑者也／応那須資礼殿需証之畢殊／櫟材了佐奥書有之可謂珍宝也／天保十四年臘月中旬／古筆了伴（琴山印）」。那須資礼《すけひろ》（寛政七年一七九五～文久元年一八六一）は、江戸後期の旗本で、千種有功《ありこと》門下の歌人。出羽国久保田藩佐竹義方の子として生まれたが、交代寄合那須資明の婿養子となり、那須氏二十八代当主となった。この奥書は、那須資礼の求めに応じて、古筆家第十世の了伴が、俊忠の真跡であることを再鑑定した上で、古筆家初代了佐の極めを持つことの価値をも証明したものである。当歌合資料からは天保十四年時点で、歌人那須資礼が所蔵していたということがわかる。

黒川本と内閣文庫本は書写奥書を持つ。黒川本は表紙に「俊忠卿筆影写本」と書かれており、忠実に影写された本で、陽成院歌合に続けて当歌合を収める。奥書には「這一巻／陽成院歌合／亭子院女郎花／已上四十一首俊忠卿御筆無紛者也／承応三　十二月二十四日　古筆了佐　（花押）（琴山印）」とある。ここには、「陽成院歌合」の一行があり、二十巻本の該当箇所が切り取られる以前の姿を残していることがわかる。またこの本は、五番左の補入や、歌位置の訂正などもよく写している。萩谷歌合大成は「廿巻本巻三の中から本歌合（注　陽成院歌合）と昌泰元年亭子院女花《ママ》合とが切り出されて一巻となった後に書写したものの如く、この歌合二種をもって一冊を形造っているばかりでなく、その筆跡も廿巻本第一甲類の筆跡を模し、字体字詰共に忠実に原型を伝えている」とする宮内庁書陵部に蔵する一本があることを「陽成院歌合」の解説に記している。この本は、宮内庁書陵部蔵「陽成院歌合」（五〇一・五八三）を指すと推せられる（書陵部B本）。これは奥書を持たない。今、二十巻本、黒川本、書陵部B本を比較すると、黒川本、書陵部B本はともに二十巻本の原型を伝える忠実な模写であるが、子細に見ると黒川本の方が模写として優れていると判断される。書陵部B本は、二十巻本、黒川本、どちらからの模写である可能性もある。

内閣文庫本には「右亭子院女郎花合以俊忠卿真跡一巻合書写了／原本巻末古筆了佐書云這一巻陽成院歌合／亭子院女郎花合已上四十一首俊忠卿御筆無／紛者也　承応三年十二月廿四日」との書写奥書があり、黒川本との書写関係を示す。内閣文庫本は、亭子院女郎花合のこの奥書の後に陽成院歌合を掲載するので、掲載順に整合性がない。和歌も一行書きである。

松平文庫本と伊達本は、ともに奥書をもたず、本文はほぼ同一であるが、伊達本は、和歌を三句末で改行し、助動詞「けむ」を「剣」、「なむ」を「南」と表記するなど、漢字をあてる傾向がある。

二十巻本およびその系統の諸本はすべて、五番左歌を書き落としている。その処理の仕方によって、およそ三群に分けることができるが、まずは二十巻本について述べる。五番右歌を左歌の位置から書き始め、十番右の位置には、「右」とだけあって和歌はない。一つ手前の十番左の「左」字は、右を擦り消した上に書きなおされているのだが、或いは、十番右を書いた時点で、気がついて戻って直したものだろうか。ただ、次の十一番についても「左」がなく、十番右がその代わりのように見える。脱落に気付いて、五番左の前に歌を補入し、五番左を本来の右の位置に移す記号を施し、六番以降も同様の処置をしている。黒川本、内閣文庫本は二十巻本と同様である。松平文庫本と伊達本は、歌は補入しているが、位置を移す記号はない。これらを第一群とする。

第二群の福井市図本と、彰考館文庫A本は、脱落の補入も施しているが、第一群で「右」とだけあった十番に、出典不明の和歌一首を補うという処理をしている。福井市図本は、和歌は二行書で、「大納言為家卿以自筆／之本写留者也」との書写奥書を持つが、第一群の和歌無しの十番「右」が書かれている上にさらに「右」として和歌を補っているために、「右」が重なっていて、出典不明の和歌が書き加えられて通常の歌合の形におさまるまでの中間の姿を示しているようだ。また、第一群では書かれていなかった十一番「左」が書き加えられている。

第三群は、脱落した五番左歌を補わず、十番右に、第二群と同じ出典不明の歌を書き、十一番に「左」も補っているもので、彰考館B本と北海学園本である。彰考館B本は「右一巻以屋代弘賢蔵本書写畢」という書写奥書を持つ。二十巻本系統の諸本が、第一群から第三群へと変貌していったさまが辿られよう。

なお、当歌合の名称は、底本の十巻本目録では「亭子院歌合」とあり、二十巻本系統の内題では「亭子院御時女郎花合」とある。本書では所収の他の歌合と区別するため「亭子院女郎花合」の称を用いる。

二、主催者および成立

主催者は、寛平九年七月三日皇太子敦仁親王に譲位し、上皇となった宇多院である。十巻本冒頭仮名日記に「亭子の帝」とあるのは、宇多院が、退位後、弘徽殿・東院皇后別寝（上皇の母班子女王邸）・朱雀院・仁和寺御室・亭子院・六条院・宇多院と、住まいを移している居所の名前からくる呼称の一つである。当歌合が催されたのは「おりゐさせ給ひて又の年」、すなわち「昌泰元年」（八九八）であり、住まいは朱雀院であった（同年二月十七日移徙日本紀略）。亭子院を住まいとされるのはまだ先のことであり、新編全集注が「「亭子帝」の呼称は、退位後しばらく亭子院（もとは中宮温子の邸なので）に居住していたことによる」と亭子院を朱雀院以前の仮住まいのように記すのは誤りであろう。四月二十五日には、譲位直後に内裏を出て東五条堀川院に移っていた中宮温子も朱雀院に同居した。この女郎花合は、朱雀院で催されたのであり、当歌合4番歌詞書が『古今集』で「朱雀院のをみなへしあはせによみてたてまつりける」とあるのもそれを示している。宇多院は譲位以前からも朱雀院へ行幸し御遊を催している。太田静六氏は、南北は三条大路と四条大路、東西は朱雀大路と皇嘉門大路に囲まれた広大な朱雀院推定復元図を試みているが（「延喜天暦時代における代表的宮殿「朱雀院」の考察」古代学協会編『延喜天暦時代の研究』一九六九年四月）、昌泰二年に詩宴が開かれたりしているのは「栢梁殿」という殿舎である。当「女郎花合」も、おそらくこの殿舎で催されたと思われる。萩谷歌合大成は「女郎花は初秋の季に属する。恐らく御退位一周年の七月の成立であろう」としている。

三、構成・作者

この「女郎花合」は、左方の頭（リーダー）を宇多院じきじきに、右方の頭は皇后温子がつとめたもので、方人らの十番のあとに、番付最上位の大一番である「最手」としてこの二人の番《つがい》が組まれている。各番ごとの勝負付けはないが、「最手」のあとに「花は右劣り、歌は右勝ちにけり」と総合的な勝負が付けられている。花は花、歌は歌で判定されているところから、この「女郎花合」は、物合に伴う歌合であったことがわかる。物合として、女郎花はどのように場に持ち出されたのかは記されないが、左右がそれぞれ、洲浜に女郎花を景色よく植えて披露したのであろう。当歌合の歌の披露の仕方は不明だが、『延喜十三年三月十三日　亭子院歌合』では、「歌は、紫檀の筥小さくて、おなじごと入れたり」とあり、そのあと、講師が読み上げている。歌も勝負をつけたとすれば、はじめから洲浜の景物に短冊で結いつけられていたわけではなく、読み上げる講師の手元にあったのであろう。

十番のあとに、頭である宇多院と温子の一番があり、最後に総合的な勝負の判定がある。

そのあとに、「これはあはせぬ歌ども」として、沓冠の歌三首と折句の歌三首がある。歌合の歌のなかには「をみなへし」を隠す物名歌が一首あるが（3番歌）、無理なく上手に詠み込まれており、物名を隠している機知は前面には出ていないものである。物名に較べて、沓冠と折句の技法は、連続した仮名列を詠み込むのでないだけに、高度な課題であったらしく、六首はかなり無理をして一首を構成している。これについては後述する。ここまではこの歌合のために兼題で詠まれた歌で、歌合の場で披露されたものであろう。

さらに「これはその日、みな人々によませ給ふ」とあり、歌合の後宴のその場で歌が詠まれたことがわかる。後宴の歌には、物名歌（29、30、33、34、38）折句（41、42）なども見られ、その場で披露されたであろう先の六首とともに、言語遊戯に興じたさまがうかがえる。

次に作者についてであるが、宇多院、温子以外には、歌合の部には温子の兄、左大臣時平のほかは、忠岑、躬恒、興風の三名の「歌よみ」の名が見える。後宴には、方人あるいは念人として歌合に参加したのであろう人たちの名が見える。源のつらな、致行（宗于）、のちかた、すすぐ、もとより、好風、やすき、あまね、希世、もとゆき、伊勢である。後述するが、貫之や躬恒も、後宴に出席しているらしい。主催者、時平、宗于、好風、希世、歌人達以外の出席者の多くは伝未詳である。のちかた、もとより、もとゆきは手がかりがない。その他の出席者については萩谷歌合大成の比定に従って、略系図を示す（右傍線を付す）。やはり宇多院の身内が多いと言えよう。

専門歌人のうち興風、貫之、忠岑は、すでに『是貞親王歌合』『寛平御時后宮歌合』に出詠している。興風は歌人としてだけでなく官僚としても、初任から極官まで宇多院と関係が深かった。管弦にすぐれていた宇多院に「管弦之師」（古今集目録）でもある興風が宇多サロンのメンバーとして重要であっただろうと言われている（山口博『王朝歌壇の研究　宇多醍醐朱雀朝篇』桜楓社、一九七三年十一月）。伊勢は、温子の女房であり、『寛平御時后宮歌合』に出詠している。寛平末年頃、宇多院の寵を受けて皇子を生んだ。この皇子は延喜の始め頃夭折するが、当歌合当時は存命である。宇多院は退位後も伊勢の歌才を愛でた。後宴に出席して当然であろう。躬恒は、昌泰元年から延喜七年まで散位であったが、その頃宇多院のもとに出入りするようになったらしく、宇多朝の歌合には出詠していない。

当歌合には、その名を記載されている者以外にも出席していたとわかる者があり、またその場で詠まれた歌であるが記されてはいない歌もあることが、他の資料から推測される。『古今集』の女郎花歌群には三条右大臣定方（二三一）や紀貫之（二三二）の詠歌が見られる。物名の巻には貫之の詠として当歌合後宴で詠まれたと覚しき「をみ

〈略系図〉

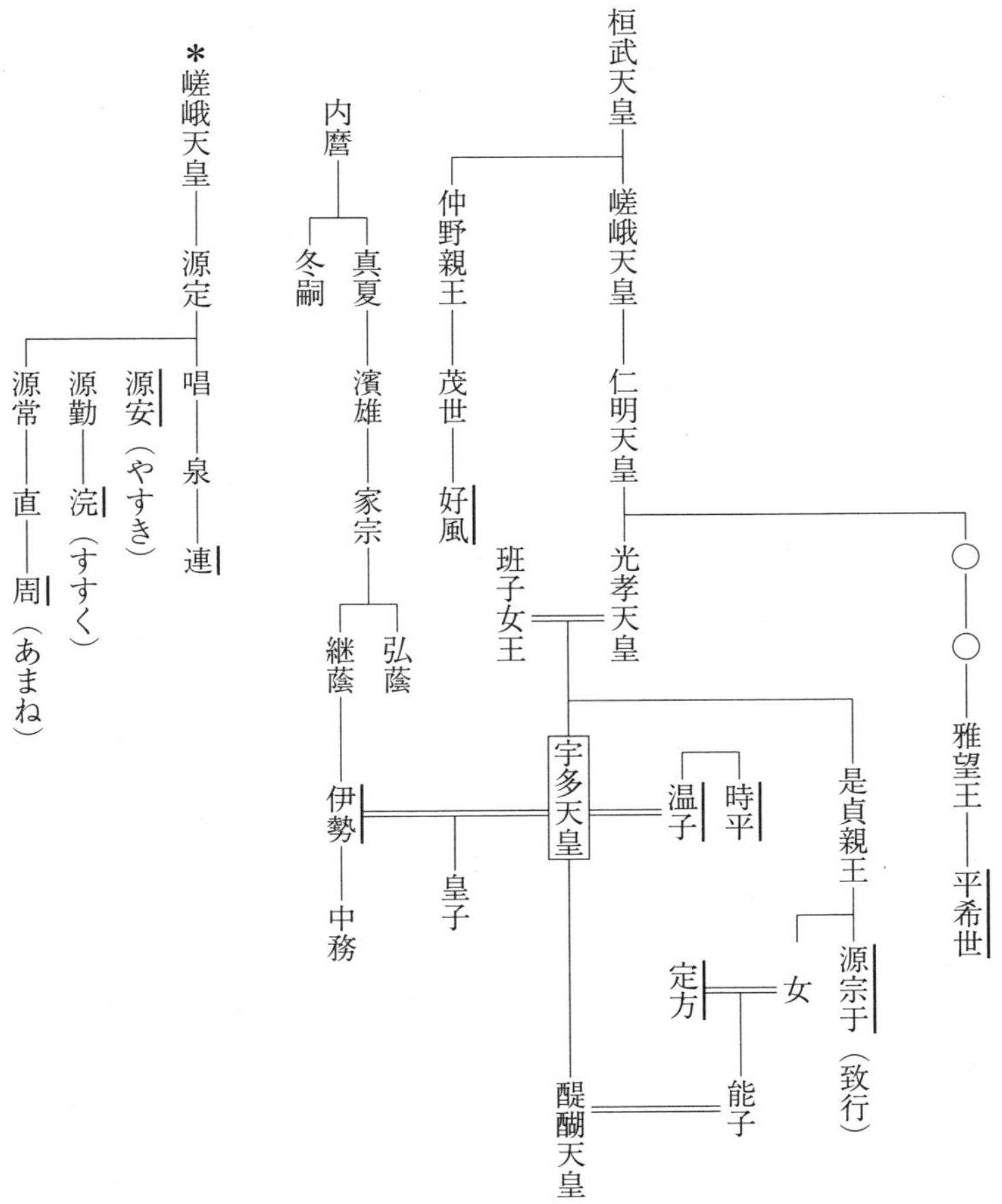
桓武天皇
嵯峨天皇
仲野親王
仁明天皇
茂世
好風
光孝天皇
班子女王
○
○
雅望王
平希世
是貞親王
源宗于（致行）
女
定方
能子
宇多天皇
醍醐天皇
温子
時平
伊勢
皇子
中務
内麿
真夏
冬嗣
濱雄
家宗
弘蔭
継蔭
*嵯峨天皇
源定
唱
泉
連
源安（やすき）
源勤
浣（すすく）
源常
直
周（あまね）

なへし」の折句の歌が入集する（四三九）。このように『古今集』やその他『新撰万葉集』『後撰集』『古今六帖』『夫木抄』『躬恒集』『忠岑集』にまとまって入る当歌合関係の女郎花歌の状況については「《参考》本書所収歌合における女郎花歌の重出状況と他文献収載状況」にまとめた。ただし、『躬恒集』については、承空本に『朱雀院女郎花合』（一・二）と重なる歌が入るが、西本願寺本には、この二首は見えないものの次の二首が入る。

朱雀院をみなへしあはせのうた、をみなへしあはせのうたを、をみなへしといふいつもじを、くのかしらにおきてよめる

をぬきて見るよしもがなながらへてへぬやとあきのしらつゆのたま（八）

をりつればみてあきのひはなぐさめつへてこの花をしらせずもがな（九）

その詞書は、一度ならず催された宇多院の女郎花合のうちでも当歌合に関連が深いことを示唆している。これらも躬恒が当歌合の後宴で詠んだ折句の歌である可能性がある。

四、和歌史における意義

当歌合は、物合に付随して行われた歌合で、行事のなかで和歌が比重を増してくる過渡的様態を呈し、その筋道のひとつを推測させるという意義が大きい。最古の女郎花合であることも、その筋道を考える上で重要であると考えられる。

初期の歌合は相撲節会の術語や方式を流用していたらしく、寛平御時菊合では、相撲の一番を「占手」と称し小童が勤めたのに応じて、一番の洲浜を「占手」とし、そこに殿上童を立たせている。当歌合では、相撲用語は、一

番左の下部に、「うらて（占手）」が見せ消ちされているのと、最後の御製と后宮の一番の前に「ほて（最手）」とあるのみであり、歌合用語として定着してゆく「左右の頭」が、最初の日記部分に見えていて、歌合の方式が芽生えていく様子がうかがわれる。

「これはあはせぬ歌ども」とあることから、それより前の歌が「あはする歌ども」であったことがわかる。この歌合は女郎花をテーマとする撰歌合であり、結果として歌合の番としては使わなかった歌も兼ねて詠まれていたようである。撰歌して番を組むときに、用語や内容で関連のあるもの（共通の語を持つもの、対比的な語を持つもの）を対にしていったらしいこと、一方で用語の対比はあっても歌題として共通する内容を見出しがたいという撰歌合であったことを証するような対もあること、時の進行にほぼ従って秋の終り花の終りで締めくくっていることなどが指摘されており、対を作りながら時候の推移に従って掲載される構成をとったことが、単に記録として筆録されたのではなく、作品として読まれることが念頭におかれ、さらに文芸性が追求されたことを意味しているとも考察されている（山崎健司「新撰万葉集女郎花の部の形成—宇多上皇周辺における和歌の享受—」『国語国文』第五十九巻第三号）。「あはせぬ歌ども」に沓冠や折句の歌が集中してみられる理由は、改めて考える必要がある。

文芸性の追求の具体相は、総合的に下された歌の判からも推量される。「花は右劣り、歌は右勝ちにけり」とあることについて、右歌が勝ちとされた理由を、山崎氏は、左歌が花そのものを賞美する歌が多いのに対して（1・5・7・15・19・21）、右歌は「をみな」（娘子）の名の連想で詠む擬人法の歌がほとんどであることから、宇多上皇が右歌に新しみを読みとっていたと推測している。山崎氏は、さらに、上皇は、人口に膾炙しており、『古今集』にも入集している遍昭の女郎花詠—「名にめでて折れるばかりぞ女郎花我おちにきと人に語るな」（秋上・二二六）女郎花を女性に譬える—を想起していたかとも言う。女郎花という花は、物合として競う花そのものの美しさだけでなく、その「をみな」を含む名前自体に、擬人法を生み出すという和歌の世界に参入する契機を持っていた。

清濁を書き分けない音節文字である仮名文字で書かれることで、和歌は、一次的には視覚的に理解され、言葉の意味と音とを切り離して対象化し操作することが容易にできるようになった。その結果、掛詞や縁語が発達することになる。すでに、当歌合においても、「をみなへし」の五音節（＝五文字）を切り離して操作する折句や、それをさらに複雑にした沓冠の歌が、「これはあはせぬ歌ども」として、歌合のあとに挙げられている。女郎花の花も合わせ、歌も合わせるという総合的な会で、正式の歌合のあとのくだけた宴においては、知的遊戯性の卓越した歌が別に取り上げられて楽しまれたのではないか。

「折句」の技法は、六歌仙時代の先例として、『伊勢物語』第九段「東下り」に見え『古今集』にも入る業平歌がある。「……かきつばた、いと面白く咲けりけるを見て、……かきつばたと言ふ五文字を、句の頭に据ゑて、旅の心をよまむとてよめる」と詞書にあり、「からころも　きつつなれにし　つましあれば　はるばるきぬる　たびをしぞおもふ」（古今集・羈旅・四一〇）と詠む。このように、折句の題は、眼前の景物といった、その歌の詠まれる場にふさわしい詞が選ばれるなど、場の人々に共通理解のあることが必須条件であり、それでこそその効果も十分に発揮されるといえる。当女郎花合において、当日のテーマである「をみなへし」が折句、沓冠の題に撰ばれたのは必然であろう。

物名や折句（沓冠）に詠み込む際に、実際にはすこし題を変化させている場合がある。「紅梅花」を「ころはいのはな」「こむはいのはな」（宇多院物名歌合・七、八）と詠み込んだり、「をみなへし」を「秋風をうらめしとのみ思ふかな千々の花さへうつろひにけり」（宇多院女郎花合・七）と詠んだりする場合である。さらに、「をみなへし」と詠み込むはずが、実際には沓も冠も「をむなてし」(23)「をみなてし」(24)「(を)むなてし」(25)とする例、折句として「をみなてし」(28)とする例もあり、七例を数える。詳しくは別の機会に述べるが、「をむなてし」などと詠むことが許容されるのは、「へし」と「てし」の仮名の連綿の視覚的類似に由来すると考えている。この歌合の場には、これらの揺れを許容する共通理解があったと推察される。

これらの文字遊びを含む歌がどのような方法で披露されたのかはよくわからないが、座の人々は、花と歌の勝負もついて、一座の緊張もほぐれた後に、これらの面白い技巧を駆使した歌に接したとき、出来不出来も含めて、喝采し、感嘆の声をあげたに違いない。

続く「これはその日、みな人々によませ給ふ」から、そのあとの宴の楽しさが想像される。系図に示したように、左右の方人などを勧めたのであろう宇多上皇の縁につながる人々が歌を詠み、二十三首が記録されている。「みな人々に」とは「人々皆に」ということであり、出席者全員に上皇が詠ませなさった歌だというのである。「次は、ここにいる者全員、歌を詠んでみなさい」などと言われて、「さあ大変」と盛り上がったのではなかったか。さすがに、沓冠まではその場ですぐに真似て歌を詠むことはできなかったのだろうが、「をみなへし」の折句の歌も二首ある。物名歌として「をみなへし」を隠すのに挑戦したものは四首ある。女郎花を女性に重ねて愛でるという詠み方も定着している。歌合の行事のあり方も、歌の詠み方も、宇多上皇を中心としたこのような雰囲気の中から洗練を加え、磨かれていったのであろう。

この歌合の歌全体が、女郎花合の趣旨に即して、総じて女郎花を賞美する歌が詠まれたのであるが、その詠み方は「をみなへし」という名に「をみな＝女」を重ねて、花を女性に見立てるという手法をとるものが多かった。花の名という「ことば」に強い関心を示しているわけで、その態度は、右の折句、沓冠、物名などの技法を楽しむ姿勢と同様、ことばの世界の発見の喜びに満ちている。古今集時代の人々の心性そのものといえよう。当歌合は「花は右劣り、歌は右勝ちにけり」と、女郎花という植物にも歌ということばにも勝ち負けを付けている。物合から歌合への重心の移行のありさまをかいまみせるこの歌合がほかならぬ「女郎花合」であったことには象徴的な意味があろう。「をみなへし」という名において物からことばの世界への通路を開くという意味で、いかにも古今集前夜にあるべき催しであったと思われる。

なお、この女郎花合の歌は、寛平五年序のある『新撰万葉集』下巻巻末に「女郎歌」として二十五首が増補されている。その増補がいつ誰によってどのようになされたのかということからは、古今集成立前夜の宇多上皇周辺における和歌享受の一端をうかがいうるのであろうが、それはまた改めて考察されるべき課題である。

（奥野陽子）

宇多院女郎花合

『宇多院女郎花合』は、二十巻本断簡に「宇多院歌合」とあり、宇多院の主催または宇多院で行われた女郎花合である。後述のように、二十巻本の断簡及び十巻本の混入本文のみが伝わる。女郎花を題とした十二番の歌合であったことが知られるのみで、詳細は不明である。

一、伝本

十巻本と書陵部本は、『亭子院女郎花合』（22番歌の次）に混入する形で六首のみが伝わる。そのため、歌数の多い二十巻本断簡を底本とした。

二十巻本の断簡として四葉（断簡a～d）が伝わる。また、これとは別に二十巻本の別筆の断簡一葉（断簡e）がある。本文の現存状況及び断簡の所在については、『纂輯類聚歌合とその研究』『古筆学大成』の記述をもとに、表にまとめた。

宇多院女郎花合二十巻本伝存状況

断簡名	番	左右・歌番号	二十巻本 平安朝歌合大成 状態	二十巻本 平安朝歌合大成 所蔵	二十巻本 纂輯類聚歌合とその研究 状態	二十巻本 纂輯類聚歌合とその研究 所蔵	二十巻本 古筆学大成 状態	二十巻本 古筆学大成 所蔵	十巻本 尊経閣文庫蔵本	十巻本 書陵部本
a	一番	左 1・右 2	翻刻	加藤家	翻刻	加藤正治氏	図版（第21巻図72）・翻刻44	個人	亭子院女郎花合に混入	亭子院女郎花合に混入
	二番	左 3・右 4								
	三番	左 5・右 6								
b	七番	左 7・右 8	翻刻	某家	翻刻362～363頁 某歌合断簡（不明歌合切（二））	某家	翻刻45	『古筆展観目録』（昭16・4東美）		
	八番	左 9・右 10								
c	九番	左 11・右 12	翻刻	某家						
	十番	左 13・右 14								
d	不明	左 15・右 16	翻刻	尾上家	翻刻 後記6頁（五）某歌合断簡	尾上八郎氏				
e 別筆	（二番）	左 3・右 4	翻刻	福田家						

二、成立

当歌合の成立は不明。「宇多院」が主催者を指すのか、開催場所を指すのかは明確ではない。詳しくは『宇多院物名歌合』の「成立」を参照。

当歌合の歌は、8番歌が『夫木抄』に収載されるほか、『新撰万葉集』（下巻・女郎歌）に1、2、3、6番歌の四首が採用されるが、勅撰集には採られていない。

三、内容・歌人

断簡のみが伝わるため、歌人は不明。二十巻本断簡の四葉（十六首）には、一～三番、七～十番の番《つがい》番号が書かれ（四葉の断簡のうち、断簡dは番《つがい》番号部分なし）、二十巻本「和歌合抄目録」には、「同（宇多）院歌合　十二番　題女郎花」とあることから、本来は十二番の歌合であったと思われる。なお、断簡dには番の番号がないため、四、五、六、十一、十二番のいずれかは不明である。仮に十番の後に置いて注した。二十巻本別筆断簡の一葉二首と十巻本の『亭子院女郎花合』混入歌六首は、いずれも二十巻本断簡と重複する。また、『夫木抄』でも当歌合8番歌を「昌泰元年亭子院歌合女郎花」の歌として収載するほか、当歌合4番歌は『亭子院女郎花合』の四五番歌（「これはその日、みな人々によませたまふ」とする歌の一首）とほぼ同じ歌である。このように両歌合は混同されていたようである。しかし、二十巻本「和歌合抄目録」では別の歌合として掲出され、十巻本でも当歌合と重複する歌はミセケチにしているため、別に開催されたものであろう。

歌の内容は、女郎花そのものを詠む歌十首、物名二首、折句三首である。10番歌は女郎花が詠まれずに「松虫」を詠む。また、折句の場合も、たとえば7番歌「秋風をうらめしとのみ思ふかな千々の花さへうつろひにけり」のように正確に「女郎花（をみなへし）」とはなっていない。このように、女郎花を題としながら直接それを詠まず、不正確な折句であっても許容する大らかさが見受けられる。女郎花を女に見立てるおもしろさと、言葉遊びに挑戦し、それを楽しむ人々の様子を感じ取ることのできる歌合である。

（恵阪友紀子）

朱雀院女郎花合

『朱雀院女郎花合』は、二十巻本巻三の目録に「朱雀院女郎花合」とあり、宇多院の主催または朱雀院で行われた女郎花合である。断簡一葉のみが伝わり、三番の歌合であったことが知られるのみで、詳細は不明である。

一、伝本

わずかに二十巻本の断簡一葉三首（『古筆学大成』所収）が伝わるのみである。

二、成立

当歌合については、断簡一葉が伝わるのみであり、二十巻本「和歌合抄目録」や二十巻本の目録から宇多上皇主催で行われた「朱雀院女郎花合」であることが知られる以外、開催時期・場所ともに不明。三首とも『古今集』に収載されるほか、1番歌は『古今六帖』に、2番歌は『新撰万葉集』（下・女郎歌）『古今六帖』に採られる。また、2番歌は『亭子院女郎花合』の八番左一五番歌と同じ歌である。

三、内容・歌人

歌人は、凡河内躬恒、平定文。ただし、「定文」とされる2番歌は『古今集』では躬恒の歌とされ、3番歌には作者名は書かれていないが、『古今集』では作者を壬生忠岑とする。二十巻本巻三の目録に「朱雀院女郎花合」とあるほか、『古今集』の詞書に「朱雀院の女郎花合によみて奉りける」、『躬恒集』の詞書に「朱雀院の女郎花合の歌」とある。なお、二十巻本「和歌合抄目録」には「朱雀院歌合　三番　題女郎花」とあり、本来は三番六首の歌合であったことが知られる。

（恵阪友紀子）

《参考》女郎花の詠歌とその表記

女郎花はスイカズラ科オミナエシ属の多年生植物で、秋に房状の黄色い花が咲く（口絵参照）。『万葉集』（巻八・一五三八・山上憶良詠秋野花二首〈其二〉）に「芽之花《はぎのはな》　乎花葛花《をばなくずばな》　瞿麦之花《なでしこのはな》　姫部志《をみなへし》　又藤袴《またふぢばかま》　朝皃之花《あさがほのはな》」とあるように、秋の七草として親しまれてきた花である。女郎花については平田喜信・身崎寿著『和歌植物表現辞典』（東京堂出版・一九九四年）の「をみなへし」の解説が詳しい。同書によると、『万葉集』では、「わが里に今咲く花のをみなへし堪《あ》へぬ心になほ恋ひにけり」（巻十・秋相聞・二二七九）のように思いを寄せる女性のイメージを寄せた歌もあるが、多くは「をみなへし秋はぎ折れれ玉桙の道行きづとと乞はむ子がため」（巻八・一五三四）などのように秋の景物として詠まれる。また、『古今集』以後は、

遍昭の作※は、その後の「をみなへし」をよむ歌に大きな影響を与えた一首であるといえよう。「我落ちにきと人に語るな」とよまれたことで、「をみなへし」は単なる「女（をみな）」ではなく、僧をも堕落させる怪しく美しい「女」というイメージが新たに付与されることになった。……しかしながら、それらの中でも「をみなへし」を実際に思いをよせる相手の女性に見立てた用例は見当たらない。「をみなへし」に見立てられるのはたいてい「旅の野で男を魅了する女」という役回りの女性に限られ、恋人である女性をなぞらえるということはまずないといってよいのである。

※（引用者注）「名にめでて折れるばかりぞをみなへし我落ちにきと人に語るな」（古今集・秋上・二二六・遍昭）

とした上で、さらに物名歌や折句などに多く歌われると指摘する。本書に取り上げた三種の女郎花合でも「さやかにも今朝は見えずや女郎花霧の籬に立ちかくれつつ」（亭子院女郎花合・六）、「咲き乱れものを思ふか女郎花世を秋風の心憂ければ」（宇多院女郎花合・三）のように女郎花を女性に見立てて擬人化して詠む歌が多い。また、『亭子院女郎花合』では、一二三番歌以降を「これはあはせぬ歌ども」とし、一二三番「折る花をむなしくなさむ名を惜しなでふにもなしてしひや留めまし」のように、各句の上下に「をみなへ《(て)》し」を詠み込む沓冠歌、「惜しめども枝にとまらぬもみぢ葉をみなへしおきて秋の後見む」（同・三〇）のように「をみなへし」を隠す物名歌を集める。

ところで、女郎花そのものは『万葉集』から詠まれるが、「女郎花」の表記は『万葉集』には見られない。『万葉集』では、前掲一五三八番歌「姫部志」のほか、「娘部志」（巻八・一五三四）「佳人部為」（巻十・二一〇七）「美人部師」（巻十・二一一五）などさまざまに表記される。歌の内容は、「ことさらに衣は摺らじ〈佳人部為《をみなへし》〉佐紀野の萩にほひて居らむ」（巻十・二一〇七）「手に取れば袖さへにほふ〈美人部師《をみなへし》〉この白露に散らまく惜しも」（同・二一一五）のように、女郎花の美しさを詠んだもので、女性に見立てて詠むわけではないが、「姫」「娘」「佳人」「美人」など美しい女性を表す語を意図的に使用することから、女性が連想される花であったと言えるだろう。

では、なぜ「をみなへし」は「女郎花」と表記されるようになったのか。二十巻本『和名類聚抄』（草木部・草類）に「女郎花、新撰万葉集云、女郎花、倭歌云女倍芝〈乎美那閉之、今案、花如㆓蒸粟㆒也。所㆑出未㆑詳〉」と見え、『新撰万葉集』に「女郎花」と表記されることを示す。割り注に挙げられた詩句は、『和漢朗詠集』（秋・女郎花・二七九）所収の源順詠の「花色如蒸粟《はなのいろはむせるあはのごとし》、俗呼為女郎《しよくよびてぢようらうとなす》。聞名戯欲契偕老《なをききてたはむれにかいらうをちぎらむとすれば》、恐悪衰翁首似霜《おそらくはすいをうのかうべのしもににたるをにくまむことを》」（本朝文粋・巻一・雑詩・源順・「詠㆓女郎花㆒」）であり、花の色や形状が蒸した粟のようだ、つまり粒状の黄色い花であると詠むことから、『万葉集』以降「をみなへし」と詠まれる花を「女郎花」としていることは明らかである。

「女郎花」の表記については、『新撰万葉集注釈巻上（二）』（新撰万葉集研究会、和泉書院、二〇〇六年）の47（詩九四）「女郎花野宿羈夫《をみなへしののにきふやどる》」の注に詳しいので参照されたい。今、要点を簡単に紹介しておく。

（1）「女郎花」の語は白居易詩に基づく語である。ただし、「女郎花」は「木蘭」の花のことである。白居易の「題㆓令狐家木蘭花㆒」（3215）に「応㆑添㆓一樹女郎花㆒」とある。

（2）白居易が木蘭の花を女郎花と詠んだのは、楽府「木蘭詩」（梁鼓角横吹曲）に基づく。「木蘭詩」は、木蘭という名の女性が男装して参戦し、十二年間辺境の地を守ったことを詠じたもので、「同行十二年、不㆑知木蘭是女郎」（十二年間一緒にいたが、だれも木蘭が女性であることを知らなかった）とある。

（3）「女郎」は若い女性のことで、和語の「をみな」と重なる。

（4）漢詩は由来のある語を用いる必要があり、原義と異なるが「をみなへし」の表記に「女郎花」を当てた。つまり、白居易が木蘭の花を「女郎花」と表現したのを借用し、和歌で親しまれる「をみなへし」に「女郎花」の表記を当てたということである。

歌にも漢詩にも詠まれる「さくら」であれば「桜《アウ》」、「なでしこ」なら「瞿麦《クバク》」と、対応する漢語があり、詩に詠むことも苦労はない。「をみなへし」は日本では親しみのある素材である一方、中国の漢詩には詠まれない植物である。『新撰万葉集』は和歌を万葉仮名風に表記し、その内容を漢詩に翻案するのだが、「をみなへし」にはこれに相当する適当な漢語がない。先に挙げたように、「をみなへし」の表記は『万葉集』では「をみな（女）」を連想させる用字ではあるものの多様な表記があって一定していないため、万葉仮名の表記をそのまま流用することもできない。そこで、もとは木蘭の花を指していた「女郎花」が、「をみな」（女）との親和性から「をみなへし」の表記に用いられることになったのだろう。

『新撰万葉集』は『菅家万葉』とも言われ、菅原道真撰と伝えられている。「をみなへし」に「女郎花」の表記を当てたのが道真だとすると、その周辺でこの表記が広まり、定着したのではないだろうか。

平安時代以降、歌本文では「をみなへし」と仮名書きされる一方、本書に取り上げた『亭子院女郎花合』『宇多院女郎花歌合』『朱雀院女郎合』を始め、歌合の題目（書名）や二十巻本「和歌合抄目録」などの漢字資料では「女郎花」の表記が固定していく。さらに、『新撰万葉集』下巻では、女郎花の歌ばかり集めた部を「女郎歌廿五首」とする（「女郎歌」は諸本いずれも異同はない）。『中右記』（寛治七年七月七日条）にも歌が書かれた料紙の色を記した箇所に「紅紫女郎薄様書之置扇上」とあり、「女郎」だけでも「をみなへし」と認識されるほど、女性が強く意識されていく。

『亭子院女郎花合』の解題でも触れた通り、本書に取り上げた女郎花合では、女郎花を女性になぞらえて詠む歌が評価されている。『万葉集』以来、女性が連想される花であったからこそ、「女郎花」の表記が自然に定着したのである。

なお、『新撰万葉集』下巻の「女郎歌廿五首」は、主に『亭子院女郎花合』『宇多院女郎花合』『朱雀院女郎花合』からの採録である。収載状況については、次頁参照。

《参考》本書所収歌合における女郎花歌の重出状況と他文献収載状況

凡例

他出については類歌も広く掲載した。

歌本文は『新編国歌大観』に拠ったが、＊を付した箇所は表記を整えた。

私家集については、『新編国歌大観』（第三巻）の番号に拠った。

「歌合」とした欄に本書所収女郎花合の番号を記載した。略号は次の通り。

亭子院女郎花合（亭女）　宇多院女郎花合（宇女）　朱雀院女郎花合（朱女）

「他出」欄に掲載した諸本とその略語は次の通りである。

『古今和歌集』（古今）　『後撰和歌集』（後撰）

『拾遺和歌集』（拾集）　『拾遺抄』（拾抄）　『新撰和歌』（新和）

『新撰万葉集』（新万）　『古今和歌六帖』（古六）　『夫木和歌抄』（夫木）

『忠岑集』（忠岑）　『興風集』（興風）　『三条右大臣集』（三条）

※『新編国歌大観』（第三巻）には所収されないが、本集所収女郎花合に関係する本文として特筆すべきものを以下のように記載した。

冷泉家時雨亭文庫蔵承空本『躬恒集』（躬恒）

《表1》本書所収歌合における女郎花歌の重出状況

	歌合	他出
女郎花ふきすぎてくる秋風はめには見えねどかこそしるけれ	亭女15（朱女2）	古今234 新万520 524 古六3674 躬恒150
をせき山みち踏みまがひなか空に経むやその秋の知らぬ山辺に	亭女27（宇女9）	
おほよそになべて折らるな女郎花のち憂きものぞ人の心は	亭女44（宇女14）	
女郎花山野の草とふりしかどさかゆくときもありけるものを	亭女45（宇女4）	

《表2》他文献収載状況

		歌合	他出
	《新撰万葉集》下巻・女郎歌		
	女郎歌十二首		
506	白露之《しらつゆの》 置晨之《おけるあしたの》 女倍芝《をみなへし》 花丹裳葉丹裳《はなにもはにも》 玉曾懸礼留《たまぞかかれる》	亭女7	古六3687
508	草隠礼《くさがくれ》 秋過礼砥《あきすぎぬれど》 女倍芝《をみなへし》 匂故丹曾《にほふゆゑにぞ》 人丹見塗《ひとにみえぬる》	亭女1	

510	名丹饒手《なにめでて》　今朝曾折鶴《けさぞをりつる》　女倍芝《をみなへし》　花丹懸礼留《はなにかかれる》　露丹奴礼筒《つゆにぬれつつ》	宇女 1	
512	公丹見江牟《きみにみえむ》　事哉湯湯敷《ことやゆゆしき》　女部芝《をみなへし》　霧之籬丹《きりのまがきに》　立隠濫《たちかくるらむ》	亭女 13	古六 3678　忠岑 35
514	女倍芝《をみなへし》　移秋之《うつろふあきの》　程緒見手《ほどをみて》　根障遷手《ねさへうつりて》　露曾折鶴《つゆぞをりつる》	亭女 19	
516	秋之野緒《あきののを》　皆歴知砥手《なべてしるとて》　少別丹《ささわけに》　潤西袂哉《ぬれにしそでや》　花砥見湯濫《はなとみゆらむ》	亭女 3	夫木 4230
518	毎秋丹《あきごとに》　折行良咩砥《をりゆくらめど》　女倍芝《をみなへし》　当日緒待乃《そのひをまつの》　名丹許曾佐里介礼《なにこざりけれ》	亭女 5	
520	秋風丹《あきかぜに》　吹過手来留《ふきすぎてくる》　女倍芝《をみなへし》　目庭不見禰砥《めにはみえねど》　風之頻礼留《かぜのしきれる》	亭女 15　朱女 2	古今 234　新万 524　古六 3674　躬恒 150
522	泛成砥《あだなりと》　名丹曾立塗《なにぞたちぬる》　女陪芝《をみなへし》　那砥秋露丹《などあきつゆに》　生添丹兼《おひそひにけむ》	亭女 18	
524	女倍芝《をみなへし》　往過手来《ゆきすぎてくる》　秋風之《あきかぜの》　目庭不見砥《めにはみえねど》　香許曾験介礼《かこそしるけれ》	亭女 15　朱女 2	古今 234　新万 520　古六 3674　躬恒 150
526	女倍芝《をみなへし》　人哉見都濫《ひとやみつらむ》　三吉野之《みよしのの》　置白露之《おくしらつゆの》　姿緒作礼留《すがたをつくれる》		
528	女倍芝《をみなへし》　此秋而已曾《このあきのみぞ》　巳瞻杵緒玉砥《きをたまと》　貫手見江南《ぬきてみえなむ》（本文ママ）	亭女 21	
530	荒金之《あらかねの》　土之下丹手《つちのしたにて》　歴芝物緒《へしものを》　当日之占手丹《けふのうらてに》　逢女倍芝《あふをみなへし》	亭女 2	夫木 4229

532	女倍芝《をみなへし》 秋之野風丹《あきののかぜに》 打靡杵《うちなびき》 心一緒《こころひとつを》 誰丹寄濫《たれによすらむ》	亭女4	古今230 古六3660
534	乍枝《えだながら》 花秋風丹《はなあきかぜに》 散沼鞆《ちりぬとも》 色緒原分那《いろをはらふな》 野之女倍芝《ののをみなへし》		
536	長宵緒《ながきよを》 誰待兼《たれまちかねて》 女倍芝《をみなへし》 人待虫之《ひとまつむしの》 毎秋丹鳴《あきごとになく》	亭女12	夫木4231
538	秋之野緒《あきののを》 定手人之《さだめてひとの》 不還禰者《かへらねば》 花之者《はなのは》 不遺介里《のこらざりけり》 （本文ママ）	宇女2	
540	朗丹裳《さやかにも》 今朝者不見江哉《けさはみえずや》 女倍芝《をみなへし》 霧之籬丹《きりのまがきに》 立翳礼筒《たちかくれつつ》	亭女6	
542	夕方之《くれがたの》 月人男《つきひとをとこ》 女倍芝《をみなへし》 生砥裳野辺緒《おふとものべを》 難過丹為《すぎがてにする》	亭女16	
544	女倍芝《をみなへし》 *拆野之郷緒《さくののさとを》 秋来者《あきくれば》 花之影緒曾《はなのかげをぞ》 仮廬砥者世留《かりほとはせる》		
546	打敷《うちしくに》 物思歟《ものをおもふか》 女倍芝《をみなへし》 世緒秋風之《よをあきかぜの》 心倦介礼者《こころうければ》	宇女3	
548	君丹依《きみにより》 野辺緒離手《のべをわかれて》 女倍芝《をみなへし》 心一丹《こころひとつに》 秋緒認濫《あきをとむらむ》	亭女22	
550	女倍芝《をみなへし》 秋在名緒哉《あきあるなをや》 立沼濫《たちぬらむ》 置白露緒《おくしらつゆを》 潤衣丹服手《ぬれぎぬにきて》		
552	女倍芝《をみなへし》 折手丹潤留《をるてにぬるる》 白露者《しらつゆは》 嫉花之《ねためるはなの》 涙成介里《なみだなりけり》	宇女6	
554	露草丹《つゆくさに》 潤曾保知筒《ぬれそほちつつ》 花見砥《はなみると》 不知山辺緒《しらぬやまべを》 皆歴知丹杵《みなへしりにき》		

《古今和歌集》秋上

230	朱雀院のをみなへしあはせによみてたてまつりける をみなへし秋のの風にうちなびき心ひとつをたれによすらむ	左のおほいまうちぎみ	亭女4	古六3660 新万532 夫木4230
231	秋ならであふことかたきをみなへしあまのかはらにおひぬものゆゑ	藤原定方朝臣		古六3662 新和80 三条1
232	たが秋にあらぬものゆゑをみなへしなぞ色にいでてまだきうつろふ	つらゆき		古六3667
233	つまこふるしかぞなくなる女郎花おのがすむのの花としらずや	みつね	朱女1	古六3675 躬恒149
234	女郎花ふきすぎてくる秋風はめには見えねどかこそしるけれ		亭女15 朱女2	古六3674 新万520 524 躬恒150
235	人の見る事やくるしき女郎花秋ぎりにのみたちかくるらむ	ただみね	亭女13	古六3678 新万512 忠岑35
236	ひとりのみながむるよりは女郎花わがすむやどにうゑて見ましを		朱女3	

439	朱雀院のをみなへしあはせの時に、をみなへしといふいつもじをくのかしらにおきてよめる をぐら山みねたちならしなくしかのへにけむ秋をしる人ぞなき　つらゆき		拾集1102 拾抄484 古六3688
	《後撰和歌集》秋中		
274	おなじ（寛平）御時のをみなへしあはせに をるからにわがなはたちぬ女郎花いざおなじくははなはなに見む　藤原おきかぜ		古六3679 興風11 57
275	秋の野の露におかるる女郎花はらふ人なみぬれつつやふる　よみ人しらず	亭女17	古六3689 興風12
276	をみなへし花の心のあだなれば秋にのみこそあひわたりけれ		古六3690 興風13
	《古今和歌六帖》第六帖・草・女郎花		
3660	をみなへし秋の野かぜにうちなびき心ひとつをたれによすらん　左大臣	亭女4	古今230 新万532 夫木4230
3674	女郎花ふきすぎてくる秋風は目にはみえずてかこそしるけれ	亭女15 朱女2	古今234 新万520 524 躬恒150
3675	つまこふるしかぞ鳴くなる女郎花おのがすむのの花としらずや	朱女1	古今233 躬恒149

3678	人のみることやくるしきをみなへしきりのまがきに立ちかくるらん	ただみね	亭女13	新万512 古今235 忠岑35
3687	しらつゆのおける朝の女郎花はなにも葉にも玉ぞかかれる		亭女7	新万506
3689	秋ののの露におかるるをみなへしはらふ人なみぬれつつやへん	おきかぜ	亭女17	後撰275 興風12

《夫木和歌抄》秋部二・女郎花

4229	昌泰元年亭子院歌合、女郎花 あらかねのつちの下にて秋まちてけふのうらてにあふをみなへし	読人不知	亭女2	新万530
4230	同　同 秋の野の女郎花とるささわけにぬれにし袖や花と見ゆらん		亭女3	新万516
4231	同　同 長き夜にたれたのめけん女郎花人まつむしのえだごとになく		亭女12	新万536
4232	同　同 女郎花をりとるごとにまつむしのやどはかれぬとなくがかなしさ		宇女8	

	《躬恒集》冷泉家時雨亭文庫蔵承空本		
149	朱雀院ノヲミナヘシアハセニ ツマコフルシカソナクナルヲミナヘシヲノカスムノノハナトシラスヤ	朱女1	古今233 古六3675
150	ヲミナヘシフキスキテクルムサシノ《秋風トモアリ》ハメニコソミエネカコソシルケシ	亭女15 朱女2	古今234 古六3674 新万520 524
	《忠岑集》		
35	すざくゐんのをみなへしあはせに 人のみることやわびしきをみなへしきりのまがきにたちかくるらん	亭女13	古今235 古六3678 新万512
	《三条右大臣集》（定方）		
1	寛平のみかどの、朱雀院にて女郎花あはせさせ給ひける時、よみたまへりける 秋にしてあふことかたきをみなへしあまのかはらにおひぬものゆゑ		古今231 古六3662 新和80

宇多院物名歌合

『宇多院物名歌合』は十巻本の目録には「宇多院歌合」と記され、歌合本文の「宇多院歌合」とある内題の下には、「もの、名をよむ」と書かれ、その文字は見せ消ちされてはいるが、注記の通り物名歌合である。物名歌が盛んであった平安初期、『古今和歌集』成立前後の時代において、特に物名を詠むことを主眼として開かれた注目に値する歌合である。

一、成立

宇多上皇が関わる歌合は天皇在位時代を含め数多いが、その中で成立時期が未詳であるものがいくつかあり、本歌合もそのひとつである。本歌合の成立については、遠藤寿一「宇多院物名歌合の成立」[①]に従来の説[②]が整理され、検討されている。

それに従って掲出すると、

(a)延喜五年(九〇五)以前の成立

(b)延喜五年以後まもなくの成立

(c)延喜七年(九〇七)頃の成立

の説に、遠藤氏の、

(d)延喜十三年（九一三）三月十三日以降、同十四年四月頃（あるいは十五年初頭）まで。ただし、本歌合に「子日」「子日を惜しむ」題があることから、延喜十四年もしくは十五年正月の成立

とする説が加わることになる。

(a)の根拠は、作者名の中に「友則」があるため、開催は彼の没年と考えられている延喜五年以降ではないということだが、これには、(b)が、延喜五年以前の成立であれば、なぜ四月に成立した『古今和歌集』に一首も入集していないのかという異議を唱えた。

また、(c)は歌合名の「宇多院」を開催場所としての説である。

歌合名に書かれる「〇〇院」が、人名か、場所かについては、どちらの場合もあるという。[3] たとえば、十巻本目録が「亭子院歌合〈女郎花　昌泰元年〉」と記す『亭子院女郎花合』は、歌合本文では内題を記さず、「亭子のみかどおりゐさせたまひて」と書き始められているので、目録は、「（退位した）亭子のみかど（主催）の歌合」の意で書いたと思われる。そして、他の歌集に採歌されたこの歌合歌が『古今和歌集』では「朱雀院の女郎花合」と詞書され、『三条右大臣集（定方）』では「寛平のみかどの、朱雀院にて女郎花あはせさせ給ひける時」と引かれることを、萩谷朴氏が、「（亭子院女郎花合の亭子院は人を指し、）朱雀院女郎花合の朱雀院は所をさすもので、両者は決して矛盾するものではない」（一〇七頁）と言われるごとくである。

宇多上皇の「女郎花合」に関していえば、三つの催しが存在する。前述の

(1)「亭子院女郎花合」（昌泰元年〈八九八〉）

(2)「某年秋　宇多院女郎花合」

(3)「某年秋　朱雀院女郎花合」である。これを二十巻本『和歌合抄目録(4)』巻二上皇宮はそれぞれ、

(1)「亭子院歌合〈題女郎花　昌泰元年〉」

(2)「同（宇多）院歌合〈十二番　題女郎〉」

(3)「朱雀院歌合〈三番　題女郎〉」

のように区別して記している。(2)・(3)は成立年次が未詳で、萩谷氏はそれぞれの混同を避けるための呼称とされ、これも全て人物、宇多上皇主催をいうのである。「宇多院歌合」も開催場所ではなく、開催年次不明の歌合主催者をいう可能性が高い。(c)説は「宇多院」を人名とすればひとまず措くこととなる。

さて、(b)の説は、友則の存在を無視することになるが、これには、萩谷歌合大成にその根拠が示されている。「宇多院物名歌合」では友則は一番と九番に作者として記載されるが、

九番　雁靡花

右　友則

わたつみの沖なかに火のはなれ出でて燃ゆと見ゆるは天つ星かも（十巻本）

は、左にあげる集に他出する。

①『古今和歌六帖』第六・三九〇九「かにひ」

わたつうみのおきなかにひのはなれいでてもゆとみゆるはあまのいさり火

②『拾遺和歌集』物名・三五八・伊勢「かにひの花」

わたつ海のおきなかにひのはなれいでてもゆと見ゆるはあまのいさりか

③『拾遺和歌抄』雑上・四八三・伊勢「かにひのはな」

わたつみのおきなかにひのはなれいでてもゆと見ゆるはあまつ星かも

④『伊勢集』（正保版本歌仙家集本）・五〇四「かにひの花」

同（拾）わたつみのおきなかにひのはなれ出てもゆるみゆるはあまのいさりか

②③④では作者は「伊勢」であることから、「残る一首（一番右歌―稿者注）も、果たして、友則の作か否か、何等決定的な証拠となる記録はないのであるから、もしこれをしも友則の作にあらずとせば、本歌合の成立を延喜五年古今集成立以後に下げて考えることも可能であろう」とするのである。本歌合記録の作者表記は、すべてに及ぶものではなく、二十四首中六首は無記名であるが、それだからといって記された作者を無視してよいのだろうか。

『新編国歌大観』解題では、

その友則の詠とされている一八番歌（九番右歌―稿者注）が「伊勢集」において伊勢の歌となっていることからこの作者名表記を疑う人もあるが、拾遺抄・拾遺集は伊勢集からの採歌であり、伊勢集にこの歌が含まれているのは宇多院の側近にいた伊勢がこの歌合に深く関与していたことを示す証でもあるから、この歌合の信憑性はかえって高まるともいえるのである。

（片桐洋一・中周子執筆、傍線稿者）

とする。友則歌は『伊勢集』のうち、第三系統の正保版本歌仙家集「伊勢集」（『私家集大成』伊勢Ⅲ）にのみ載せられている。同集五一三首中の五〇四番、増補部分への記載である。当該部分は『後撰和歌集』や『拾遺和歌集』歌群、『新古今和歌集』、『新続古今和歌集』などを示す集付けが多くつけられている。集付けは後補としても、実際に当該勅撰集への入集歌が列挙される中、特に五〇二番歌から五〇八番歌の拾遺集歌群は「伊勢集」伝本のうち、第三系統だけが記載する歌が多数であり、勅撰集（『拾遺和歌集』）から採歌した可能性が高いと思われる。それでも、

『拾遺和歌抄』の資料に「宇多院の側近にいた伊勢がこの歌合に深く関与していた」結果が何らかのかたちで反映されたことは頷ける。

伊勢は方人などとしてその場にいる可能性があるが、逆に、他の歌との関わりが残らないことから、歌人として伊勢が歌合に参加した可能性は、低いように考えられる。十巻本、二十巻本ともに作者表記のある友則が参加したことを否定できないまま、延喜五年以降に成立年を繰り下げることは不可能ではないだろうか。(b)説が、本歌合歌の『古今和歌集』未入集を疑問視して、『古今和歌集』成立後の開催の根拠とするなら、延喜十三年（九一三）までの増補に漏れたことも疑問視せねばならないだろう。勅撰集に全ての歌合歌が入集するわけでもないのは自明のことである。

これらを踏まえた上で、躬恒や貫之の宇多院への親疎の時期から、躬恒不参加にも疑問を呈する遠藤氏の(d)説が出され、これを承けて、中島和歌子氏[5]も、五番歌左に「野や園に咲くあさがほ（朝顔）」が詠まれていることも根拠として『古今和歌集』以後の成立とされた。『古今集』成立当時は「牽牛子《けにごし》」が「朝顔」という和名を獲得していなかったというのである。

しかし、「あさがほのひとはなさくら野はなりにけり」（9番）と詠まれる花「あさがほ」の実体は諸説があり、この「あさがほ」が「牽牛子《けにごし》」である必要はない。「野のあさがほ」は既に『万葉集』に「秋の野に咲きたる花をおよびをりかき数ふれば七草の花」（巻八・一五三七）と詠まれ、「萩の花尾花くず花なでしこの花女郎花また藤袴あさがほの花」と七草のひとつに数え上げられている（同・一五三八）。「朝顔のひと花が咲く野となった」と詠まれる背景はあると思われる。ただ、「牽牛子《けにごし》」そのものも『古今集』物名部の題となって「矢田部名実（四四四）」が詠んでいるので、紅梅などと同様、中国渡来の新しい植物として九〜十世紀初頭の歌人たちの知るところではあったろう。

また、参加歌人の逝去による(a)説が否定できないことは既述の如くである。

物名歌の難度をあげてその課題を楽しんだ内容からは、宇多院のもとで、当時の有力歌人が「音」と「ことば」を繋ぐ「物名歌」の醍醐味を十分に堪能した姿が見える。

「女郎花」の物名歌が詠まれる『亭子院女郎花合』（昌泰元〈八九八〉年秋）をみると、「あはせぬ歌ども」という後宴での沓冠歌や折句歌まで記されている（十巻本）。そして、この「物名合」では、さまざまに異なる難題を試みたとすると、本歌合は『亭子院女郎花合』に近い成立で、『古今集』物名詠へと発展してゆく催しであったと考える方が、当代歌壇の流行としての「物名歌」が確認されることになるだろう。

歌題が「子日」で始まり、「子日を惜しむ」（十巻本、二十巻本では「子日」）で終わるところからも昌泰二（八九九）年の「正月」と見てよいと思われる。

二、伝本

本歌合の伝本には、十巻本の巻一に収められた尊経閣文庫蔵本とその転写本である宮内庁書陵部蔵御所本「歌合類従」（154・156）所収、二十巻本の昭和美術館蔵本（古筆学大成21・日本名跡叢刊68）がある。

題の中には「紅梅花（こうばいのはな）」のような漢音もあり、難易度を高めるためか、「子日」題に加えてさらに長い「子日を惜しむ」題（十巻本、二十巻本では「子日」題が一番と十番にある）や「樺桜花（かにはざくらのはな）」題などもあるため、それを詠み込んだ和歌は意の通りにくい本文もあり、十巻本は校訂の跡が著しい。

それは特に、本文に対する注記の跡などに窺える。「紅梅花」題の7番歌の下や「款冬花」題の14番歌の下には、書写者も疑問を持っていることが伺える「本のまま」をつけて、また見せ消ちしている。7番歌の下には、さらに「或本右歌」とある注を見せ消ちしており、これらは左右の題の取り込み方や歌句が似ていたために、和歌の左右を書き誤っていた例としてあげられる。

なお、二十巻本では、左右を書く行は作者名の行と前後する場合があり、同筆ではあるが後に書き込まれた可能性がある。

三、内容・歌人

子日・春花・梅花・紅梅花・桜花・樺桜花（かにはさくらのはな）・款冬花（やまふきのはな）・躑躅花（つつしのはな）・雁靡花（かにひのはな）・石解花（さこくのはな）・藤花・子日を惜しむ、の十二題十二番。

題は「春（正月子の日）」の開催を思わせる景物を揃え、「子日」の象徴である「松」から始めて大きく「春花」を出したうえで、初春の「梅花」から春の終わりの「藤花」まで季節の経過に従った出題である。最後に再び「子日（を惜しむ）」（「惜しむ」は十巻本）で閉じるのは、歌合開催日の当日を惜しみ、讃える意が添えられているのであろう。

「諸本」でも触れた通り、「子日」と「子日を惜しむ」や、「梅花」と「紅梅花」、「桜花」と「樺桜花」の同じ種類の植物の重なりは、物名題を複雑にするためと考えられる。四番「紅梅花」の語釈で触れたように、本朝で漢詩には詠まれ、親しまれていたものの、和歌の歌詞に詠まれる例は十世紀になる「紅梅」、『古今集』物名部の歌題ともなり、貫之が詠んでいる「かにはさくら」、その他、「躑躅」「かにひ」「さこく」なども和歌の景物としては耳慣れない上に、「～の花」まで付加し難易度を上げている。物名に挑む意気込みの感じられる出題であろう。

物名歌は、題名を音として借りて内容は題に関わらないものと、題を暗示する内容を詠むものがある。当歌合の場合、六番「樺桜」題を詠む、11・12番歌が「桜花」の歌である以外は、題を隠した内容である。物名歌の技術としては、より難度が高いといえるだろう。また、内容も雪解けから始まり、春が深まる詠が続いてゆくが、その中には「めの葉」「朝顔」「稲」「雁」「茅の葉」「天の川」「蛍」など他の季節を思わせる景物、「恋」の詠も織り交ぜられていて、「隠し題」という点からみて、多彩な展開となっている。

その中で、物名題の音を詠み切れていないものは、7番歌「ころはいのはな」、8番歌「こむはいのはな」（紅梅花）、23・24番歌「ねのひををしも」（子日を惜しむ）である。漢音「紅梅花」の仮名表記は一定していないので、やむを得なかった面があろう。一方で、「惜しむ」の方は、『伊勢物語』（第十段）にみえる「たのも（田の面）」と「たのむ（頼む）」の例のように、五音相通であるため、「音」としての許容が容易であったと考えられる。また、「む」「も」が字母「无」を両用していることからその「字を置いたことによる対応」の可能性も浅田徹氏にご指摘いただいた。当歌合ほどの難解な物名歌は詠作の過程では文字に書いて確認することが必要であったと思われるため、首肯できる考えである。『亭子院女郎花合』の「をみなへし」は「をみなてし」（24）「をむなてし」（23・25）と通用されている。これらは後宴和歌であるが、歌合の「場」では厳密な音の一致がなくても「名」が詠み込まれたと認められたことを考慮すると、「惜しむ」「惜しも」の「む」「も」も許容範囲であったと思われるのである。

萩谷歌合大成が「それ（亭子院女郎花合）よりも高度の技巧を凝らした物名歌を集めた」というのは、題の難解さをいうのであろうし、それとともに広く漢詩文化や渡来の植物、仮名文字などとの出会いがあって高まった言語遊戯の技巧を指すということもできる。

ただ、それが和歌としての完成度とどう関わるかとは別の問題である。

言葉続きに無理があったり、意味の通りにくい部分が、物名を隠したためであることは否定できない。「物名」がそれと聞こえればよしとされた、物名歌的当座性（一回性）があったのが、この時点の物名歌でもあったのではないだろうか。

歌人名は左に貫之・興風・定文、右に友則・忠岑・定文・深養父が見える。中島論文は、主催者宇多院の御製があった可能性も指摘され、「21の可能性が高いか」という。根拠は示されないが、無記名で左の「勝」と記されるのは21のみであるので、推測としては妥当であろう。その中で、八首の作を詠む貫之の活動に注目する必要がある。当歌合では番《つがい》の歌の歌詞や内容が、互いに共通したり関連していることが見える。これは、当座に「詠まれた」ことを暗示する可能性もある。萩谷歌合大成でも、「構成内容」で、

……歌合の場を構成する方人が何人であったかは判らない。……或いは地下の歌人達を集えた方人即歌人の歌合であったかも知れない。又、方人がこれ等の歌人に歌を誂えての撰歌合であったとしても、これ等の作品は別の機会によまれた既成の古歌ではなく、専らこの歌合の為によまれたものであったに違いない。方人即歌人という場合を考えるならば、当座即詠という息詰まるような場面を想像することも出来る。本歌合の歌は、既に久曾神氏も指摘された如く、物名歌として当時最高の技巧を尽くしたものであったからである（傍線稿者）。

と述べている。

この点に関して考えてみたい。

同じ番で、何らかの関連があると見られるものは、二番「はるのはな」を「かは（変）る野」とする例、三番

〈宇多院物名歌合の貫之〉

番	類似・関連の番		
2	はるのはな	変はる野はなほ	貫之
		変はる野はなか	忠岑
3	うめのはな	めのはなびきて	貫之
		めのはなびきて	定文
6	かにはさくら	かには・さくらのはな	貫之
		かには・さくらのはな	忠岑
7	やまふきのはな	やまふ・きの葉なる	定文
		やまふ・きの葉なへ	—
8	つつじのはな	(かけ)つつ・しのばなむ	定文
		(こひ)つつ・しのばなむ	—
10	さこくのはな	(け)さ・濃く野は	貫之
		(く)さ・濃く野は	—
12	ねの日を惜しむ	胸の火を緒しも	貫之
		胸の火を緒しも	忠岑

番	非類似の番		
1	ねのひ	峰の日	貫之
		胸の火	友則
4	紅梅の花	ころは・いのはなれ	貫之
		こむは・いのはなや	—
5	さくらのはな	ひとはなさくら・のはな	興風
		なさ・くらのはなへ	—
9	かにひのはな	(お)かに・ひのはな(ばな)	貫之
		(な)かの・ひのはな(れ)	友則
11	ふちのはな	ふ・茅の葉な(がら)	深養父
		渕の端な(どは)	—

■ 歌意不通

貫之の関わる番は完成度が高い。

「うめのはな」を「（う）めの葉」とする例、六番「かにはさくら」を「（には）かには桜の花」「（遥）かには桜の花」とする例、当番は「咄嗟には桜の花と思う」「遠くからは桜の花と見える」という意味のつながりも生んでいる。七番「やまふきのはな」を「止まふ、木の葉（な）」とする例、八番「つつじのはな」を「（〇〇し）つつ、忍ば（なむ）」とする例、十番「さこくのはな」を「（さ）濃く野は（な）」とする例、十二番「ねのひをしむ」を「（む）ねの火を緒しも」とする例である。十二番のうちの七例となり、その五例に貫之が作者となっている（表「宇多院物名歌合の貫之」参照）。

これは、作歌の過程で貫之に、歌人たちへの何らかの影響力があることを想像させる。

また、非類似の番というのは、四番のように、「紅梅の花」の仮名表記が確定していないと思われるため詠み込み方が異なる上に、歌意が通じにくいものや、五番のように現在の形では、歌意不通になり、創作された状態で和歌が正しく伝わっているかにも疑問の残るものもある。

しかし、一番と九番は、物の名が、全く違った発想で取り込まれ、左右どちらの和歌も完成度が高い。この二番に貫之・友則が関わっていることも、当歌合に友則が欠くことのできない人物であったことを証しているだろう。貫之および『古今和歌集』撰者たちの物名歌への関心はここでも深められたと思われるのである。

本歌合の企画、出題に関わったのは、もちろん主催者宇多院であろう。工藤重矩氏は、[6]「宇多院歌壇の構造」において、「宇多院の社交圏について、風流法皇の許に風流人士が集まった、開放的なものを理解される傾向がある」がそうではないことを指摘される。貫之、躬恒、忠岑などのいわゆる「専門歌人」たちは、院で行われる文学的行事には作品提供者という役割はあるが、院の日常的生活集団とは異なり、作品享受を共有しないことを再確認し、「判者」や「天皇の遊宴歌会での詠頌賀歌・献題等」を職能とする「殿上人歌人」グループが別に存在したことを指摘されたのである。遠藤論文で「亭子院歌合」（延喜十三年を指す—稿者注）と同様に、主催者宇多法皇の私的な催しであった。……本歌合の方が私的性格は強い」と書かれたのは、専門歌人たちの活躍を前提とされていると解されるが、それにも一線が画されていたということであろう。

ちなみに、昌泰元年十月二十一日から十一月一日に行われた、宮の瀧御幸では、宇多院院司の中心的存在であったと工藤論文に引かれる源善が「やたからす・しまのかもの沓冠で旅の心をよめ」の出題をしている。ここでも物名歌の関心が続いていることが窺えるだろう。

物名題を決定する際、ここに貫之たち歌人が関わる可能性はなかったのだろうか。仮になかったとしても、出題の際に、また、どのように隠すか、というような案は、提案、相談された可能性が高い。その場でのやりとりが歌人たちに伝えられ、作歌に影響を与えた可能性は否定できまい。

しかし、物名歌合を冠する当歌合では、出題の結果として完成した「和歌」を披露することがその趣向であったと考えられる。同じ「女郎花」題を連ね、後宴の行われた『亭子院女郎花合』の場合とは異なり、宇多院を前にした歌合で、後宴和歌ほどの当座性は低かったのではないかと思われる。そして、難題が歌人によって詠み出された撰歌合とすれば、撰歌の段階で宇多院や「殿上人歌人」たちが書かれた和歌を目にして、「音」を変えてしまった「文字」による相通も理解されていたことになる。

「音」から幾通りもの「意味」を生み出す日本語の「言葉」のマジックは、和歌の技巧として効果的に活かしたいものであるだろう。掛詞が和歌に重層的な意味をもたらすものであるとすれば、物名は「言葉遊び」として、歌合の場に題からどのような別の言葉が生み出されるのか、という驚きをもたらすのに有効であるといえる。その可能性を最大限に試したのがこの「歌合」の意味ではないだろうか。

「成立」でも示したが、記載される歌人名からは、宇多院周辺の古今和歌集的歌風を築きあげていった歌人たちの積極的な和歌活動を表す歌合であることが知られるのである。

注

（1）『湘南文学』23号（東海大学・平成元年〈一九八九〉3月）。以下、遠藤氏の説は本論による。

（2）遠藤氏論に拠るが、(a)には、他に久曾神昇氏説（『伝宗尊親王筆歌合巻研究』昭和12年〈一九三七〉・尚古会）がある。
(a)峰岸義秋『歌合の研究』昭和29年〈一八五四〉・三省堂。『新編国歌大観』「宇多院歌合」解題（片桐洋一・中周子）・昭和62年〈一九八七〉。
(b)萩谷朴『平安朝歌合大成』昭和32年〈一九五七〉・同朋舎。
(c)村瀬敏夫『紀貫之伝の研究』昭和56年〈一九八一〉・桜楓社。

（3）『歌合大成』（注2）など。

（4）「和歌合抄目録反古」『平安歌合集 下』（陽明叢書4・思文閣）。

（5）「「宇多院物名歌合」について―「本院左大臣家歌合」「近江御息所歌合」にふれつつ―」（北海道教育大学『札幌国語研究』9号・平成16年〈二〇〇四〉7月）。

（6）「宇多院歌壇の構造―平安朝前期貴族文壇の研究―」（『福岡教育大学紀要』第29号・昭和55年〈一九八〇〉2月）
→『平安期律令社会の文学』（平成5年〈一九九三〉・ぺりかん社）所収。

（三木麻子）

人物考証・人名索引

⇩の下（　）は本書所収の歌合にはみえないが、『古今集』『後撰集』『躬恒集』『興風集』の詞書に、亭子院女郎花合や朱雀院女郎花合として入集する歌

＊は〔他出〕に作者名があがるもの

周（あまね）　未詳。萩谷歌合大成は、嵯峨源氏の系譜にある「周」が擬しうるかとしている。⇩亭女36

伊勢（いせ）　皇后温子の女房。寛平末年頃、宇多天皇の寵を受けて皇子を生んだが、この皇子は夭折してしまう。宇多帝は退位後も伊勢の歌才を愛でた。温子との贈答歌も『後撰集』『後拾遺集』に伝わり、温子は伊勢に「四季恋物語屏風歌」を詠ませた。生田川伝説を描いた絵をめぐり、温子のもとで均子内親王らと歌を詠み合うなどの様子が『大和物語』にみえる。三十六歌仙。家集『伊勢集』。⇩亭女51・物名18＊

興風（おきかぜ）　藤原。京家。生没年未詳。相模掾道成男。相模掾、治部少丞、上野権大掾、下総権大掾を歴任、正六位上に至る。寛平三（八九一）年、貞保親王主催の二条后高子五十賀屏風歌を詠進（古今集）、『是貞親王家歌合』『寛平御時后宮歌合』『寛平御時中宮歌合』『三月三日紀師匠曲水宴和歌』『延喜十三年亭子院歌合』『延喜十三年内裏菊合』などに参加。三十六歌仙。家集『興風集』。⇩亭女17・物名9・（後撰274）・（興風集11・12・13）

温子（おんし）　七条后。東七条后。宇多天皇正妃。藤原基経三女。母は操子女王。貞観十四（八七二）年～延喜七（九〇七）年、三十六歳。仁和四（八八八）年入内、女御宣下、寛平二（八九〇）年均子内親王を生む。寛平九（八九七）年皇太夫人となる。『東宮御息所箱合』を催し、伊勢に「四季恋物語屏風歌」を詠ませた。『後撰集』に二首『後拾遺集』に一首、伊勢との贈答歌が入集する。⇩亭女日記・亭女22

小立君（こだてぎみ）　未詳。⇩寛菊左方日記

定方（さだかた）　藤原。贈太政大臣高藤息。三条右大臣とも。生年は貞観十二（八七〇）年から貞観十八年の間にまちまちの記録がある。没年は承平二（九三二）年。五十七～六十三歳。寛平四（八九二）年内舎人となり、少将、右中将などを経て延喜九（九〇九）年参議となる。中納言、左衛門督、右大将、大納言などを歴任して、延長二（九二四）年右大臣となった。従二位。兄弟に泉大将定国、宇多天皇女御（醍醐天皇母）胤子らがいる。子女には三十六歌仙の一人朝忠、醍醐天皇女御、堤中納言兼輔室らがいる。兼輔の息男二人まで定方女と婚姻してお

り、兼輔との親交がうかがわれる。定方は兼輔とともに、身分的には兼輔の従者であった貫之を擁する和歌グループの中心的存在であった。勅撰集に十八首入集。家集『三条右大臣集』。⇩(亭女古今231)

定文・貞文（さだふん）　平。生年未詳～延長元（九二三）年。桓武天皇の皇子仲野親王の曾孫、茂世王の孫で、貞観十六（八七四）年に父好風とともに平姓を賜り、臣籍に下った。寛平三（八九一）年内舎人、同五年右馬権少允、同九年右兵衛少尉を経て、延喜六（九〇六）年従五位下、三河守（介）、侍従、右馬助を歴任し、最終官位は従五位上・左兵衛佐（兼三河権介）。『平中物語』の主人公、色好み平中として名高く、延喜五（九〇五）年四月と延喜六年正月には定文主催の歌合が催行されている。⇩朱女2・物名6・13・15

繁時（しげとき）　藤原。北家真夏の流。父は弘蔭。備前・日向・伊予・筑前・肥後の国司を歴任、正五位下大学頭に至る。天慶六（九四三）年卒。歌人伊勢は従姉妹。⇩寛菊右方日記

浣・澱（すすぐ）　未詳。萩谷歌合大成は伝未詳としながらも、嵯峨源氏の系譜に見出す「浣」を擬することが出来るかも知れないと指摘する。『尊卑分脈』によれば、源浣は嵯峨天皇の孫、源融の甥、従四位上右馬頭。生没年は未詳ながら、父の源勤が元慶五（八八一）年に五十六歳（一説に五十八歳）で薨じていることから、宇多主催の歌合に出詠した可能性はある。また、新編全集注は源澱かとする。源澱は仁明天皇の孫、美作伯耆権守、従五位下（尊卑分脈）。生没年未詳であるが、父の源多は仁和四（八八八）年十月に五十八歳で薨じているので、やはり年代としては宇多天皇の時代の人物であろう。⇩亭女32

素性（そせい）　生没年未詳。俗姓は良峰。父は六歌仙の遍昭。寛平二（八九〇）年頃から雲林院に住む。『寛平菊合』の他にも、『中将御息所歌合』『寛平御時后宮歌合』に出詠するほか、昌泰元（八九八）年には宇多院の宮滝行幸に召されるなど、宇多天皇との関係が散見される。醍醐天皇にも重用され、延喜九（九〇九）年十月には御前の屏風に和歌を書いたらしいが、以後の活動は記録に見えない。『貫之集』には、素性の死を悼む貫之と躬恒の贈答が見える。三十六歌仙。家集『素性集』。⇩寛菊17

忠岑（ただみね）　壬生。生没年未詳。家系未詳。従五位下安綱の男との伝がある。忠見の父。左近番長を経て延喜五年（九〇五）までに右衛門府生。摂津権大目に任じられたというのは、忠見の経歴か。本歌合のほか『是貞親王家歌合』『寛平御時后宮歌合』『左兵衛佐定文歌合』『三月三日紀師匠曲水宴和歌』『延喜五年宇多院歌合』『延喜十三年亭子院歌合』などの作者。延喜七年宇多法皇大井川御幸では序を残す。屏風歌も多く、貫之、躬恒、伊衡、滋春との交流がみえる。時平の問いに答えて即興の歌を詠じたという『大和物語』の逸話からその後の眷顧がうかがえる。古今集撰者の一人。三十六歌仙。家集『忠岑集』。⇩亭女13・物名4・12・24

連（つらな）　源連か。萩谷歌合大成は、嵯峨源氏の系譜に「連」とあること、またそれが大体同時代に世にあった人であるとする。⇩亭女29

貫之（つらゆき）　紀。生年未詳～天慶八（九四五）年説、九年

説がある。生年は貞観十（八六八）年～十六年の間か。父は望行。友則の従弟。幼名は内教坊の阿古久曽。延喜五（九〇五）年には御書所預であった。以後、越前権少掾、内膳典膳、少内記を経て、延喜十三（九一三）年には大内記となり、同十七年従五位下に叙せられる。加賀介、美濃介と順調な昇進後、散位の時期を経て、延長元（九二三）年大勘物となり、同七年右京亮、翌八年土佐守に任ぜられた。任を終えた承平五（九三五）年帰京後、しばらく無官となるが、天慶六（九四三）年、従五位上に昇進し、同八年に最終官である木工権頭となった。『是貞親王家歌合』『寛平御時后宮歌合』に出詠し、『本康親王七十賀屏風歌』にも詠進し、古今集の撰者となって仮名序を記した。『紀師匠曲水宴和歌』や『大井川行幸和歌』を詠み、専門歌人として活躍したが、特に屏風歌の第一人者となった。他に『土佐日記』を執筆、『新撰和歌』を編んだ。⇩（亭女古今232・439）・物名1・3・5・7・11・17・19・23・24＊

亭子院（ていじのいん）宇多天皇。第五十九代天皇。諱は定省。光孝天皇の皇子、母は班子女王。貞観九（八六七）年生まれ、承平元（九三一）年七月十九日没、六十五歳。仁和三（八八七）年から寛平九（八九七）年まで在位、昌泰二（八九九）年落飾。『新撰万葉集』、その素材源となった『寛平御時后宮歌合』、また『是定親王家歌合』などを主導し、『古今集』編纂の基盤を作った。退位後、昌泰二（八九九）年に出家してからも『亭子院歌合』など歌合を主催し、文化的活動の中心にあった。⇩亭女日記・亭女21

時平（ときひら）藤原。本院左大臣。関白太政大臣基経の長男。母は人康親王の女。貞観十三（八七一）年～延喜九（九〇九）年四月四日、三十九歳。昌泰二（八九九）年左大臣となり、右大臣菅原道真を斥け、藤原北家中心の摂関政治体制を確立した。後に太政大臣の位を贈られた。政治的手腕に富み、『三代実録』『延喜式』の編纂に参与、『古今集』撰集に主導的役割を果たしたとも考えられている。⇩亭女4

友則（とものり）紀。生没年未詳。宮内少輔有朋の子。貫之とは従兄弟の関係。土佐掾、少内記を経て、延喜四（九〇四）年大内記。古今集撰者の一人で、古今集入集数は貫之、躬恒に次ぐ四十六首。三十六歌仙の一人。現存古今集には哀傷部に友則を悼む貫之・忠岑歌が載るが、延喜六年四十歳で没した藤原定国の四十賀の屏風歌を友則作と記す古今集伝本もあり、延喜五年までは生存か。『寛平御時菊合』では左右に出詠、『是貞親王家歌合』『寛平御時后宮歌合』『宇多院物名歌合』にも専門歌人として参加しているが、『後撰集』には四十余歳まで司を賜らぬ嘆きの和歌も載せられている。⇩寛菊2・20・物名2・18

のちかた 未詳。⇩亭女31

弘蔭（ひろかげ）藤原。北家真夏流。父は家宗。文章生から宮内少輔、民部少輔、相模守を経て、仁和二（八八六）年大学頭、翌三年に阿波守となる。従五位上。延喜四（九〇四）年卒。同母弟の継蔭は歌人伊勢の父。⇩寛菊右方日記

深養父（ふかやぶ）清原。生没年未詳。清原元輔の祖父。清少納言の曾祖父。延喜八（九〇八）年内匠大允、延長元（九二三）年に内蔵大允、同八年に従五位下となる。『寛平御時后宮歌合』に紀貫之・紀友則・凡河内躬恒らと共に名が見える。家

集に『深養父集』がある。⇩物名22

希世（まれよ）平。仁明天皇系の平氏。雅望王の子。生年未詳。延長八（九三〇）年六月二十六日清涼殿で雷に打たれて死去。臣籍に下り、延長六年従四位下、右馬頭を経て右中弁兼内蔵頭となる。『後撰集』『玉葉集』に各一首が入集。⇩亭女37

道真（みちざね）菅原。菅丞相。文章博士菅原是善の男。島田忠臣は岳父。承和十二（八四五）年～延喜三（九〇三）年二月二十五日。五十九歳。貞観十二（八七〇）年に対策及第。少内記、式部少輔などを経て、元慶元（八七七）年文章博士。仁和二（八八六）年讃岐守。翌三年、基経関白委任の詔勅をめぐる阿衡の紛議に際し、讃岐在任中ながら基経に意見書を提出してこれを治め、以降宇多天皇の知遇を得る。寛平二（八九〇）年春、任満ちて帰京、寛平三年蔵人頭に抜擢、昌泰二（八九九）年右大臣、同四年正月従二位となるも、同月大宰権帥に左遷、当地で薨。延喜二十三（九二三）年従二位右大臣に復し、正暦四（九九三）年五月正一位を、同閏十月太政大臣を追贈。『日本三大実録』『類聚国史』を編纂。『新撰万葉集』の編纂のほか、文学の面でも宇多天皇を支えた様子が『菅家文草』『菅家後集』に見える。⇩寛菊8

躬恒（みつね）凡河内。生没年未詳。延長二（九二四）年までは生存。家系未詳。甲斐少目、丹波権大目、和泉権掾を経て、延喜二十一年正月に淡路権掾となる。『是貞親王家歌合』『寛平御時后宮歌合』『后宮胤子歌合』（いずれも寛平八年以前）に出詠したとするのは資料的に疑わしい。宇多院関連の歌合出詠以後、権門の依頼による作歌活動が活発となる。『左兵衛佐定文歌合』『延喜十三年亭子院歌合』『延喜二十一年京極御息所歌合』などに出詠。『三月三日紀師匠曲水宴和歌』では序文を作る。延喜五年藤原定国四十賀などの屏風歌を詠み、延喜七年の大井川御幸では躬恒のみ各題二首を詠じた。古今集撰者の一人。三十六歌仙。家集『躬恒集』。⇩亭女15・35＊・朱女1（躬恒集8・9）・（古今233）

致行・宗于（むねゆき）十巻本には致行の字を宛てるが、源宗于か。萩谷歌合大成は、「当時従四位上丹波権守であった源宗于であるらしく」とする。生年未詳。天慶二（九三九）年没。光孝天皇孫、是忠親王男。寛平六（八九四）年、臣籍に下り、従四位下、右京大夫に至る。三十六歌仙の一人。『寛平御時后宮歌合』など六度の歌合に参加。勅撰集には十五首入集。家集『宗于集』に紀貫之との贈答が見え、『大和物語』にも九段にわたり登場。⇩亭女30

もとゆき 未詳。⇩亭女38

もとより 未詳。⇩亭女33

安（やすき）未詳。萩谷歌合大成は、嵯峨源氏の系譜に連なる「安」が擬しうるかとしている。⇩亭女35

好風（よしかぜ）平。桓武天皇の皇子仲野親王の孫。茂世王の子。生没年未詳。貞観十六（八七四）年、臣籍に下る。右近衛中将、従四位下。萩谷歌合大成は平好風とするが、新編全集注は藤原好風かともいう。⇩亭女34

和歌各句索引

凡例

・本索引は、『寛平御時菊合』『亭子院女郎花合』『宇多院女郎花合』『朱雀院女郎花合』『宇多院物名歌合』の和歌整定本文の各句索引である。
・同一の句のある場合は次の句を示した。ただし、結句である場合は前の句を示し、下に—を付けた。
・和歌の所在は、各句の下に、各歌合の略称「寛菊」（寛平御時菊合）・「亭女」（亭子院女郎花合）・「宇女」（宇多院女郎花合）・「朱女」（朱雀院女郎花合）・「宇物」（宇多院物名歌合）と歌番号を記して示した。

あ

く

け

こ

さ

し

す

ふ

へ

ほ

ま

み

む

め

主要参考文献

本文・注釈書・研究書

『伝宗尊親王筆歌合巻の研究』久曾神昇著・尚古会・一九三七年
『纂輯類聚歌合とその研究』堀部正二著・美術書院・一九四五年
『歌合の研究』峯岸義秋著・三省堂・一九五四年
『歌合集』萩谷朴校注・日本古典文学大系74・岩波書店・一九六五年
『新訂歌合集』峯岸義秋校註・日本古典全書・朝日新聞社・一九六九年
『平安歌合集（上・下）』萩谷朴解説・陽明叢書国書篇第3-4輯・思文閣出版・一九七八年
『平安朝歌合大成』萩谷朴著・同朋舎・一九七九年
『平安―近江御息所歌合　平安―宇多院歌合』古谷稔解説・日本名跡叢刊68・二玄社・一九八二年
『古筆学大成・歌合1』小松茂美著・古筆学大成第21巻・講談社・一九九二年
『古今和歌集』小沢正夫／松田成穂　校注／訳・新編日本古典文学全集11・小学館・一九九四年
『平安朝歌合大成（増補新訂）』萩谷朴著・同朋舎出版・一九九五年
『屏風歌と歌合』「和歌文学論集」編集委員会編・和歌文学論集5・風間書房・一九九五年
『古今和歌集の遠景』徳原茂実著・研究叢書335・和泉書院・二〇〇五年

研究論文

大伴寿男「古今集の性格―句題歌・屏風歌・物名歌を中心として―」（『論究日本文学』7・一九五七年一一月）

佐藤高明「後撰集の物名歌逸脱について―物名歌に関する一考察―」（『国語と国文学』35-9・一九五八年九月）
伊藤嘉夫「『物名』の生々流転」（『跡見学園大学紀要』1・一九六八年三月）
窪田章一郎「古今和歌集の物名と俳諧歌」（『国文学研究』43・一九七一年一月）
曾田文雄「古今和歌集「物名」考」（『島大国文』1・一九七二年五月）
川上富吉「物名の歌」（『万葉集を学ぶ』7・有斐閣・一九七八年一〇月）
工藤重矩「宇多院歌壇の構造―平安前期貴族文壇の研究―」（『福岡教育大学紀要（文科編）』29・一九八〇年二月）
秋末一郎「物名歌の「物」」（『国学院雑誌』81-4・一九八〇年四月）
太田郁子「『和漢朗詠集』の「三月尽」・「九月尽」」（『国文学言語と文芸』91・一九八一年三月）
芦田耕一「嵯峨天皇の菊の歌について―彼帝における漢詩と和歌の問題」（『島大国文』10・一九八一年一二月）
後藤昭雄「古今集時代の詩と歌」（『国語と国文学』60-5・一九八三年五月）
人見恭司「『古今集』物名歌についての考察」（『中古文学論攷』5・一九八四年一〇月）
松本宙「音韻史から見た物名歌」（『宮城教育大学国語国文』13・14・一九八四年五月）
清水茂「詩歌における遊戯性―物名・誹諧歌の意義―」（『文学』53・一九八五年一二月）
青柳克枝「宮廷文学と年中行事―菊の詩歌と重陽宴の沿革」（『日本文学研究（大東文化大学）』25・一九八六年一月）
泉紀子「新撰万葉集の「和」と「漢」」（『百舌鳥国文』6・一九八六年一〇月）
菊地靖彦「「物名」の特色と構造―古今和歌集の部立―」（『古今和歌集』一冊の講座　日本の古典文学4・有精堂出版・一九八七年三月）
杉谷寿郎「古今和歌集と歌合」（『古今和歌集』一冊の講座　日本の古典文学4・有精堂出版・一九八七年三月）
遠藤寿一「亭子院歌合に見る場の表現」（『湘南文学』21・一九八七年三月）
古谷範雄「「誹諧歌・物名歌」小考」（『和歌文学研究』57・一九八八年一二月）

人見恭司「物名歌概念の変遷について―「隠題」という語を通して―」(『国文学研究』95・一九八八年六月)
遠藤寿一「宇多院物名歌合の成立」(『湘南文学』23・一九八九年三月)
山崎健司「新撰万葉集女郎花の部の形成―宇多上皇周辺における和歌の享受」(『国語国文』59(3)・一九九〇年三月)
徳植俊之「菊歌攷―冬の菊歌をめぐって」(『和歌文学研究』61・一九九〇年一〇月)
佐伯哲夫「物名による語順の制約」(『国文学(関西大学)』68・一九九一年一二月)
谷口孝介「古今集への道―宇多院と菅原道真」(『古今集と漢文学』和漢比較文学叢書11・汲古書院・一九九二年九月)
大野由紀子「平安朝和歌における女郎花―古今集的表現の一環として」(『国文』81・一九九四年七月)
黒田彰「花の中に偏に菊を愛するにはあらず―前中書王、嵯峨隠君子、西宮殿」(『日本における受容散文篇』白居易研究講座4・勉誠社・一九九四年五月)
田坂順子「『古今集』と漢詩文―物名歌をめぐって」(『古今集とその前後』和歌文学論集2・一九九四年一〇月)
徳植俊之「物合の和歌―瞿麦合と女郎花合をめぐって―」(『横浜国大国語研究』13・一九九五年三月)
山崎正伸「菊花詠二首―「大沢の池の菊」と「そが菊」をめぐって」(『古文学の流域』新典社研究叢書91・新典社・一九九六年四月)
波戸岡旭「菅原道真「寄白菊四十韻」について」(『国学院雑誌』97-11・一九九六年一一月)
久保瑞代「白詩受容の観点から見た業平の菊花の詠」(『言語表現研究』13・一九九七年三月)
余田充「藤裏葉巻の〝菊〟をめぐる贈答歌群―平安初期宮廷詩の投影」(『論考平安王朝の文学―一条朝の前と後』新典社研究叢書118・新典社・一九九八年一一月)
中村佳文「『古今和歌集』菊の歌群攷―宇多朝文壇の漢詩と和歌」(『平安朝文学研究』8(36)・一九九九年一一月)
乾善彦「長奥麻呂の物名の歌」(『万葉の歌人と作品』3・和泉書院・一九九九年一二月)
福田智子「藤原元真の作歌法―物名歌人の横顔」(『香椎潟』44・一九九九年三月)

小町谷照彦「名篇の新しい評釈　217　秋風の吹き上げに立てる白菊は」（『国文学　解釈と教材の研究』46-2（665）・二〇〇一年二月）
中島輝賢「紀貫之の〈薔薇〉の歌―漢詩文の影響と物名歌の場」（『国文学研究』135・二〇〇一年一〇月）
本間洋一「菊の賦詩歌の成立―菊花詠の小文学史―」（『王朝漢文学表現論考』研究叢書280・和泉書院・二〇〇二年二月）
本間洋一「菅原道真の菊の詩」（『王朝漢文学表現論考』研究叢書280・和泉書院・二〇〇二年二月）
深谷秀樹「「物名」の和歌―古今集・拾遺集を中心に―」（『日本文学文化』2・二〇〇二年六月）
木下綾子「宇多朝の菊と文章経国思想―嵯峨朝重陽詩の受容」（『明治大学大学院文学研究論集』18・二〇〇三年二月）
中周子「『拾遺和歌集』における物名歌」（『樟蔭国文学』40・二〇〇三年三月）
深谷秀樹「拾遺集の物名歌と藤原輔相―食物を詠んだ歌をめぐって」（『和歌文学研究』86・二〇〇三年六月）
深谷秀樹「物名歌題考（一）―植物」（『東洋大学大学院紀要（文学研究科）』39・二〇〇三年二月）
多田一臣「万葉集と古今集―梅と菊の歌をめぐって」（『古今和歌集研究集成』1・風間書房・二〇〇四年一月）
中島和歌子「「宇多院物名歌合」について―「本院左大臣家歌合」「近江御息所歌合」にふれつつ」（『札幌国語研究』9・二〇〇四年七月）
平沢竜介「撰者たちとその周辺―「物名」「誹諧歌」の分析を通して」（『国文学　解釈と教材の研究』49-12（717）・二〇〇四年一一月）
深谷秀樹「古今集「物名」部所収歌考―「物名」から逸脱した修辞法をめぐって」（『文学論藻』79・二〇〇五年二月）
周以量「日本の詩歌における菊のイメージ―菅原道真の漢詩を視点として」（『日本・中国交流の諸相』アジア遊学別冊3・勉誠出版・二〇〇六年三月）
前田明史「詩人の詠歌―菅原道真の場合―」（『成蹊国文』39・二〇〇六年三月）
中村佳文「宇多朝の残菊宴賦詩」（『平安朝文学研究』15・二〇〇七年三月）

中村秀真「古今集「物名」の背後」（『早稲田研究と実践』28・二〇〇七年三月）
寺田澄江「断片の構造―『古今和歌集』の物名」（『境界を越える日本文学研究』・国文学研究資料館・二〇〇七年三月）
中村佳文「『宮滝御幸記』の叙述と和歌表現」（『日記文学研究誌』9・二〇〇七年三月）
佐藤信一「懐風藻の植物―「菊」を中心にして」（『懐風藻―日本的自然観はどのように成立したか』・笠間書院・二〇〇八年六月）
中村佳文「『寛平内裏菊合』の方法―和歌表現の再評価」（『国文学研究』158・二〇〇九年六月）
中島輝賢「宇多天皇と菊の文化史―『大和物語』第五一段を端緒として」（『古代研究』42・二〇〇九年二月）
平沢竜介「『古今集』物名の部の構造」（『言語・文学研究論集（白百合女子大学）』11・二〇一一年三月）
樋野あゆみ「菅原道真〈菊〉詩論」（『日本文学誌要』85・二〇一二年三月）
三木麻子「物名を詠むこと―宇多院物名歌合・亭子院女郎花合を中心にして―」（『夙川学院短期大学研究紀要』43・二〇一六年三月）
同〈研究ノート〉「物名を詠むこと（二）―歌合と歌学書における「物名」」（『夙川学院短期大学研究紀要』45・二〇一八年三月）

あとがき

『宇多院の歌合』の注釈を始めたのは、二〇一二年九月のことである。

平安期の私家集の注釈を行う研究会を何度か持ち、その成果をまとめることもできたなかで、一首一首に丁寧に向き合うことで今まで見えなかった表現世界や人びとがみえる楽しさを知ることができた。その発見の喜びを自己満足だけで終わらせず、切磋琢磨する研究会という形は私には続けたいものであった。

それまで、近づくことの少なかった「歌合」を対象にしたいと考えていた時に、関西大学大学院の田中登先生の講筵に列した縁で、奥野陽子、岸本理恵、惠阪友紀子と、ひとつひとつの歌合で持たれた場の和歌を読んでいくことになった。「宇多院物名歌合」から読み始め、宇多院が関わる歌合、宇多院の和歌活動を、和歌から読み解いていこうと計画は進んでいった。

古典和歌を読む時に、私たちが拠り所とするのは『古今和歌集』であり、それを受け継ぐ和歌史の中で生み出された和歌表現である。しかし、「宇多院物名歌合」から、「寛平御時菊合」「亭子院女郎花合」と読み進む中で、古今和歌集的理解や価値観だけでは読み解けない和歌が続出してきた。また、『古今和歌集』のなかにも残っている平安初期和歌にのみ特有の、言語遊戯性への関心、物名歌や、折句、沓冠などの形式を重んじる表現が重要な観点であることにも気付いていった。和歌の「こころ」を表現する意義と同等の「言葉」への関心である。

和歌史的には学んでいたはずの『古今和歌集』の基盤を作っていった人々の和歌活動は、『古今和歌集』だけの物差しでは測りきれないことに改めて気付いた時に、全注釈を改めて読み返すこととした。研究会を始めてから、量的にははかのいかない仕事となったが、考えるべき視点は定まり、深まったように思う。また、本研究に何度も検討を加える過程で、今まで全貌を知ることのできなかった「二十巻本　亭子院女郎花合」の展観に出会うことができたのは望外の喜びであった。

そして、「亭子院女郎花合」に続き、「宇多院女郎花合」「朱雀院女郎花合」を読むことで、断簡しか残らない歌合にも重要な意味があることを知った。この五歌合の注釈は、平安初期の歌合と和歌表現の研究の第一歩でしかないが、ここで学んだことを次に繋げてゆきたい。

平安初期の和歌は、『万葉集』を遠い基盤として、漢詩表現、それと融合した和歌表現が新しい表現を生み出してゆく。仮名文字の発達とともに、詠むこと、書くこと、和紙工芸の芸術が総合的に一連の装飾料紙に書写された歌集群を残していった。その幕開けの時代を少しでも明らかにしてゆきたいと思うのである。

この五つの歌合の注釈を、青簡舎『新注和歌文学叢書』に加えていただくこととなった。

ご査読戴いた浅田徹編集委員に深く御礼申し上げるとともに、査読後もあれこれと手を加えていった私どもを見守ってくださった大貫祥子社長にも感謝申し上げたい。

また、本研究はJSPS科研費JP15K02237の助成を受けたものである（研究課題「平安初期歌合の研究」・二〇一五～二〇一九年度）。記して深謝申し上げる。

二〇一九年八月

三木麻子

担当一覧

寛平御時菊合

解説　岸本理恵

1・5・9・13・17　三木
2・6・10・14・18　奥野
3・7・11・15・19　惠阪
4・8・12・16・20　岸本
参考　惠阪

宇多院女郎花合

解説　惠阪友紀子

1・2・11・12　岸本
3・4・7・8　惠阪
5・6・13・14　三木
9・10・15・16　奥野

亭子院女郎花合

解説　奥野陽子

1・2・9・10・17・18・25・26・33・34・41・42・49・50　三木
3・4・11・12・19・20・27・28・35・36・43・44・51　奥野
5・6・13・14・21・22・29・30・37・38・45・46　惠阪
7・8・15・16・23・24・31・32・39・40・47・48　岸本

朱雀院女郎花合

解説　惠阪友紀子

1・2　岸本
3　惠阪
参考　惠阪

宇多院物名歌合

解説　三木麻子

1・2・9・10・17・18　三木
3・4・11・12・19・20　奥野
5・6・13・14・21・22　惠阪
7・8・15・16・23・24　岸本

執筆者紹介

三木　麻子（みき・あさこ）
神戸市生まれ。大阪女子大学大学院文学研究科修士課程・関西大学大学院文学研究科博士課程後期課程修了。博士（文学）。
神戸教育短期大学学長。
単著　コレクション日本歌人選51『源実朝』（二〇一二年、笠間書院）、共著『八雲御抄の研究―枝葉部・言語部、―正義部・作法部、―名所部・用意部』（和泉書院）、『元良親王集全注釈』（二〇〇六年、新典社）、『海人手子良集　本院侍従集　義孝集　新注』（二〇一〇年、青簡舎）、冷泉家時雨亭叢書第86巻『後撰和歌集　蒔絵小箱三代集本』解題（二〇一七年、朝日新聞社）。

奥野　陽子（おくの・ようこ）
京都市生まれ。奈良女子大学大学院文学研究科修了。
元大阪工業大学教授。
単著『式子内親王集全釈』（二〇〇一年、風間書房）、『新宮撰歌合全釈』（二〇一四年、風間書房）、『式子内親王』（二〇一八年、ミネルヴァ書房）、共著『小倉百人一首を学ぶ人のために』（一九九八年、世界思想社）。

岸本　理恵（きしもと・りえ）
京都府生まれ。大阪女子大学大学院文学研究科修士課程・関西大学大学院文学研究科博士課程後期課程修了。博士（文学）。
尾道市立大学准教授。
共著『海人手子良集　本院侍従集　義孝集　新注』（二〇一〇年、青簡舎）、冷泉家時雨亭叢書第90巻『擬定家本私家集続』解題（二〇一五年、朝日新聞社）、和歌文学大系48『王朝歌合集』（二〇一八年、明治書院）、論文「藤原定家の監督書写と和歌研究」（『国語国文』第85巻第10号、二〇一六年一〇月）。

惠阪　友紀子（えさか・ゆきこ）
京都市生まれ。関西大学大学院文学研究科博士課程後期課程修了。博士（文学）。
京都精華大学特任講師。
共著『新撰万葉集注釈・巻上（二）』（二〇〇六年、和泉書院）、『元良親王集全注釈』（二〇〇六年、新典社）、論文「『和漢朗詠集』の増補詩歌」（『国語国文』第79巻第9号、二〇一〇年九月）、「『和漢朗詠集』の書写と装丁」（関西大学『国文学』第103号、二〇一九年三月）。

新注和歌文学叢書 27

宇多院《うだいん》の歌合《うたあわせ》新注

二〇一九年一〇月五日　初版第一刷発行

著　者　三木麻子
奥野陽子
岸本理恵
惠阪友紀子

発行者　大貫祥子
発行所　株式会社青簡舎
〒一〇一-〇〇五一
東京都千代田区神田神保町二-一四
電　話　〇三-五二一三-四八八一
振　替　〇〇一七〇-九-四六五四五二
印刷・製本　株式会社太平印刷社

Printed in Japan ISBN978-4-909181-20-6 C3092

◎新注和歌文学叢書

編集委員 —— 浅田徹　久保木哲夫　竹下豊　谷知子

1	清輔集新注	芦田耕一	13,000円
2	紫式部集新注	田中新一	8,000円
3	秋思歌 秋夢集 新注	岩佐美代子	6,800円
4	海人手子良集 本院侍従集 義孝集 新注	片桐洋一　三木麻子　藤川晶子　岸本理恵	13,000円
5	藤原為家勅撰集詠 詠歌一躰 新注	岩佐美代子	15,000円
6	出羽弁集新注	久保木哲夫	6,800円
7・8	続詞花和歌集新注 上・下	鈴木徳男	各15,000円
9	四条宮主殿集新注	久保木寿子	8,000円
10・13・21	頼政集新注 上・中・下	頼政集輪読会	16,000円 12,000円 11,000円
11	御裳濯河歌合 宮河歌合 新注	平田英夫	7,000円
12	土御門院御百首 土御門院女房日記 新注	山崎桂子	10,000円
14	瓊玉和歌集新注	中川博夫	21,000円
15	賀茂保憲女集新注	渦巻 恵	12,000円
16	京極派揺籃期和歌新注	岩佐美代子	8,000円
17	重之女集 重之子僧集 新注	渦巻 恵　武田早苗	9,000円
18	忠通家歌合新注	鳥井千佳子	17,000円
19	範永集新注	久保木哲夫　加藤静子　平安私家集研究会	13,000円
20・23	風葉和歌集新注 一・二	名古屋国文学研究会	15,000円 18,000円
22	発心和歌集 極楽願往生和歌 新注	岡﨑真紀子	9,000円
24	伝行成筆 和泉式部続集切 針切相模集 新注	久保木哲夫	8,000円
25・26	竹風和歌抄新注 上・下	中川博夫	17,000円 15,000円
27	宇多院の歌合新注	三木麻子　奥野陽子　岸本理恵　惠阪友紀子	9,000円

＊継続企画中

〈表示金額は本体価格です〉